近代建築論講義

鈴木博之＋東京大学建築学科 編

東京大学出版会

Lectures on Modern Architecture
Hiroyuki SUZUKI & Department of Architecture, the University of Tokyo, Editors
University of Tokyo Press, 2009
ISBN 978-4-13-063808-1

はじめに

伊藤　毅

本書は、二〇〇九年三月に東京大学大学院工学系研究科建築学専攻教授を定年退職した鈴木博之のおよそ四〇年に及ぶ近代建築に関する研究のエッセンスを新たに再構成して、今後の建築界・建築学をになう学生や建築に興味を寄せる多くの読者に向けて、コンパクトにまとめたものである。

建築学のなかでも近代建築論は、現在と過去、デザインと歴史、実践と理論をさまざまに媒介する重要な分野である。ここに都市的なテーマが加われば、問題はさらに拡大し、深化する。いまわれわれが都心のあちこちでごく普通に目にするインテリジェントな高層建築や地下に張りめぐらされた巨大なインフラストラクチャーなどが象徴する都市の風景は、けっして突然生まれてきたわけでなく、二〇世紀という特異な時代の器のなかで育成され次々と孵化を遂げた。

「極端な世紀（century of extreme）」であった二〇世紀（エリック・ホブスボーム『二〇世紀の歴史――極端な時代』河合秀和（訳）、三省堂、一九九六年）もまた突然始まったわけではなかった。色に譬えるならば、一八世紀、一九世紀という多色刷りの世紀や爛熟した世紀末の極彩色の重ね合わせのなかから、やがてモダニティという名の高い明度と低い彩度をもつ色が卓越的に浮かび上がり、それが資本や機械などと親和的な合理性を象徴する標準色としてあらゆる世界を塗りつぶしていく時代が近代であったとすれば、われわれがその延長上にあると思われる現代を生きるということは、建築の分野に即していうと、近代建築や近代都市が塗りつぶしたかに見える絵の具の層を一枚一枚剝ぎ取りながら、あるいは絵の具の塗り残しの断片から近代とは何であったかという問答を繰り返すことにほかならない。

こうした近代建築の問題群にどのように接近しうるだろうか。鈴木の膨大な近代建築論研究を踏まえると、この戦略として大きく三つの重要な方法がありうるだろう。その一つは「現代からの視線」である。近代は現代のもつ問題の淵源という側面がある。一方、現代は近代の史的理解によって測られる。第Ⅰ部はそれをさらに「批評」、「理論」、さらに近代建築が忌避し剝ぎ取ろうとした「装飾」という三つのテーマを設定し、主として建築史と現代との関係を論ずる。

第Ⅱ部では近代が離陸（テイクオフ）しようとした、あるいはその因習的な呪縛から逃れようとした、「場所」のもつ意味を縦横に論ずる。近代は「空間」が世界を制覇しようとしたが、場所だけはかろうじて空間の支配力への抵抗を示した。ここでは鈴木が重視した「物語」、「記憶」、「地霊」の三つの鍵言葉が場所論への切り口となる。

第Ⅲ部は、近代のもつ多面性をみようとする。近代化のなかでも根強く残った「伝統」の系譜は近代和風や庭園に色濃く残された。また「都市」はまさに近代と伝統のはざまで、激しい振幅のなかで揺れ動きつつ、急速に現代に向かっていった。そして近代建築がもっとも強い信頼を寄せた科学的な「技術」。マシーンイメージとともに止揚されてゆく技術は、しかし建築の分野に戻して考えてみると、結局のところ文化の問題に帰着したことに思い当たる。

本書はそもそも鈴木博之の最終講義を一回で終わらせるのはもったいない、鈴木の開拓した広大な研究領野、批評活動を広く学生たちに伝えておきたいという動機から、難波和彦が横手義洋とともに鈴木の退職の年度に全八回の連続講義を企画したことに端を発している（「むすびに」参照）。「近代建築論講義」というタイトルは、近代建築がもつ多様な問題群をテーマ別に整理し、それぞれの執筆者がテーマに即して個性的な論を講ずるというところから来ている。それぞれのテーマについて執筆者の論と対になるようなかたちで鈴木の比較的短めの文章が挿入されているが、これは東京大学出版会の『UP』に二〇〇九年一月から九月まで連載した、「近代建築論講義1〜9」の再録である。最終講義「未来への遺産」は、二〇〇九年二月三日、東京大学本郷キャンパス福武ホールにて行われた鈴木の最終講義に改変が加えられている。

かくして近代建築論をめぐる三部構成、全十回講義がここに出揃った。錚々たる執筆陣による各講義はそれぞれに読み応えがあるし、各回に応答する鈴木の文章は今後の近代建築論にとってさまざまな示唆に充ち満ちている。執筆者と鈴木のインターラクションが呼応し、全体として近代建築論の射程と最前線が浮かび上がる仕掛けとなっている。

読者は本書を講義録として、章立ての順に従って読むのもよし、研究テーマのインスピレーションを得るために、興味のあるテーマから拾い読みをしてもいっこうに構わない。あるいは鈴木近代建築論のコンサイス版として、各章の応答の文書だけを通して読むこともできる。通常、建築史の講義は時代順に講じられるのが定石であるが、ここではそうしたクロノロジカルな配列を止めて、あくまで鈴木の建築論から抽き出されるテーマを優先した構成にした。そしてテーマの解釈と展開は全面的に執筆者に委ねた。それは本書が、鈴木博之と鈴木を取り巻く執筆者の、あるまとまりが発信する未来への真摯なメッセージであるからだ。こうしたメッセージを内包した各テーマはモノクロームな通時態に従う必要はなく、むしろマルチカラーの共時態として示されるべきものである。それらをどう受けとめるかは読者の自由である。

巻末には執筆者たちから近代建築論をめぐる必読書をあげてもらい、それを付録として収めた。それぞれの講義に関心をもった読者は、この文献リストを手がかりにさらにテーマを拡大・深化させていただきたい。鈴木博之の退職にあたって本書のような豪華な執筆陣による贅沢極まりない企画が実現できた僥倖を喜びつつ、これからの建築界をになう若者はもとより、建築に興味をもつ多くの読者と、建築のもつ面白さと鈴木が切り開いた世界の一端に触れたい。

目次

第Ⅰ部　現代の視線

第1回　批評

第Ⅱ部　場所の意義

第4回　地霊

第5回　物語

第6回　記憶

第Ⅲ部　近代の多面性

第7回　伝統

第8回　都市

第9回　技術

最終講義　建築

第Ⅰ部　現代の視線

第1回　批評

建築史と建築批評

五十嵐太郎

1　歴史と批評の危機？

実は、いつの時代でも批評の危機は叫ばれてきたのかもしれない。

だが、二一世紀を迎え、改めて批評の機能不全が強調されている。例えば、一九八〇年代以降、日本の人文系の批評をリードした浅田彰、東浩紀、宇野常寛の座談会を読むと、彼らが政治に関わることは無駄であるし、代表的な論壇誌が次々と消え、批評の将来について自らあきらめにも似た心境を吐露している（『朝日ジャーナル（週刊朝日緊急増刊）――創刊五〇年　怒りの復活』二〇〇九年四月三〇日号）。なるほど、かつて存在していたであろう教養の抑圧がなくなった。言い換えれば、知らないと恥ずかしいという気持ちである。これは衝撃的なエピソードだったが、東京大学のフランス文学者、石田英敬は、大学院生からドストエフスキーって誰ですか？　と質問され、ついに教養崩壊の日が訪れたことを悟ったという。

少なくとも筆者が建築を学びはじめた一九八〇年代の後半は、ポストモダンとニューアカデミズムが全盛の時代であり、フランスの現代思想家、ジャック・デリダや、古典主義の建築家、アンドレア・パラーディオ、クロード・ニコラ・ルドゥーなどをおさえないとまずいという雰囲気があった。磯崎新がこうした固有名詞を大量に吐きだすのを読んで、当時の学生は人文的な教養を追いかけようと努力したのである。むろん、なかには必要以上に衒学的な言葉で修飾された、意味不明と思えるような建築家の悪文も書かれ、雑誌もそれをそのまま掲載していた。内容を理解できないのは、自分の勉強不足のせいと思うこともあった。しかし、次世代のスター建築家である伊東豊雄やSANAAは、ペダンチックな語りを行わない。だから、学生もモノを知らないとまずいといった危機感を覚えないのだろう。今や知らないこと（＝難しいこと）を言う相手のほうが悪いという時代である。

筆者は、学生と語るなかで、驚かされる発言に出会うことが少なくない。例えば、彼らが認識している「近代建築」の時代観。数年前、卒業論文の指導をしていて、ズレを感じたことがある。どうも「近代建築」と「現代建築」の境界線がおかしい。そこで学生に質問してみた。いつまでが「近代建築」なのか、と。その答えに驚いた。複数の学生が、一九九〇年頃までが「近代建築」だという。では、六〇年代から八〇年代にかけて興隆した近代批判の運動としてのポストモダンはどうなってしまうのか？　学生にとって、その概念は蒸発し、「近代建築」に吸収されている。言うまでもなく、教科書的に考えると、学生の認識は間違っている。

現時点では、「近代建築」から「現代建築」に転換するのは、おおむね一九六〇年代とされている。筆者の鈴木博之、横手義洋との共著『近代建築史』でも、そうした時代区分を採用した（鈴木博之編著『近代建築史』市ヶ谷出版、二〇〇八年）。しかし、「現代」の範囲は、時代の推移とともに揺れ動く。モダニズムの建築運動の記録と保存にとりくむ DOCOMOMO japan は、その対象が拡張し、一九七〇年頃もカバーするようになった。一〇〇年後、二一世紀の初頭はもう「現代」ではない。一応、学生には現時点の「近代」に関する教科書的な理解について説明した。しかし、「間違った」彼らの認識も興味深い。それは知識がない学生にとって正直な時代感覚なのだろう。旧来の「近代建築」と「現代建築」の区分も、いずれ失効の時期を迎えるかもしれない。

2　無垢なる永遠の現在

以前、柄谷行人と対談したときに彼が嘆いていたのだが、人文系における日本近代文学の需要の落ち込みは激しい（『バウハウス』エクスナレッジ、二〇〇四年）。同時に話題づくりを意識してか、文学賞の低年齢化も進む。浅田彰は、もはやこれはJ文学であり、いずれ小学生が受賞して、日本文学は終焉すると予言していた。これに比べると、建築界では、モダニズムの人気は衰えていない。いや、近代を批判したポストモダンが忘れられ、再び注目を集めるようになった。

最近、もうひとつ気になったのは、修士設計の発表でビルディング・タイプの歴史をレビューする際、複数の学生が古典主義にもとづく近代建築を「擬洋風」と呼んでいたことだ。例えば、辰野金吾の東京駅である。一般的には、旧開智学校のように、大工が見よう見まねで模倣した様式建築は「擬洋風」、留学したり、アカデミックな学問を修めた大卒の建築家の作品は「近代建築」と呼ぶ。もっとも、「知識」としては誤っているが、無垢な学生が動物的な直感によって、いずれも「擬洋風」とくくったことは興味深い。

ヨーロッパで古典主義やゴシックの建築を見てから、日本の「近代建築」を改めて観察すると、やはりヘンなのだ。むろん、ヨーロッパの内部でも偏差はあるし、アメリカやオーストラリアでもだいぶ違う。ともあれ、様式の理解、ディテール、プロポーションなど、日本人の海外留学組でさえ、おかしい部分はある。無理もない。二〇〇〇年の歴史がある古典主義を、一、二年の海外滞在くらいで、完全に吸収できるはずがない。ましてや、もともとの文化背景や技術の体系がまったく違う。ゆえに、あくまでも海外の視点に立てば、旧開智小学校も東京駅も、極東の遠いアジアの国ががんばって模倣したが、まだ完全ではないという意味で、広義の「擬洋風」と見なす立場はありうる。

例えば、片山東熊の設計した京都国立博物館（一八九五年）。赤坂離宮を手がけ、ドイツも視察したエリート建築家による「国立」の施設だが、これに関して言えば、古典主義の要素を巧みに使いこなせていない。一方、大工ゆえに「擬洋風」とされる建築でも、堀江佐吉など、様式の習熟度は高いものはある。「擬」という言葉には侮蔑的なニュアンスも感じるが、教育の有無を視覚的な様式概念にそのまま当てはめるのはおかしいのではないか。ならば、文化の混交を肯定的に評価するクレオールの概念を導入しつつ、あえて「擬洋風」として全体をくくり、日本の近代を再評価する試みも考えられるだろう。ちなみに、谷口吉生による京都国立博物館の南門とカフェを見ると、日本におけるモダニズムの受容のレベルの高さは、ときには本家を超えているのではないかとさえ思わせられる。

未来の喪失とともに、歴史感覚も消えた。いまここしかない世界。むろん、歴史観は固定したものではない。時代の変化に影響される。歴史の再解釈は批評的な行為だろう。前述したように、いまどきの若者は無知でダメだ、と説教するだけではなく、彼らから発想を得るきっかけはある。だが、それはこちら側が歴史を知っているからだ。批評はそこから稼働する。永遠の現在にとどまる側は、思考を展開できず、ネタにされるのみである。たとえ歴史意識が希薄になった時代だとしても、批評は歴史意識とともに成立するはずだ。

3　近代批判としての建築史

近代建築の研究者であり、かつ同時代の建築・都市に対する評論を執筆してきた鈴木博之は、歴史と批評のあいだの往復運動を継続している。彼の『現代建築の見かた』（王国社、一九九九年）は、一二のキーワードで現代建築を文化的な表現として読みとく。その際、「建築史」の枠組みを使いながら、それを現代に引き戻して位置づけたらどういうことなのか、という態度で論じている。例えば、ハイテクの建築は、いまや電子化された不可視な機能、あるいは高度な性能を表現していく問題を引き受けているという。特徴的なのは、むやみに抽象的な内容に走らず、あくまでも具体的なモノの分析を通し、筆を進めながら、思考を展開させていくとき、著者が発見する楽しみを追体験させるような文章である。

鈴木の初期の思考の中核になったのが、近代精神の胎動を論じた『建築の世紀末』（晶文社、一九七七年）と、同時代の動向を批評した『建築は兵士ではない』（鹿島出版会、一九八〇年）である。

『建築の世紀末』が出版された一九七七年とは、一体どんな時代だったのか。

同じ年に、チャールズ・ジェンクスの『ポスト・モダニズムの建築言語』（竹山実（訳）、エー・アンド・ユー、一九七八年）が刊行されている。まさに「ポストモダニズム」という言葉が、キャッチーなタイトルをきっかけに建築界の枠を超え、広く流布していく頃だった。彼は「ラディカルな折衷主義」を提唱しながら、建築を記号論的に読解し、ポストモダンの理論を宣伝している。同書も近代建築が社会とのコミュニケーションに失敗したことを批判するが、その内容は視覚的な意味論に偏重していた。一方、鈴木はモノの存在のありようを注視する。『建築は兵士ではない』に収録された「八〇年代の予感」では、フィリップ・ジョンソンのAT&TビルとPPGプレイスなど、過去のアイコンを大胆にとり入れた建築に触れて、一九八〇年代の幕開けになるのではないかという。事実、この建築は八〇年代的なポストモダンの流行の先鞭をきった。また磯崎新の書評によれば、当時、『建築の世紀末』は、装飾の復権につながる書として受けとられていたようである。

他のいくつかの建築史の著作と比較しながら、『建築の世紀末』の立脚点を確認しよう。とくに、ここでは近代の始まりとモダニズムの関係を論じたものに注目する。ニコラウス・ペヴスナーの『モダン・デザインの展開』（白石博三（訳）、みすず書房、一九五七年）は、サブタイトルのテーマのように、ウィリアム・モリスからヴァルター・グロピウスへ、すなわち一九世紀のイギリスからドイツのモダニズム運動へとつながる系譜を掘り起こす。『建築の世紀末』もイギリスの一九世紀を再読しているが、ペブスナーは近代を称賛し、定着させていくベクトルだったのに対し、鈴木は「近代」を批判的に捉えなおす視座を提供した。エミール・カウフマンの『ルドゥーからル・コルビュジエまで』（白井秀和（訳）、中央公論美術出版、一九九二年）は、フランス革命の前後に球体の建築を構想したエティエンヌ・ブレーやルドゥーの自律的な幾何学によるデザインに注目し、モダニズムの遠い起源を一八世紀に発見する。もっとも、彼のストーリーの根幹となるのは、形態の視覚的な類似性だろう。一方、鈴木は現代と過去を往復しながらも、勝者から遡行するアクロバティックな歴史をつくることはしない。また装飾を排した形態論ではなく、細部の装飾から世界の豊かさを語る。

ピーター・コリンズの『近代建築における変革する理念（*Changing ideals in modern architecture*, 1750-1950. Mcgill Queens Univ Press, 1965)』は、建築の言説からアナロジーの思考を拾い、近代の様々な側面を読み込む。ジョーゼフ・リクワートの『ファースト・モダンズ（*First Moderns*. The MIT Press, 1980)』は、さらに時代を遡って、一七世紀の建築論を近代の出発点とする。カウフマンの形態論に対して、彼らは言説や理念のレベルから歴史を書き換えた。これらと比較すると、『建築の世紀末』は、個別のエピソードを交え、登場人物の生活も記述し、群像劇として丁寧に物語を描く。文学からの引用が多いことも、本書の特徴だろう。

デイヴィド・ワトキンの『モラリティと建築』（榎本弘之（訳）、鹿島出版会、一九八一年）は、断絶しているように思われた一九世紀のゴシック・リヴァイヴァルの言説と近代の建築論にひそむ論理構造の相同性を批判的に論じた。モダニズムの批判的な再読は、『建築の世紀末』と通じるだろう。また『建築の世紀末』の冒頭は一七五一年のギリシアへの旅から始まるが、磯崎新の『造物主義論』（鹿島出版会、一九九六年）も、一八世紀半ばに再発見されたパエストゥムの神殿から始まる。もっとも、磯崎の場合は、超越的なデミウルゴスという強力なキャラクターを召還して、形而上学的な大文字の建築論を展開した。

『建築は兵士ではない』の終章「世紀末から世紀末へ」は、近代建築史を整理している。鈴木によれば、二〇世紀前半のペヴスナーやジークフリート・ギーディオンは、プロパガンダとしての歴史、つまり、モダニズムが最終的な勝利宣言をする物語であり、一九世紀を二〇世紀を成立させる母胎として見なす。逆説的だが、歴史を否定した近代建築が勃興する最中にこそ、出生証明書としての正史が要請された。が、一九五〇年代、六〇年代になると、レイナー・バンハムは未来派、ヴィンセント・スカーリーは民主主義に注目するなど、特徴的な歴史の捉え方が登場する。そして一九七〇年代のロバート・ヴェンチューリ、ジェンクス、ワトキンは近代建築を相対化し、疑問を投げかけた。「歴史の物語」自体の書き方が変化したわけだが、鈴木の著作は七〇年代の状況も反映している。なるほど、歴史を必要とした近代が終焉し、近代批判も忘れられた二一世紀の初頭において、歴史と批評の立場は難しくなっているかもしれない。

一九八〇年代には、歴史と批評をつなぐ、メタ批評的な論考が登場した。井上章一は、文献実証主義の立場をとりながらも、社会学者のピエール・ブルデュー的な構えによって、良き趣味の脱神話化をはかる桂離宮論や、歴史の歴史を通じて日本の精神史を読みとく法隆寺論を発表した（井上章一『つくられた桂離宮神話』講談社、一九九七年、『法隆寺への精神史』弘文堂、一九九四年）。そして柄谷行人や構造主義的な思想の影響を受けて、土居義岳の『言葉と建築』（建築技術、一九九七年）や中谷礼仁の『国学・明治・建築家』（波乗社、一九九三年）などが刊行されている。

4　私的全体性について

『建築の世紀末』は、〈私〉と〈世界〉の関係性を問う。「私とは世界との絶えざる緊張感の中に漂う存在」である。だが、本を執筆した頃は、みながその私を見失った時代だったという。一見、このキーワードは、一九九〇年代後半のサブカルチャーからあらわれたセカイ系と似ていよう。これは社会という媒介項を欠いたまま、〈私性〉が肥大化し、世界の終わりに繋がる物語的な想像力である。鈴木が投げかける問題は違う。小さな場所から大きな世界を見わたし、その関係を測定して、他者を思う想像力である。近代建築が切り捨てた様式や装飾も、同じような意味において普遍性、すなわち世界への回路だった。

二冊の書物、すなわち『建築の世紀末』と『建築は兵士ではない』が刊行されるあいだに、「私的全体性の模索」という論文が『新建築』（一九七九年一〇月号）に発表された。ここでは両方に共通する考え方が表明されているので紹介しよう。

鈴木によれば、近代化とともに成立した郊外住宅は、社会の全体としたたかに縁を切った生活の場をつくりだした。それは私的な全体性というべきものである。もともと日本の近代建築の出発点は、国家の意志を背負うことが始まりだったが、コンペが行われた最高裁判所のデザインなどが示しているように、一九七〇年代にはもはやそのような状況が難しくなった。一方、藤井厚二、武田五一、吉田五十八、吉村順三らは、全体性を回復するというオブセッションに囚われず、私的世界の全体の確立を見据えたという。これは世界観が壊れて、それをもう一度回復するというような、キリスト教の伝統がある西洋の全体性とは異なっている。

私的なるがゆえの逆説的な普遍性とは、客観的・方法的に世界を制覇する「合理主義」を通じた全体性の恢復の夢とは違う。私の立場から全体性という概念を捉えなおすことである。例えば、高山建築学校や婆娑羅のグループ。もっとも、それは単なる私小説的な名人芸とも異なる。またラショナリズムでもなく、破滅型のアヴァンギャルドでもない。鈴木は、私的全体性の事例として、ウィリアム・モリスを挙げ、彼の全体性を支えたのは、近代主義的な方法の強さではなく、私性＝ヴィジョンの強さだったという。そして、これが日本の現実にとって新しい可能性を感じる、と述べている。

ところで、〈私〉と〈国家〉に関して、一世を風靡した批評家の長谷川堯は、神殿か獄舎か、あるいはオス／メスという明快な二項対立のモデルを提示している（『神殿か獄舎か』相模書房、一九七二年）。彼は、明治／神殿／オス／丹下健三＝国家のモニュメント的なものに対して、大正／獄舎／メス／村野藤吾＝内側からの思考を掲げ、前者を否定し、後者を高く評価した。一九六〇年代の社会における国家批判の雰囲気とも連動したのだろう。しかし、鈴木の〈私的全体性〉は、こうしたわかりやすい二項対立とは異なる。さらにねじれた複雑な関係性のモデルであり、私か世界かの択一ではなく、両者が重なりあう。

鈴木はこう述べている（二〇〇八年五月二九日の退職記念連続講義における発言）。国家との関係で自分を定めるのではなくて、自分の想像力だけを頼りに生きること。しかし、それは決して英雄などの特別な人間に限られたことではない。われわれはみな、それぞれに全体性を持っている。つまり、問題は、それをどうやって自ら確認をしながら生きていくか、なのだ。それが想像力（イマジネーション）が何かを創造（クリエイト）していく上での、重要な契機だという。

後に鈴木は、伊東忠太についても〈私的全体性〉という言葉を用いている（『伊東忠太を知っていますか』王国社、二〇〇三年）。彼は、いずれも近代的な自立性を持った方法であるモダニズムと文献実証的な歴史研究の狭間に位置していた。そして歴史主義と建築の設計を同時に展開していたが、近代主義が成立する以前は、それが矛盾なく私的全体性を形成していたという。当時は、機能主義ではない、総合的な歴史意匠として成立していたのである。こうした問題意識は、『建築は兵士ではない』においても認められるだろう。

5 他者へのまなざし

『建築は兵士ではない』では、『都市住宅』や『室内』において連載した時評を時間軸に沿って並べつつ、そのあいだに「都市の景観を守れ」など、歴史と保存に関係する論考を挟む。そして冒頭と最後に独立した論考「建物は兵士ではない」と「世紀末から世紀末へ」を置く。語られている時代で言うと、これは一九七〇年代後半を駆け抜けた時評であり、最後に八〇年代への予感で締めくくる。ゆえに、当時の日本の建築界の体温をふり返るうえで重要な本だろう。単に時評として時代をふり返るというだけではない。保存問題のほか、「ゲニウス・ロキ」や「場所性」を挙げているように、鈴木が一九八〇年代以降の著作で展開した数々のキーワードがすでに盛り込まれていることも興味深い。

書名のもとになった冒頭の論考「建物は兵士ではない」の内容を見よう。「兵士は死ねば自動的に補充される。司令官もまた然り。すべての兵士は交換可能な部品として位置づけられる」。固有名詞になりうる英雄とは違い、無名の兵士は大きな全体＝機械のひとつの部品のような存在である。だが、建築はそのようなものではないという。つまり、巨大な戦争機械としてのモダニズムを批判している。またメタボリズムには直接的に言及していないが、部分の交換可能性を謳う彼らも、批判の対象になっているかのようだ。

鈴木によれば、近代を迎え、計画の原理＝方式（システム）が建築の分野にも適用されるようになった。一九世紀のオーガスタス・W・N・ピュージンやジョン・ラスキンらは様式や建設手段の限界をあらわにしたが、インターナショナル・スタイルは、普遍的な方式と結びつき、アメリカという「空白」に進出し、世界を制覇する。この論考では、西部劇のシーンを描いているのだが、ヨーロッパからモダニズムの巨匠がアメリカに渡り、新しいデザインを布教した様子は、西へ西へと進んでいくフロンティア・スピリットと重なって見えるという。

ここにはインディアン側の視点がない。そこで鈴木は、開拓者は先住民を蹴散らしており、「すでに前もってそこに暮らすものたち」を忘れてはいないかと問う。征服者とは近代主義者である。そもそもモダニズムは、全人類の歴史の帰結として登場したという物語を要請していた。「勝てば官軍」ではないが、こうした進歩史観や勝利史観をウィッグ史観と呼ぶ。だが、現在の結果を導いた歴史が「正しい」歴史だ、というのは、あり得ないと、鈴木は異議を唱える。もちろん、勝利の事実には意味はあるだろう。しかし、歴史は戦争で勝利した者の物語としてのみ存在するのではない。

建築を兵士と同一視すると、結局、「ものそれ自体」として見ていないのではないか。単に抽象的なシステムの新しさだけで評価することになってしまう。ある時代の流行が消費され、飽きられると、メディアは次なるモードを求める。オリジナリティの神話にもとづく、新しさが価値なのだ。前線では、兵士が負傷したり、死亡して使いものにならなくなっても、フレッシュな人員が補充される。交換可能な部品なのだ。本書は一種のアヴァンギャルド批判としても読めるだろう。芸術の分野で使われる前衛＝「アヴァンギャルド」という言葉は、前線を査察するという戦争の用語に由来する。つまり、近代においてこうした言葉を使い、建築や芸術を語ること自体、作品を兵士と見なしているのだ。

鈴木は、アメリカの建築史家ヴィンセント・スカーリーが、インディアンの建築とアメリカン・ボザールを等しく扱う著作を挙げて、異なる歴史記述の可能性に触れている。そして一九九〇年代には、ビアトリス・コロミーナ、メアリー・マクレオド、ゼイネップ・セリクらによる、ジェンダー、オリエンタリズム、コロニアリズムを軸とした空間研究が登場した（『10＋1』第一〇号、一九九七年、第一四号、一九九八年を参照）。これらは勝者からの歴史や批評ではない。二〇世紀末に刊行された建築論のアンソロジーでも、しばしば最終章で他者の問題をとりあげている。

6　都市に積もる場所の記憶

フロンティア精神を継ぐ勇者は、目の前にある風景を前人未到の空白と見なす。アヴァンギャルドな建築家は未来像を誇らしく提示したり、無色透明な「環境」をキーワードに語る。だが、鈴木はすでにそこにあるものに配慮・理解しながら、建築をつくるべきではないか、という。すなわち、過去からの連続性や街を形成する様々なものを意識し、それらとの関係性で考えること。目の前にあるのは白紙の大地、タブラ・ラサではない。

ここでレム・コールハースを召還しよう。彼は一九四四年生まれ、鈴木が一九四五年生まれだから、二人は同年代だが、考え方は真逆である。コールハースの主著『錯乱のニューヨーク』（一九七八年）も、『建築は兵士ではない』と同じ頃だが、これはモダニズムが評価しなかった過去に目を向けながらも、やはりフロンティア・スピリットの建築論だった。開拓すべき西部がなくなれば、今度は空に向けて、人工的な大地をつくる摩天楼の物語をつむぐ。ゲニウス・ロキ的な土地の物語でもない。グリッドで区切られたまっさらな場所、あるいはジェネリック・シティ（無印都市）には、いつも交換可能な建築がつくられる。

『10＋1』第五〇号（二〇〇八年）の特集「トーキョー・メタボリズム 2010」を企画した八束はじめも、フランス革命期の建築、ロシア・アヴァンギャルド、メタボリズムなどの前衛の研究を経て、コールハースの態度を継承する（『S, M, L, XL』Taschen, 1995）。つまり、縮んでいくコンパクト・シティ論ではない。逆にさらに開発を進めて膨張したら、グローバル・シティ東京は一体どうなるのかという仮説を展開しつつ、国家的なプロジェクトを背負った丹下健三の東京計画一九六〇（一九六一年）の再評価を試みている。これも鈴木と対照的な立場だろう。

『建築は兵士ではない』から四半世紀後、世紀をまたいで、鈴木の論考を集めた『都市のかなしみ』（中央公論新社）が出版された二〇〇三年は、いみじくも六本木ヒルズが登場した年でもある。彼は、グローバリズムと規制緩和に刺激され、「東京のあちこちで展開されている巨大再開発には、果たして『かなしみ』というものがあるのか」と問う。都市のかなしみとは何か。ささいな場所にさえも重層的に刻み込まれた歴史のひだ、あるいは埃のように積もっていく場所の記憶だろう。ゆえに、「生きているかなしみ」のない、「まっさらのピカピカの街は、歩きたいと思わない」。陽のあたるホットスポットの新しい開発ばかりを見ていると、都市の本質を見失う。忘れ去られそうなものの中にこそ、大事なものが隠されている。これは前述した勝利史観への批判にもつながるだろう。鈴木は、歩くことと考えることを結びながら、街が生きている息遣いに耳をすます。

鈴木は、ゲニウス・ロキ（地霊）という概念を用い、具体的な場所の歴史を解読しながら、空間を抽象化する経済中心の都市計画を批判した。またモダニズムに対して、中心に対する周辺の復権としての地域主義、都市の文脈を読むコンテスチュアリズム、普遍性と固有性を調停する批判的地域主義などの概念も登場した。が、本書では、ゲニウス・ロキや一連の方法論よりも感受性の強い「かなしみ」について語る。二〇世紀初頭にル・コルビュジエは「輝く都市」を構想し、一九六〇年代の高度経済成長期に日本の建築家はSF的な未来都市を提示した。過去と断絶し、リセットされた、「かなしみ」がない世界。しかし、近代も一〇〇年以上の歴史を持ち、二一世紀を迎え、われわれはすでに未来の社会を生きており、それ自体が疲弊してきた。世界は記憶という「かなしみ」で満たされている。例えば、さびれた商店街や小さな駅前。都市を歩くとは、その「かなしみ」に触れることでもある。

7　建築家との距離

批評と建築家の関係について整理しよう。

同年生まれの宮内嘉久（一九二六―）と川添登（一九二六―）は、編集者という立場から建築家と積極的に協働関係を結んだ。宮内は使命感を持って前川國男のモダニズムを擁護し、川添は伝統論争を仕かけたり、壮大な文明論を掲げ、メタボリズムのイデオロギーを推進している。戦後の復興期は、こうした援護射撃するタイプの編集者が建築界のシーンを牽引し、ジャーナリズムが熱い時代だった。人文系の出自を持つ多木浩二や長谷川堯は、強い個性を持つ特定の建築家を高く評価している。前者は篠原一男との親交からシノハラ・スクールと議論を重ね、後者は村野藤吾を礼賛した。磯崎新（一九三一―）は、本人が自作に対する最良の批評を書ける一人二役を行う。しかし、歴史学の鈴木博之（一九四五―）や藤森照信（一九四六―）、計画学の布野修司（一九四九―）の世代になると、批評は研究者から発せられている。

鈴木は前述の建築家たちと距離をとっている。例えば、世界のイソザキが認知されるようになった一九七〇年代、磯崎新の神岡町役場について、フォルマリズムを駆使しながら、閉じたシンボリズムを展開したが、場所の記憶など、まわりのコンテクストを切断しているところに、違和感を表明した。また『現代建築家』（石井和紘との共著、晶文社、一九八二年）では、篠原一男ワールドに入ると、周囲が見えなくなってしまう危険があるとして、距離をとって取材をしている。カリスマ的な存在に対して、没頭せず、冷静な距離感をたもつこと。鈴木は、村野に心酔する長谷川の態度も、もはや批評的ではないと考えている。

『現代建築家』において、鈴木は、一九四一年前後に生まれた「野武士」の世代に対して、社会へのアクチュアリティをもって設計に向き合っている、と評価した。メタボリズムが世界を完全に変えると宣言したのとは違う態度の「ポスト・メタボリズム」として、安藤忠雄や石山修武に共感を寄せている。彼らが場所の固有性を重視するからだ。そして『現代建築家』を執筆した目的について、以下のように説明している。かつてアカデミーを否定した近代建築もアカデミー化し、一九六〇年代にはそれを否定する運動も起き、曲がり角の時代を迎えたからこそ、建築家の微妙な針の振れを記録した、と。

『建築は兵士ではない』でも、メタボリズムの川添登、槇文彦、黒川紀章が同時期に別のフェーズに突入したことを指摘している。川添は生活の風景から東京論を書き起こし、槇は微地形から都市を解析し、黒川は「利休ねずみ」という概念を提出した。未来のユートピアを輝かしく語っていたアヴァンギャルドも、一九七〇年代の後半になると、歴史への関心、あるいは日常のささやかなものへの興味が芽生えたのである。鈴木は、彼らの転向を批判するよりも、むしろ歓迎の態度をとっている。また住宅の工業化を研究した大野勝彦の活動に対しても、一見無関係のようでありながら、歴史的なまなざしを向けている。

鈴木以降の世代にも一瞥を与えよう。朝日新聞社に所属していた松葉一葉（一九五三―）は、一九八〇年代のポストモダンを多神教として評価した。飯島洋一（一九五九―）は、精神分析的な深読みを行う。一九九〇年代の後半に登場した田中純らの表象文化論は、知の冒険を行うための資源として建築に接近した。が、建築家との直接的な交流は減っている。二一世紀に突入し、批評が展開される舞台、すなわちメディアの変革期を迎えた。インターネットの台頭は一九九〇年代に始まっていたが、老舗の雑誌が休刊に追い込まれたり、企業がサポートする展示場が撤退するなど、その影響はゼロ年代に本格化した。一般誌も建築をとりあげるようになったが、専門誌の言説と断絶している。欧米では教育機関が建築批評誌を刊行していたのに対し、もともと日本では、大学やアカデミズムにおいて批評の場はなく、民間の雑誌にまかせられていただけに、新しいメディアと横断的な言説の登場が望まれる。

8　歴史と批評をつなぐ通史

最後に通史の問題をとりあげよう。なぜか。通史とは複数の時代をまたぐ歴史の叙述である。その際、執筆者が生きた時代を含むかどうかは、大きな違いを生む。かつて「建築史」と現代建築の領域は連続していたが、今や両者は断絶している。そもそも古い建築だから、現代と関係ないのは当たり前という考え方もあるかもしれない。だが、半世紀前の建築雑誌はそうではなかった。例えば、川添が編集した『新建築』一九五七年八月号。話題になったそごう百貨店の特集を掲載しているが、太田博太郎と白井晟一のテクストとともに妙喜庵待庵も紹介されている。当時の『新建築』では、古建築を表紙に使うこともあった。「新建築」をいち早く掲載することだけにこだわっていたわけではない。

なぜ、これ程までに状況が違うのか。編集者の気質や読者の要求が変わったのか。むろん、当時は戦後のモダニズムを伝統的な日本建築と接続させることが課題だった。ペヴスナーの『ヨーロッパ建築序説』、ギーディオンの『空間・時間・建築』、太田の『日本建築史序説』(明治以降も記述する予定だった)らの通史が、一九四〇年頃に初版が刊行され、一九六〇年代まで増補されたのは興味深い。これはモダニズムが世界に流布していく時期と重なり、ポストモダンが全盛となる直前までにあたる。ギーディオンは、モダニズムの公式な出生証明書を作成し、ペブスナーはイデオロギーを隠さず(反ナチス、反共産圏)、太田は世界標準の様式に日本的な文脈を準備したと言えよう。もっとも、ギーディオンの著作で増補した新しい過去の記述は、やはり歯切れが悪くなっている。しかし、彼らが最初に登場した時代は、現代建築も歴史を必要としていた。

モダニズムの計画概念では、過去・現在・未来へと単一的な時間が前進することが、通史という枠組を後押ししたのかもしれない。一方、一九六〇年代以降は、過去と未来のイメージが混在し、時間の概念が錯綜するとともに、歴史の視点が複数化し、「大きな物語」(リオタール)が成立しなくなった。そうした状況では、チャールズ・ジェンクスのように、複数の系統図を並列させたり、ガイドブックや辞書の形式が好まれるだろう。東浩紀にならって言えば、歴史も設計の現場もデータベース的な世界に埋没している。ただし、こうした現象は二〇世紀以前にもないわけではない。例えば、ヨハン・ベルンハルト・フィッシャー・フォン・エルラッハの『歴史的建築の構想』、ジャン・ニコラ・デュランの『比較』(一般的な意味での通史ではないが)、著者の死後も増補を続けるバニスター・フレッチャーの世界建築史なども、「大きな物語」がないわけで、ある意味では充分にデータベース的なものだ。

とすれば、同時代を包括した通史自体が、歴史的な存在だという見方もありうる。だが、歴史と批評をつなぐものとして通史の可能性を強調したい。現在、歴史と批評が分裂しているからだ。単純に「大きな物語」を復活させればよいわけではない。求められているのは、他者へのまなざしを入れた歴史の感覚だろう。むろん、例外的な存在ともいえる藤森照信は、研究者としての歴史と、建築家としての創作、そして独特な通史までを横断するアクロバティックな活動を展開している(『人類と建築の歴史』ちくま新書、二〇〇五年)。かつての伊東忠太のように。八束はじめは、歴史と批評のあいだの断絶をこう指摘した。歴史とは、そもそも近代のプロジェクトであり、ポストモダンを併走する批評と歴史の両立は困難なのではないか、と(「歴史と批評の間に広がる「スーパーフラット」な断層について」〈http://tenplusone.inax.co.jp/review/monthly/〉)。つまり、「歴史以後」の世界において、現代へと連なる歴史を語ることは難しい。ポストモダンを含む通史は可能か。それが今後の課題になるだろう。

第1回 批評
建築史は現代とどう向き合うか
鈴木博之

建築評価の立場にはどのようなものがあるか

建築史学は歴史学の一分野であり、建築を対象とするというだけのことである。とすれば、「建築史は現代とどう向き合うか」などという問題は、歴史学一般のなかで考える、という広い立場のなかに解消したほうがよいのではないか。その方が普遍的な研究方法論が見出されるであろう。

しかしながら、建築史に関わっていると、現代社会が抱える問題がとりわけ大きな意味をもつように思われるのだ。しかもそれらはひたすら「建築」という点に関わっている。現代において、建築はこれまでになかったようなあり方を示しているのではないか。建築のあり方は、現在、それまでとはずいぶん変わったものになっているのではないか。だからこそ、建築に関わる建築史も、現代とどのように向き合うか、考えざるを得なくなる。

「建築史が対象とする建築は歴史的存在となった建築である」というのは明らかに意味をなさない。たしかに建築の歴史的評価が定まってくるのはある程度の時間を経過した後であるという考え方があって、国が建造物を文化財として登録したり指定したりするとき、建設後五〇年を経ていることをひとつの条件にしている。なるほど五〇年を経れば評価が定まるかも知れないが、その間に評価を定める要素は何なのか。建築史は、建築物が竣工した直後から、その意味と価値を問いつづけるべきであろう。竣工直後の価値判断はその時代の流行に流された見方が強く、数年を経ずして修正されることになるかも知れない。そうであれば修正されればよいのである。修正に修正を経ながら、徐々に安定した評価が定まってくるに違いない。五〇年という年月は、評価が収束するであろう期間の目安なのである。

近代以降の建築を対象にする限り、完成直後の建築から目をそらすわけにはゆかない。それぞれの建築がどのような歴史的条件のなかで生み出され、どのような歴史的刻印を捺されて誕生しているのかを見ることが、その出発点になる。そして、その歴史的刻印はどう評価されるべきものであるか、それを評価するわたくし自身の立場と歴史性を見直さなければならない。そうした作業を経た末に、生まれたばかりの建築の位置づけの第一歩が踏み出される。

高さ制限時代のビルの性格

完成直後の建築は、その建築を生み出した社会条件に縛られている。建築を見るときにその社会条件を無視するわけにはゆかない。恵まれた条件のもとに生まれた建築もあるし、厳しい条件を克服しながら生み出されてきた建築もある。建築は造形芸術の一分野であるという見方がある一方で、建築は建設事業の産物であり政治・法律・経済などの制約のもとで生まれる社会の産物だという見方もある。建築史が歴史の一分野であるとしても、芸術史に近いのか社会史や経済史に近いのか、にわかには決められない。人により、事例により、建築史の拠って立つスタンスは微妙に変わる。これは建築が複合的存在だから、致し方ないことなのだ。

ひとつの具体的事例を挙げてみよう。一九六八年にわが国最初の超高層ビルである霞が関ビルが完成するまで、市街地の建物は高さ一〇〇尺以下に押さえられていた。およそ三〇メートルの高さである。東京丸の内のオフィス街などでは、ほとんどの建物が一〇〇尺の高さの限度いっぱいに建てられたので、結果的にビルの高さが一〇〇尺にそろった都市景観が生まれた。

こうした条件のもとでビルを建てるとき、どのような試みが生まれるだろうか。一〇〇尺つまり三〇メートルほどの高さであれば、うまく作れば一〇階建てのビルを作ることができる。各階の高さを三メートルくらいにすれば一〇階建てのビルを三〇メートル以内に収められる。一階部分だけ天井を高くして四メートルとか五メートルにすると、ビルはゆとりと豪華さを獲得できるけれど、全体では九階建て以上にはできなくなる。一〇階建てのビルと九階建てのビルと、どちらがオフィスとして有利か。

戦前のビルよりも、第二次大戦後の早い時期に建てられたビルに、一〇〇尺以内に一〇階分を収め込んだ例が多い。時代は貧しく、同じ敷地面積のなかに、より多くの床面積を詰め込むことができたほうが、ありがたかったからである。

やがて、時代に余裕が生まれてくると、ゆったりした室内環境を求めて、同じ高さ制限のなかに九階分を収めるビルが多くなってくる。時折、同じ高さのビルが並んでいるのに、よく見ると一方は一〇階建て、となりは九階建てのビルであるという風景に出会う（図）。

図　並んで建つ10階建て（左）と9階建て（右）のビル

一〇階建てのビルを作ったほうが経済的に得だったかというと、その判定もむずかしい。一〇〇尺の高さのなかに一〇階分を詰め込んだビルは、当然のことながら天井も低いし、天井裏のスペースも最小限しかない。このようなビルだと、空調設備を充実しようと考えても、天井裏に十分なダクトスペースをとれないし、オフィスの電子化を進めようと思っても、床を二重にしてＯＡフロアを設けるといった改造もできない。結局建て替えなければならない羽目に陥ったりする。つまりビル全体の寿命が短いものになってしまうのだ。天井高や天井裏のスペースが十分であれば、技術の進歩に合わせてビルを改造することが可能になるのである。一〇〇尺のなかに一〇階分を詰め込むのは、「安物買いの銭失い」にならないとも限らないのだ。

同じ一〇〇尺の高さ制限があった時代の建物でも、東京駅前に一九二三年（大正一二）に建てられた丸ビルの場合は、もっとゆったりと設計がなされていた。つまり、八階建てのビルとして、十分な階高をとった高級な仕様の設計がなされていたわけである。アメリカのフラー社が施工を行い、わが国の建設業に大きな刺激を与えた丸ビルは、その階数のゆとりという特徴ももっていたのである。天井の高い一階のショッピングアーケードは丸ビルの魅力であったし、ビルのグレードの高さを示す要素でもあった。

だがこの丸ビルの隣に、さらに大胆な設計を行ったビルがあった。東京中央郵便局である。

パブリックな建築の性格

東京丸の内に建つ東京中央郵便局は、丸ビルと東京駅の間の敷地に、一九三三年（昭和八）に竣工したビルで、設計は吉田鉄郎。戦前の合理主義的建築の先駆として名高い建築である。いままさに再開発によって失われようとしており、その価値をめぐって多くの議論がなされている最中である。

ここで、このビルのあり方を見直してみよう。東京中央郵便局の高さは一〇〇尺の高さ制限に収められている。逆に言えば、この建物は丸の内の他のビルと同じように、一〇〇尺という高さの制限のもとに設計されているのである。しかし東京中央郵便局は五階建てである。丸ビルと同じ高さをもちながら、階数ははるかに少ない。同じ高さ制限のなかで一〇階建てのビルを実現している例に比べれば、東京中央郵便局はわずかに半分の階数しかもたないということである。それは、この建物の天井高が、単純にいえば町なかのオフィスビルの二倍あるということなのだ。

実際には、東京中央郵便局の階高は、一、二階のカウンターのある部分や手紙の選別作業などが行われる部分で非常に高く、上階の一般オフィス的用途の部分などでは、階高は低く抑えられていたのである。このようにそれぞれの用途に応じた、十分な階高を確保していたからこそ、東京中央郵便局は長い年月にわたって機能しつづけ得たのである。このような精神、すなわち建物が機能を遂行するのに必要な階高をきちんと確保しておくことこそ、公共建築の精神であり、パブリックという概念の発露であろう。

東京中央郵便局が高く評価されてきたのは、全体計画から細部に至るまで整合したデザインの見事さによってであるが、まず基本計画のなかで十分な階高を確保していることによって、建物が長きにわたって機能を果たしつづけられる条件を手に入れていることを見逃してはならないだろう。

一般の貸しビルや営利目的のビルであれば、できるだけ床面積を増やして収益を上げられるようにしなければならない。しかしながら、そうした条件を満たす方向に走るのではなく、建物の機能を長期間にわたって発揮させることに主眼を置き、結局は長寿命のビルを実現しているのが東京中央郵便局なのだ。空間を十分に確保するという贅沢は、商業建築、営利的建築では、なかなか実現できない。けれどもそうした必要性を満たすことを優先する考え方、これこそが公共精神、パブリックの精神である。それはすでに贅沢ではなく、必要な空間を提供するという公共精神の現れなのである。

現代の空間

一〇階建てのビルがあり、九階建てのビルがあり、八階建ての丸ビルがあり、五階建ての東京中央郵便局があって、そのすべてが一〇〇尺の高さでそろっているという事実をどのように考えればよいのか。

建築物は建設技術の産物であり、社会的要請の産物であり、法律的制限のもとでの産物であり、それぞれの機能に従ったデザインの産物なのである。同一条件下の設計であっても、その建物の性格や使命によってまったく異なるデザインが生み出されるのである。建築には、結果としての構造、設備、デザインの集積が見出されるけれど、その背後にはきわめて多様な、条件の違いが存在しているのである。単純に、一〇階建てのビルよりも、階数の少ないビルの方が良心的な設計がなされたとも言い切れないし、階数を少なく抑える精神が良心的な公共精神だとも言い切れない。

さらに具体的な例を挙げてみるならば、新しい丸ビルのケースがある。八階建てに収められていた丸ビルは、近年全面的に再開発されて超高層ビルに建て替えられた。しかしながらこの超高層ビルの足回り部分には、もとの丸ビルを思わせるシルエットをもった低層部が設けられている。低層部は一〇〇尺の高さ制限があった時代のシルエットを継承しているのである。こうした超高層ビルの足回りのデザインは、丸の内の他のビルにも採用されている。これによって「一〇〇尺制限時代の都市景観の記憶を継承する」というのが、この地区の開発を手がけているデザイナーたちの公式見解である。

しかしここで新しい丸ビルの低層部分の内訳を見てみたい。この丸ビル低層部にはショップが入居している。ちなみにこのショップは四階までで、五階と六階にはレストランが入る。そして五階には空中庭園といわれるものも設けられている。つまりこの空中庭園はもとの丸ビルの屋上に当たるレベル、低層部の屋上部分に相当するところなのである。

とすれば、新しい超高層丸ビルは、もとの丸ビルの八階分の高さを、わずか四階分強のスペースとして使用しているのである。公共精神の発露であった東京中央郵便局の五階をも越える、贅沢な空間の配分である。これは豊かな空間を提供しようとする公共精神の発露であろうか。公共建築を越えた公共性を、新しい商業ビルは獲得するに至ったのであろうか。

しかし話は、やはりそれほど単純ではないだろう。まず、新しい丸ビルは高さ制限のもとでのデザインではない。それまで八階分に使っていた一〇〇尺までの高さを四階分強で使ってしまっても、使えなかったスペースは上の方に積層してゆけるのであるから、全体としては空間を犠牲にしているわけではない。一〇階まで詰め込める高さを五階だけで使い終える東京中央郵便局のような、床面積を犠牲にして豊かさを獲得するという精神とはまったく異なる次元の発想が、新しい丸ビルを成立させている。それは高度な商業主義的判断もしくは現代的マーケット・ヴァリューへの配慮の結果である。豊かでラグジュリアスな空間を提供することが、現代の資本主義が生き延びてゆく道なのである。豊かな空間を獲得するための努力は必要であるが、そのために払った犠牲は容積を上空に積層することによって補償される。投資が無駄にならないように、新しい都市計画のシステムが用意されているのである。

このように考えると、新しい丸ビルのデザインを、旧制度のもとに生み出された東京中央郵便局と単純に比較することはできないことに気づく。ルールが変わったということは建築を成立させる条件が大きく変化したということである。条件の違いと、そのなかでのデザイン判断を勘案しながら、建築を読み解いてゆくなかで、建築に対する価値判断が定まってくる。

建築史が建築と対峙するのは、このようなプロセスを経ることである。日々、建築に対して判断を下していっても、その判断自体が徐々に変わってくることもある。時代が変わってしまうことによって、かつての建築が別の様相を呈してくる場合もあるし、単純に自分の考えが変わることもある。建築史は、いずれにせよ、現代と対峙しつづけなければならないと思うのだ。

第2回　理論

近代の建築史と建築論

横手義洋

1　建築論の近代

建築の出版物に建築論というジャンルがある。もっとも古い建築書として知られるウィトルウィウスの書がこのジャンルの先駆であり、二〇〇〇年を超える古い伝統を誇っている。ウィトルウィウスの建築論は、紀元前一世紀当時の建設に関する広範な知の集成でありながら、一建築家による理想的建築の指南書でもあった。このあと長らく建築論は停滞するが、再び活気づいたのがルネサンス時代である。ウィトルウィウスの書に刺激を受けつつも、〈建築はかくあるべし〉という理念的な提言の側面が強くなり、古典主義という枠組みのなかで建築の理想があれこれと模索されるようになった。こうした理想追求はその後バロック時代まで続いてゆくが、それも一八世紀に転機を迎える。啓蒙主義における批判的まなざしが、過去の建築的理想に対する疑念を本格化させたからである。ここに、少なくとも思考のレベルで批判的意識、すなわち相対的価値判断が顕在化した。以降の展開においては、建築の理想を語る際に、かならず直近あるいは現状に対する批判が伴うようになる。一八世紀新古典主義におけるバロック―ロココ批判、一九世紀ロマン主義における古典主義批判、そして二〇世紀近代運動における折衷主義―歴史様式批判、ポスト・モダニズムにおけるモダニズム批判……。

こうして啓蒙主義以降の建築論は、基本的に過去の建築的誤謬を指摘することで、それに代わる建築的理想を提示することとなった。マルク・A・ロージエによるバロック建築批判は、「原始的な小屋」に建築の真のモデルを認めた結果であり、オーガスタス・W・N・ピュージンによる古典主義批判は、構造を包み隠さないゴシック建築を真なる表現とした結果であった。アドルフ・ロースは文化的、経済的、倫理的観点から装飾を断罪し、同時代のアール・ヌーヴォー的造形を批判した。そして、ル・コルビュジエは過去の歴史的な様式をすべて否定すべく「マシン」を時代が従うべきモデルとした。ヴァルター・グロピウスによる様式からの脱却も、世界共通の科学技術に依拠することで展望された(ここにグロピウスが唱えたのは「国際建築」であって、のちに歴史的文脈に回収される「国際様式」ではない)。二〇世紀後半になって、ル・コルビュジエやグロピウスらの主張が世界に浸透するや、今度はそのモダニズムが批判の的となる。ロバート・ヴェンチューリは、モダニズムが強調していた「純粋」、「明快」、「整合」といったフレーズを、「複合」、「曖昧」、「対立」という対極の価値観で覆してみせた。また、チャールズ・ジェンクスが一般に広めた「ポストモダン」という用語も、モダニズムがもはや過去の産物であるという認識を典型的に示すものである。ポストモダンを標榜する建築論は、現在が近代のなしえた成果の延長上にあることを認めつつも、さまざまなレベルでモダニズム批判を展開したのであった。

2 時流を変える理論

このように近代を特徴づける建築論は、それぞれの理論が現状の変化もしくは脱却をめざすのであり、ある意味で、時代の前後関係を抜きには成立しない。しかし、そもそも、理論とは本来的に体系的で普遍的な語りをめざすものだ。実際、ウィトルウィウス、レオン・B・アルベルティ、アンドレア・パラーディオらが語る建築の理想的あり方は、つねに独立した教養として存在してきた。一人の人間が取り扱う守備範囲もきわめて広く、当時知りうる知識の全面展開に近かった。ところが、近代の理論はまず批判に立脚するのであり、直近の対象もしくはその枠組みの疑問視から立論へと展開する。〈建築はかくあるべし〉という提言は、〈直近の建築は問題である〉から出発しなければならなくなったのである。こうした問題指摘型の建築論は、かつてのような体系性と普遍性をまといにくい。建築的誤謬の指摘もいつしか部分的に行われるようになり、提言の範囲を限定するようになった。たしかに個々の専門性の深まりとともに、全方位を見据えた建築論というのはますます登場しにくくなった。現代はまさにその只中にあり、理論というほど大上段に構えないエッセイのようなスタイルに新たな見識が込められることが多い。

古典的美という大義のもとに体系性と普遍性をめざした建築論は、ひとつひとつの理論がつねに決定版であったはずだが、近代の批判主義はひとつの理論を永久不変の存在ではなく、すぐにまた別な理論へ置き換わる一時的な存在とした。こうした更新の連鎖は論争という形を取ることもあるし、個人の著作が何度もエディションを重ね、その都度内容を変えてゆくこともある。この現象はまさしく世界の拡大、もしくは科学的発見による情報量増大の帰結に他ならないのだが、さらに興味深いのは、過去や伝統に向けられた科学的検証が一九世紀に歴史学を成立させ、その歴史学が、まさにこれから起こされようとする建築的変革を歴史発展の必然として位置づけたことである。この意味で建築史は近代の産物であり、近代の建築論に建築史の知は欠かせない要素となった。変革は懐古的に過去のある時代を賞賛することもあるし、また別な場合には、進歩する時代の必然として過去との決別を宣言することもある。いずれのケースでも、一九世紀に建築史と建築論は急接近し、差し迫った建築的課題と建築史学を関連づけたのであった。そこでは歴史の知が、現状を変え、未来を導く力であった。

二〇世紀のモダニズムが歴史や様式を否定したのは紛れもない事実である。だが、建築史による理論的バックアップまでが拒否されたわけではない。近代運動に加担した建築史家たちは、一九世紀同様に、近未来の予測を歴史的に正当化し、裏づけようとしたのである。例えば、スイス人のジークフリート・ギーディオンは近代運動の理論的推進者の役割を担った建築史家であり、一九二八年のCIAM（近代建築国際会議）発足から解散まで一貫して事務総長を務めた。一連の著作においては、ル・コルビュジエやバウハウスの建築を正当な歴史発展の成果として評価している。なかでも『空間・時間・建築』（太田實（訳）、丸善、二〇〇九年、新装復刻版）は、一九四一年の初版から何度も改訂を重ねながら評判になり、第二次大戦後には世界中の建築学校で強い影響力を持った。

3 近代運動と建築史家

二〇世紀前半の建築教育機関の実情を踏まえれば、近代運動に与する建築史家というのはアカデミズムの只中で反アカデミズムを掲げる異端児だ。われわれはギーディオンの肩書きをたんに近代運動に加担した美術史家あるいは建築史家と理解するだけだが、その肩書きが戦前ヨーロッパにおいてどれほど例外的な立場であったかについて、少し背景を理解しておく必要がある。少なくとも当時ギーディオンにアカデミック・ポストを用意してくれたのはヨーロッパではなくアメリカであった。ギーディオンは、一九三八年よりハーヴァード大学に客員教授として迎えられ、三年後に『空間・時間・建築』をまさにアメリカから世界に向けて発信したのであった。まさにこの頃、ヨーロッパは急速に保守化してゆくのであり、実際、近代運動を支える建築史家たちがドイツ語圏、すなわち、ドイツ、スイス、オーストリアを中心に活動できたのはぎりぎり一九三〇年代までだった。ニコラウス・ペヴスナー（図2-1）は一九三三年までドイツのゲッティンゲン大学で美術史を教え、高名な『近代運動のパイオニア』（一九三六年。戦後に『モダン・デザインのパイオニア』と改称して出版された。『モダン・デザインの展開』白石博三（訳）、みすず書房、一九五七年）を著した。同様に『ルドゥーからル・コルビュジエまで』（一九三三年、白井秀和（訳）、中央公論美術出版、一九九二年）で近代運動の歴史的遡及を試みたエミール・カウフマンも、マクス・ドヴォルシャックに師事し、ウィーン派の若手美術史家として活躍していた。

だが、ナチスの台頭によって、ペヴスナーはイギリスへ、カウフマンはアメリカへ逃れることになった。とくにアメリカは、ヨーロッパに起こった近代運動を対象化し、歴史的に意味づけ、いわば必然の歴史的発展とするのにふさわしい場所であった。アメリカ人建築史家のヘンリー・R・ヒッチコックが、ニューヨーク近代美術館で「近代建築——国際展」（一九三二年）を企画したのは、アメリカらしい近代運動の捉え方でもあった。一九三〇年代にヒッチコックはコネチカットのウェスレー大学をはじめいくつかの大学を転々とするが、戦後にようやくスミス・カレッジに落ち着く。そして第二次大戦後になると、ヨーロッパでも近代運動の立役者たちが完全にアカデミック・ポストに収まるようになった。

俗にレイト・モダンと呼ばれる戦後の建築世界は、アメリカ、ヨーロッパでアカデミック・ポストに就いた近代運動の推進者たちが、なおその運動の有効性を訴えることのできた時期でもあった。ギーディオンはチューリッヒ大学、ヒッチコックはスミス・カレッジおよびニューヨーク大学、ペヴスナーはロンドン大学、カウフマンは南カリフォルニア大学を拠点としていた。しかしながら同時に、彼らより少し若い建築史家たちが近代運動の客観的検証を始めつつあった。例えば、ブルーノ・ゼーヴィは、戦時下にイタリアからアメリカへ渡り、ハーヴァード大学で同様にヨーロッパを逃れたグロピウスのもとに学んだ。戦後にヴェネツィア建築大学建築史教授となったゼーヴィの主張は、それまで近代運動の先鋭分子として認められていなかったフランク・ロイド・ライトを再評価することによって、近代運動の次の段階を予見しようとするものであった。さらに、少し後に同じイタリア人のレオナルド・ベネヴォロが社会的・都市的視点で『近代建築の歴史』（一九六〇年、武藤章（訳）、鹿島出版会、二〇〇四年）を記述するが、ゼーヴィもベネヴォロも近代運動を肯定的に受け入れていたのはたしかである。

図2-1　ニコラウス・ペヴスナー（Fulvio Irace（Ed.), *Nikolaus Pevsner*. Guerini Studio, 1992）

4　建築史という尺度

一般に、ヨーロッパ近代運動の歴史的かつ客観的な対象化は一九六〇年代より開始される。ロンドン大学でニコラウス・ペヴスナーに学んだレイナー・バンハムは『第一機械時代の理論とデザイン』（一九六〇年、石原達二・増成隆士（訳）、鹿島出版会、一九七六年）において、近代運動をそのままに応用することはできないという見解を示した。世代の違いもあるだろうが、バンハムは明らかに前世代が支持した近代運動を過去の歴史として対象化したのである。さらに、イタリア人建築史家マンフレッド・タフーリの『建築の理論と歴史』（一九六八年、八束はじめ（訳）、『建築のテオリア』、朝日出版社、一九八五年）になると、近代運動に対して極度に幻滅的・懐疑的スタンスが際立ってくる。そこでは近代運動の立脚していた基盤が批判され（とはいえ否定ではない）、近代運動の脱神話化が画策された。こうした建築史家の見解は、大局的に見れば、すでに触れたヴェンチューリやジェンクスらポストモダン建築論の流れに位置づけられよう。しかし、ここでぜひとも指摘しておきたいのは、タフーリの理論はけっして近代運動のみをターゲットにしたわけではなく、もっと広く近代以前の歴史（われわれにとっての西洋建築史）をも巻き込みながら論を展開している点である。

建築史全体を広く見通す姿勢はたしかにペヴスナーやギーディオンの業績にもうかがえるが、歴史の単線的な発展過程を拒絶したがゆえに、タフーリの議論は高度に複雑化し、いまだきわめて独特な存在となってしまっている。観念や理念に偏重した批判的記述も、タフーリを孤高の存在にしてしまった要因のひとつかもしれない。ここで世代をもう少し前に遡って、建築史の幅広い含蓄を備えながら、独自のまなざしをもって近代運動を捉えていた一人の建築史家に注目してみたい。イギリス人建築史家のジョン・サマーソンである（図2-2）。サマーソンはペヴスナーやヒッチコックとほぼ同世代で、戦前は主に建築の実務やジャーナリズムに身を投じ、一九四五年からジョン・ソーン・ミュージアムで研究職を得、主としてイギリスの近世建築研究を進めた。イギリス人サマーソンのスタンスは、ドイツ生まれのペヴスナーに比べ、大陸の近代運動に対して適度な距離を取っているように見える。すなわち近代運動に対するサマーソンのスタンスは、ペヴスナーよりも地理―精神面で相対化され、さらにバンハム以上に長い西洋建築史の尺度を持ち込むことでさらにもう一段階相対化されているのである。

『天上の館』（一九四九年、鈴木博之（訳）、鹿島研究所出版会、一九七二年）は一〇篇のエッセイからなるサマーソンの建築論集である。しかしながら、個々のエッセイは時代順、すなわち建築史的構成をとる。近代運動に関してはル・コルビュジエの業績を中心に、それを嫌悪するでもなく、手放しに賞賛するでもなく、非常に客観的な姿勢を貫いている。一九世紀のウジェーヌ・E・ヴィオレ・ル・デュク、オーギュスト・ペレらフランスの合理主義者を持ち出してル・コルビュジエ時代の位置づけを試みる点では、ヒッチコックの大著『建築――一九―二〇世紀』（一九五三年）に見られる冷静な歴史的位置づけはすでに戦後の建築史家には共有されていたとも言えよう。ただ、『天上の館』はたんなる建築史の書ではない。それを強調するのが最後の二章であり、建築史家がなしうる現代への提言が展開される。端的に言って、最後の二章は、建築家にとっての現代建築の問題と、現代人にとっての建築の問題に捧げられる。前者は直近のレイト・モダン諸説への批判的検証であり、後者は文化財保存の問題である。おそらく両者こそ、建築史の知が直接現代へ働きかけることのできる二つのチャンネルなのかもしれない。それらは建築の問題であると同時に、建築が喚起する社会の問題でもある。その意味でサマーソンのまなざしは（タフーリと対照的に）現実的かつ具体的であった。そして、このまなざし、二つのチャンネルは、少し後に日本で活躍する一人の建築史家に刺激を与え、その旺盛な活動のなかに消化されていったように思われる。

図 2-2　ジョン・サマーソン（Frank Salmon (Ed.), *Summerson and Hitchcock*. Yale University Press, 2006）

5　日本という尺度

欧米世界が近代運動を相対化してゆく流れは、その世界的な浸透の中で戦後の日本でも次第に共有されていった。むろん近代運動を受容する立場にあった日本で、近代運動そのものに対する批判が即座に叫ばれたわけではない。日本では、ヨーロッパの近代運動より前に日本の戦前を検証するのが先であり、一九五〇年代は日本的な枠組みを超えて議論するような余裕はなかったように見える。イタリアと同様、日本もファシズムを経験していたから、ゼーヴィやベネヴォロのように近代運動の成果を肯定的に捉えざるをえない状況にあった。そのようななかで興味深いのは、稲垣栄三による「建築の近代主義的傾向」（『建築雑誌』一九五二年、第六七号）が早くも戦後ヨーロッパでなされていた機能主義の見直し論に同調していた点である。むろん稲垣の論も日本を対象にしていたのであり、ヨーロッパ近代運動の批判を深めることはなかったが、日本という枠組みを超えた視点から論を起こそうという姿勢は確実にその第一歩を示していた。

それでは日本人建築史家が綴った戦後の近代建築史は、ヨーロッパ近代運動に対してどのような態度を示していたのか。これについて、ひとつの指標は山本学治、神代雄一郎、阿部公正、浜口隆一が著した『建築学大系6　近代建築史』（彰国社）の改訂過程に浮かび上がってくる。このなかで戦後建築を担当した浜口の語りは、初版（一九五八年）および第二版（一九六〇年）においては現代的表現の多様性を認めつつも、まだ近代運動に対する肯定的評価に貫かれているが、新訂版（一九六八年）になると、ル・コルビュジエ、ヤコブス・J・アウトの死、ギーディオンの隠棲に対して、たしかに近代運動の終焉を感じ取っているのだ。なかでも、戦後世界の建築を牽引したアメリカ建築に対して、インターナショナル・スタイルに対する反省、あるいは、機能主義を軸とする近代建築のドグマからの解放を読み取った点は見逃せない。こうした浜口の認識に認められるように、一九六〇年代後半の日本はヨーロッパ近代運動を完全に対象化したのであり、その意味ではバンハムやタフーリらの動きとほぼ同調しえたと言うことができる。

そして、およそ一〇年後、一九七〇年代後半より建築史家として活躍をはじめる鈴木博之の著作は、およそ以上に述べたヨーロッパにはじまり日本へと到達する近代運動の流れ、あるいは、近現代の建築史を俯瞰し深化させるものであった。俯瞰と深化のプロセスは、同時代および直近の過去を眺めるために、建築史と日本という二つの尺度を持ち込むことで充実していったように思われる。鈴木のキャリアにおいて、その作業は『天上の館』の翻訳（一九七二年）を通して開始させられている。近代運動を眺めるサマーソンのまなざしに、イギリスという地理、それ以前の建築史という二重の尺度が持ち込まれていたことはすでに指摘したとおりだが、その翻訳作業が近代を眺める建築史という尺度、さらに西洋を眺める日本という相対的尺度を鍛える機会に他ならなかった。建築史という尺度に関しては、一九七六年にサマーソンの『古典主義建築の系譜』（中央公論美術出版）を、さらに一九八〇年にペヴスナーの『美術・建築・デザインの研究』（鹿島研究所出版会）を翻訳することで一層精緻化されていった。初の単著である『建築の世紀末』（晶文社、一九七七年）は、一八世紀から書き起こされた当時画期的な近代建築史書だった。そのまなざしは、一見するとカウフマンの書と同じパースペクティヴを共有するようで、着眼点はまったくちがう。カウフマンの分析が抽象性に着目した形態論であるのに対し、鈴木の分析は様式や装飾の意味論をめざしていた。結果、近代運動の前に敗者として霞んでしまいがちな一九世紀やアール・ヌーヴォーを看過せず、むしろ意味のある時代として浮き上がらせることとなった。

6　敗者の存在意義

一九七四年、鈴木が『都市住宅』誌に寄稿した「建物は兵士ではない」には、近代建築史が勝者の歴史であってよいのか、という根本的疑念が提示されている。この論考が後に初の批評選集『建築は兵士ではない』（鹿島出版会、一九八〇年）の頭に置かれるのは、たんに執筆時期が早いからではなく、その内容が若き建築史家の鮮明なスタンス表明でもあるからだ。そのスタンスは、進歩史観、いわば勝者の歴史の見直しであり、現在をつくり上げた過去の再評価である。したがって、ドイツにはじまりアメリカへ渡った近代運動の主流に対して、イギリスの一九世紀、あるいは、アール・ヌーヴォー、アール・デコの意義を掘り起こし、また別な次元では、経済原理や抽象的な造形論に抗して、いまそこにある建物が人々に及ぼす影響力を丁寧に掘り起す重要性を説くのである。実に、『建築は兵士ではない』というタイトルこそが近代建築を支配した機能主義批判の意であり、その批判が最終的にめざすところは建築の制作論ではなく（サマーソンの建築論がそうであったように）社会的意味論である。これは勝者の相対化であり、同時に勝敗を決める価値自体を定義しなおす作業でもあった。こうして書きためられた一九七〇年代後半までの一連の論考には、以後に鈴木が本格的に展開するすべての方向性が示されていると言っても過言ではない。そこには、近現代建築に対する見解とともに、後にまとめられるゲニウス・ロキ論（『東京の「地霊」』（文藝春秋、一九九〇年））、建築の保存論（『現代の建築保存論』（王国社、二〇〇一年））、都市文化論（『都市へ』（中央公論新社、一九九九年）、『都市のかなしみ』（中央公論新社、二〇〇三年））のすべてがある。そうした鈴木の展開を、ケネス・フランプトンの批判的地域主義やクリスチャン・ノルベルグ＝シュルツの現象学的場所論とあわせて振り返ってみるとき、それが国際的に見ても、大きな建築動向の一脈を形成していることも強調しておかねばなるまい。

もちろん、いまだに建築を規定し続けているモダニズムの論理がすべて覆されたわけではない。モダニズムの論理は、明快で、わかりやすい。近代運動の成果を反映する近代建築は、その論理を反映し、つねに合理的で、機能的で、普遍的な存在、すなわち勝者でいられた。そのモダニズムを疑問視し、一気に多様性を擁護しはじめたポストモダンの建築論も、つまりは次なる勝者をねらったにすぎない。世界中の建築家が他分野の最先端に次々に飛びついていった。生物学、記号学、ポップ・アートなど……。そうしたなか、鈴木のポストモダン建築に対する批評は、いずれもが簡単に時代の流行として消費される運命を知っていたかのように、あるいは、そうした勝者流転の様を達観するかのように、ある距離をもって展開された（ように見える）。その一方で、現代建築批評と並んで収録された建築保存論やゲニウス・ロキ論は、モダニズムが駆逐した敗者をもっと息の長い存在として浮上させている。敗者(とはいえ相対的な名称なので、悪い意味ではない)によって構築される論理は、けっして強くはない。他を圧倒せず、その意味では時代を牽引しないのかもしれないけれど、堅実にしぶとく存在し続ける。これら現在にまで積み重ねられた文化的総体を敗者と呼ぶのであれば、まさに敗者が体現する持続的要素に価値を認め、建築史学の武器として最大限に生かすことこそ、現在にいたる鈴木の一貫した戦略ではなかったか。こうした手法を一人の建築史家が、歴史的建築から現代建築、そして、都市や郊外住宅にまで一貫してやってのけたことは、少なくともこれまでになかった。

7 俯瞰して浮かび上がる構図

鈴木博之の著作のなかで『建築の七つの力』(鹿島出版会、一九八四年)は、コンパクトなヴォリュームにして、伝統的な建築論の系譜に連なる唯一の書である。体系性と全体性を暗示させる〈七つの力〉が、中世の知の体系である自由七学芸、あるいは中世主義者ジョン・ラスキンの『建築の七燈』(一八四九年、杉山真紀子(訳)、鹿島出版会、一九九七年)につながることは自明である。しかしながら、近代の建築論が相対論であり、また、往々にして個別論であるなかで、この書はどのように意味づけられるだろうか。実際のところ、〈七つの力〉、すなわち、〈連想の力〉、〈数の力〉、〈ゴシックの力〉、〈細部の力〉、〈模倣の力〉、〈地霊の力〉、〈過去の力〉はそれぞれ別個に書かれた小論であり、個々の内容はときに批評的でもある。そして、なにより鈴木自身が現代における建築論の多様なあり方を自覚し、「建築のもつひとつの側面だけを浮かび上がらせようとするのもまた、これはこれで立派な建築論だと思う」と綴っている。にもかかわらず、『建築の七つの力』が体系性と全体性の獲得をめざしているように見えるのはなぜか。思うに、〈七つの力〉のそれぞれは相対的かつ批評的な近現代の特質を帯びたエッセイであるものの、それぞれを束ねる全体の構図が著者の勇猛な姿勢を表すからだろう。

〈七〉という数字がどれほど過去の建築書を連想させようとも、〈七つ〉の主題はけっして同質ではない。ここで

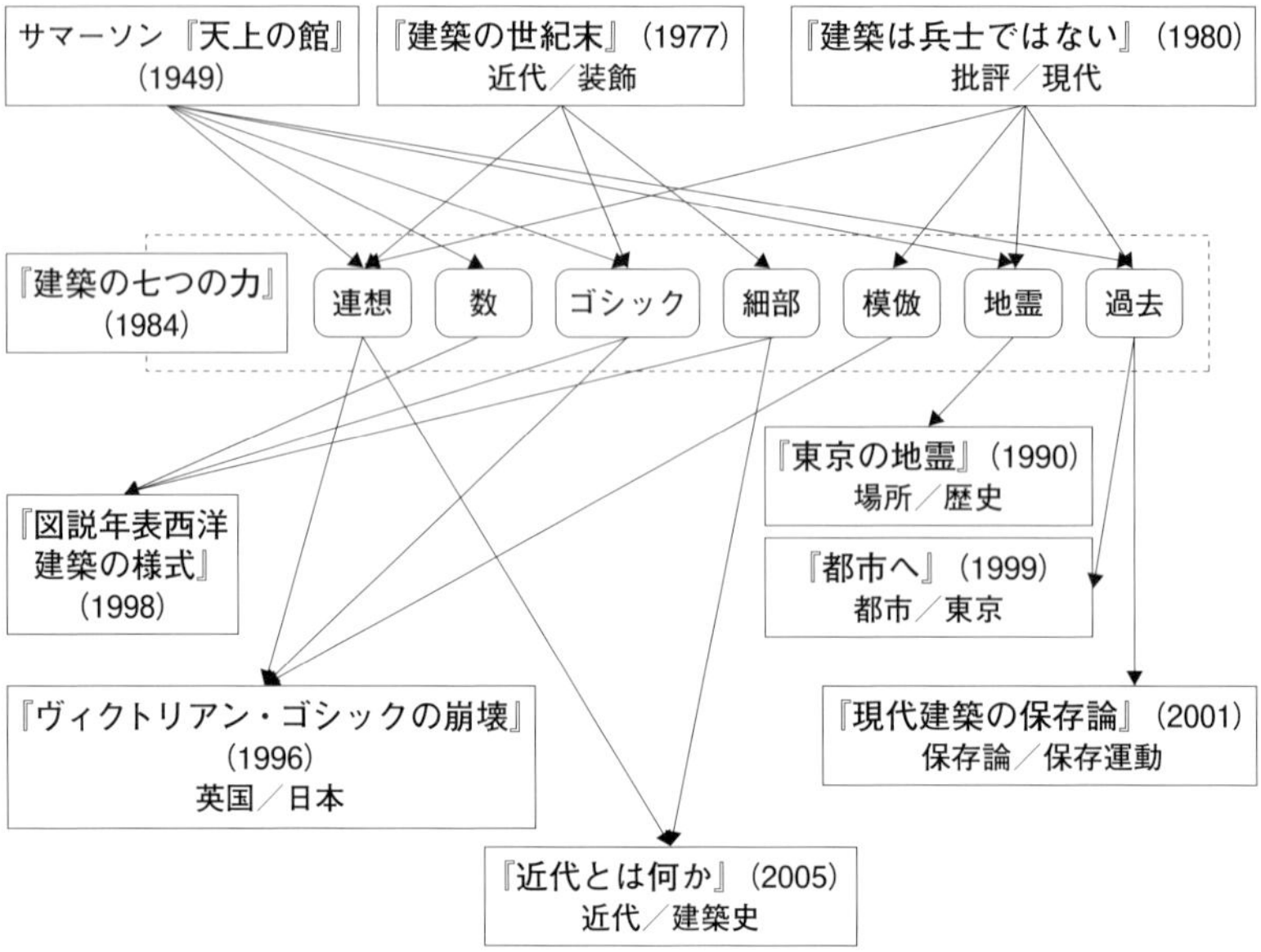

図2-3　『建築の七つの力』を軸とした鈴木博之主要著書の関連

ウィトルウィウスからラスキンまでの建築論が、いかに制作論から解釈論までの幅を示すとしても、各主題は並列展開であったことを思い返していただきたい。ちなみにタイトルにこそ出ないが、一〇篇で構成されるサマーソンの『天上の館』は建築史的構成であった。これに対し、『建築の七つの力』は建築を考えるための構成、すなわち、建築を読み解く要素をひとつの構図として示すのである。〈連想の力〉は創造と解釈の両面で建築を捉える要素であり、他の六項と関連する位置にある。続く〈数の力〉と〈ゴシックの力〉は西洋建築の二大潮流から導かれるとともに、理性と感性という造形感覚の二極を捉えてもいた。〈細部の力〉と〈模倣の力〉も一対で考えられ、建築が意味を担い、意味を伝達する存在であることを前提に捉えられた。最後の一対が〈地霊の力〉と〈過去の力〉であり、建築をとりまく場所性と歴史性が提示された。

歴史的建築から同時代建築までをすべて扱いながら、〈七つの力〉には『建築は兵士ではない』同様、鈴木がその後に進むべき道がはっきりと表れている（図2-3）。しかし、ここではさらに、建築を読み解く構図として、一・二・二・二で区切られた各要素は、建築が本来的に意味を担う存在であるという前提のもとに、〈連想の力〉にはじまり、建築そのものの表現を捉える一対、さらに建築にズームインする一対、建築の周辺環境を含めてズームアウトする一対が用意される。要するに『建築の七つの力』は、建築の魅力が細部から都市まであらゆるレベルにある、という普遍的テーゼの提出であり、見方を変えれば、作家および観察者に対する高度な網羅的視点の要求に他ならない。個別化し専門化する現代において、この要求はなかなかきついものがある。しかし、少なくとも著者はひとり、建築のディテールから都市まで、古代から現代まで、世の東から西まで、幅広い知見を追い求め記述してきた。そのことはこれまでの膨大な執筆量を見ても明らかだろう。

こうした鈴木の網羅性は、同時に彼が備える批判力と表裏の関係にある。すべては過去と現在につながり、そして、網羅し俯瞰することではじめて全体の構図が意識される。これがいわゆる建築批評とは別に、ときに建築史学そのものへの問いかけとなって現れる。そこではもはや建築史、建築論、建築批評の区別など意味がない。批評的に建築史が記述され、あるいは、建築史の知が立論へと向かうだろう。そうした活動を思えば、鈴木が現代建築のゆくえを問うこと、建築史学の方法を問うこと、すべてが同じ根でつながってくることに気づく。鈴木はつねづね価値の相対化を語り、また、われわれにもそう指導してきた。けれど、すべてを相対化し尽くして、それで終わりではない。その先に必ずなんらかの意味づけ、方向づけが行われる。それが批判力であり、構図である。おそらく鈴木の論考に少なからず繰り返される「私」性もそのひとつとして捉えられるのではないだろうか。本論の趣旨に沿って意味づけるなら、この「私」性は、相対化の果てに問われる主体の役割であり、ひいては、相対論時代における論者の強い責任感と理解することができよう。それを踏まえた上で、昨今の建築作品および建築言説はわれわれの目にどのように映るだろうか。あるいは、この先の建築作品および建築言説にわれわれはどのようにコミットすることになるだろうか。鈴木の業績を前に、われわれが考えるべきことは多い。

第2回　理論

世界把握の方法　歴史と理論

鈴木博之

歴史と理論

西欧において建築について体系的な著作を行った最初の人物は、古代ローマの建築家ウィトルウィウスであるといわれる。これは『建築論十巻』(*De architectura libri decem*)として知られる。ウィトルウィウスはまず建築の要素として、制作(fabrica)と理論(ratiocinatio)というふたつの側面があると指摘する。制作は意味が与えられるもの(quod significatur)であるとされ、理論は意味を与えるもの(quod significant)であるとされる。

さらにウィトルウィウスが建築の備えるべき要素を、つぎの三要素としたことはよく知られている(訳語は森田慶一による)。

Firmitas　強
Utilitas　用
Venustas　美

この概念については、別に解釈を試みたことがあるので、ここでは繰り返さないが、建築についての理論的枠組みの大半が、すでにこのなかに存在していると見ることができる。こうした理論的枠組みを分析し、あるべき建築のすがたを解き明かしてゆく作業は、建築論研究と呼ばれる。

だが、ここで問題にしたいのは、建築に内在する各要素の相互関係を明らかにしてゆく作業を改めて行うことではなく、こうした建築の理論的分析と、建築の歴史的分析とが、どのように分離していったのか、逆に言うならば、このふたつの側面はどのような同一の根をもっているのかを考えることである。いわば、建築研究における理論と歴史の系譜の解明である。

建築の理想が古典古代におかれるようになるのは、大局的にいうならば、やはりルネサンス以降であるといってよいであろう。彫刻家ギベルティは、芸術が隆盛を見たのはギリシア・ローマの時代であると考え、それを antico（古代）と呼んだといわれる。理想の時代が過去に存在するという考え方は、西欧文化のなかにある「黄金時代」という観念によく現れている。「黄金時代」は失われた過去にあったとする意識である。

建築において、理想の過去は古典古代の時代、つまりはギリシア・ローマ時代であった。古典古代の建築はオーダー（柱から軒にいたる各部の形態とプロポーションの体系）を基礎として構成されるという共通基盤をもっている。ドリス式、イオニア式、コリント式というギリシアのオーダーはローマに受け継がれ、そこにトスカナ式とコンポジット式というふたつのオーダーが加わって、古典古代の建築像が固まる。ローマ時代に成立したこれら五つのオーダーこそ、古典主義建築の不動の基盤と考えられたのであった。したがって、ルネサンスの建築論は五つのオーダーの性格と、その理想の比例を説くものであった。建築における理論と歴史は、幸福な一致を見ていたといえよう。理想の建築は古典古代に存在しており、その理想の秘密を解き明かす仕事は理論的分析であるとともに、歴史分析でもあると考えられたのである。理論的考察の結果と、歴史的に現存する古代の建築像は一致するものだったのである。

理論と歴史の分離、地誌と歴史の分離

理論と歴史の一致した建築探求に、一筋の亀裂が入り始めるのは一八世紀中葉のことといわれる。ギリシア芸術に

対する新たな発見と位置づけが、その変化をもたらした。そこでは、古典古代として一体化されてきたギリシア建築とローマ建築とが、別種のものと位置づけられた。ドイツの美術史家ヨハン・ヨアキム・ヴィンケルマンの著作『ギリシア芸術模倣論』（一七五五年）が、彫刻を主体としながらギリシア芸術の美を称揚する新しい価値観を提示する。こうした機運は建築の世界にあっても見られ、ジェームス・スチュアートとニコラス・レヴェットのアテネやイオニアにおける古代建築遺跡の実測図集の出版が、大きな影響を与えた。彼らの著作は、ギリシアでの作業に基づいた、考古学的実証による古代遺跡のデータの提出であり、理論的考察に基づく理想像の提出とは、別次元の行為だった。

しかしながら建築における一八世紀は、もうひとつの様相をはらんでいた。それはオーストリアの建築家ヨハン・ベルンハルト・フィッシャー・フォン・エルラッハによる建築図集『歴史的建築の構想』（一七二一年）の出版である。この図集は西欧において、非西欧の建築、すなわちエジプト、中国、イスラムの建築を収めた、はじめての世界建築史の図録である。ここで、もうひとつの分岐点が現れる。それは地誌と歴史との分離である。

地誌（topography）とは、世界を地理的に把握する態度であり、世界が完結した球体であると考えられる以前においては、きわめて重要な世界把握の方法であった。ことなる場所を訪ね、その地の風俗や風景を記録することは、世界把握そのものであった。世界はさまざまな空間と場所から成り立っているのでありその記録が地誌である。

それに対して世界を時間の流れとして把握する方法が、歴史的把握の方法である。それは、かつては年代記的な世界把握と呼ばれていた。年代記（chronology）とは、世界の時間的把握であり、歴史的把握である。ここで話を少しだけ広げると、世界把握の方法には、これ以外に人物を通じたものがある。つまり伝記的把握という方法である。これを人物誌的把握と呼んでもよかろう。伝記、列王伝をはじめとするさまざまな列伝、作家論、人物論、人物月旦などと称されるものはみな、人物誌（biography）としての世界把握である。これもまた世界把握の重要な手法である。

むかし、ロンドンの美術史研究所に留学したとき、その図書室の書架が、年代記、地誌、人物誌に大きく分類されて、配架されていることに気づいて、大変深い印象をもった記憶がある。美術史における伝統的研究方法論が、書架の分類に示されているのだと感じられたからである。

話が横にそれすぎてしまった。フィッシャー・フォン・エルラッハによる建築図集『歴史的建築の構想』がもたらしたものの位置づけが、ここでの話題であった。『歴史的建築の構想』によって、地誌（topography）から歴史（chronology）の分離が促されたように思われるのである。なぜなら、フィッシャー・フォン・エルラッハは、地理的な違いが別個の建築を生み出すという視点よりも、建築には共通した発展の構造があるとする視点が強いからである。

伝統的に、あるいは本質的に、建築の把握は地誌的方法が主流を占めてきた。建築の記述は旅行記の主要部分をなす場合が多かったし、地理的遍歴が建築記録をもたらす場合も多かった。建築がひとつの場所を占め、その場を動かないという、場所的性格の強い存在であることを考えれば、それは直ちに納得されるであろう。

建築研究において、歴史の方法と地誌の方法が分離していった後も、建築研究の主流は地誌に残ったと見ることもできる。一九世紀に入って、西欧世界が本格的に世界制覇に向かう時期を迎えると、地理的世界の拡大に対応した「世界建築史」の方法が現れてくる。ジェームズ・ファーガソンによる建築史の著作、バニスター・フレッチャーによる比較建築史の大著などは、地理的分類にしたがう建築記述がその根幹をなしている。二〇世紀になっても、ニコラス・ペヴスナーは『イングランドの建築』という浩瀚なシリーズの建築研究書を編纂した。これは地誌的記述の伝統に則った全国の建築記録であり、ガイドである。わが国においても、ヨーロッパまでの遠大な旅行を行った伊東忠太が、典型的な地誌的建築観を示している。

歴史と様式史

歴史の方法と地誌の方法が分離してゆく過程で、建築を歴史の産物とする視点はどのように形成されたのであろうか。建築はそれぞれの土地の産物であると考えるとき、地誌的建築記述の方法が生まれる。であれば、建築が時代の産物だと考えられたときに歴史的建築記述の方法が生まれるであろう。時代の産物としての建築は、それでは、どのようなものとして現れるのであろうか。それは様式史的建築把握である。

建築の様式は、まずもって時代の産物と考えられた。それぞれの時代はそれぞれ固有の様式をもつと考えられる。様式分析は美術史一般において、きわめて重要な方法であったが、絵画彫刻史の場合、それは真贋の判定に役立つところから重視された気配がある。一九世紀から二〇世紀にかけてのジョヴァンニ・モレッリやバーナード・ベレンソンによる、細部にこだわった絵画様式の分析手法は、作品制作の年代と作者を確定するためにもっとも有効な方法であった。

それに対して建築の場合、絵画や彫刻作品のような贋作は存在し難いので、真贋判定の手法として様式史が形成されたのではない。時代判定、修復時における様式採用の根拠として、様式の編年は形成されていった。こうした様式史においては、場所によって異なる地誌的な個性を捨象し、時代の普遍性を抽出する方向に努力が傾注される（図）。

こうした様式史の著作としては、伊東忠太が言及しているローゼンガルテンの『建築様式ハンドブック』といわれる著作がある。書誌的な詳細をわたくしは知らないのだが、ドイツで出版されたこの著作は一八七六年にコレットーサンダースという人物によって英訳され、出版されている。手元にある一九一〇年刊の英語版には、編者としてトーマス・ロジャー・スミスが序文を寄せている。いうまでもなくロジャー・スミスは、わが国に西欧の建築を教授するために来日したお雇い外国人教師ジョサイア・コンドルの親類として知られる建築学者である。

そんな機縁もあって、ローゼンガルテンの様式史の英語版はわが国の建築家たちの間に知られる存在となったのであろう。この著作のなかで建築の発展史はつぎのように叙述されている。

図　ロースハウス（アドルフ・ロース設計，ウィーン）様式的装飾を否定した建築家による代表作品．

　第一部　古代建築
古代の建築　インド、エジプト、西ア

ジア、中国
古典の建築　ギリシア、エトルリア、ローマ
第二部　ロマネスク建築
初期キリスト教建築　ビザンチン建築、モハメット建築
中世キリスト教建築　後期ロマネスク建築、尖頭様式（ゴシック）
第三部　近世様式の建築
ルネサンスの建築
ルネサンスのロココ様式
木造建築
現代の建築

現在の目から見るなら、かなり不思議な様式分類であり様式展開であるが、地誌的建築把握と歴史的建築把握の折衷的体系と考えざるを得ない。

実証主義史学の適用

建築における歴史の方法が確立されるのは、一般に実証主義史学と呼ばれるものが成立してからのことである。実証主義はオーギュスト・コントにはじまるといわれるが、一九世紀になると力学中心主義というべき世界観が起きる。ニュートン力学によれば、はじまりの力が与えられれば、その後の世界の位置関係は決定されるという、そうした世界観が普遍性をもつものとして受け入れられる。ヘルマン・L・F・フォン・ヘルムホルツがこうした科学万能主義的方法を人間諸科学に適用する道を開いた。実証主義の方法が言語学、社会学、心理学、そして歴史学へと適用されてゆく。歴史学においては、文献実証主義がもっとも信頼できる方法論の地位を得てゆく。

建築研究の分野で文献実証主義史学は、様式史とは別の方向に進む。様式史は、基本的には直線的様式展開の筋を

想定し、作品をその展開の過程に位置づけて年代を判定する方法である。実年代のわかる事例があれば、それを規準作とするが、それらを用いて未知の作品を位置づけるのは、一種の相対主義である。実証主義史学が実際のちからを発揮するのは、建設過程の解明、設計過程の解明などであった。英国の建築史研究に大きな業績を上げたと評価されるハワード・コルヴィンは、実証主義史学を建築史研究に適用したとされるが、その成果は『イギリス建築家事典一六六〇―一八四〇年』（一九五四年）であった。実証主義史学の成果は人物誌の分野でなされたのである。また、コルヴィンとは異なる方法であるが、文献実証主義を用いて達成された建築研究には、ジョン・サマーソンによる『ジョージアン・ロンドン』（一九四五年）という都市史研究がある。これは広義の地誌研究といってよいかもしれない。

建築において、歴史研究を年代記的研究に限るとするなら、その範囲はあまりに狭いものになってしまうであろう。建築史と建築論の研究は、それほど遠い距離にあるものではなく、互いに越境しあいながら進んでいるものではないかと思われるのである。

第3回　装飾

現代装飾論

石山修武

もう随分昔の事のような、つい先だっての事のような、まだ若かった母親の半袖のワンピースに浮いていた装飾の如くに、はっきりと憶い出すことはできぬ。アレはむしろ装飾と呼ばずにプリント文様と呼ぶべきかとも思うが、私の装飾らしきとの遭遇は、記憶を辿る限りではアノ母親を飾っていた貧しいプリント文様のそれが、初源のモノであった。

思い出す事が出来ぬのは、その文様の細部ばかりではない。現代の装飾の可能性についてと、いかにも一九六〇年代風な設問を構えて実は久しいが、建築分野では殆ど全く可能性の無さそうな現代建築と装飾について、一筋の光明を見出した旅というのがあって、そのたかだか一〇年程昔の旅が、ハッキリ何時の事であったか、今は思い出せない。

旅は道連れによってその旅のフォルムが決定される。あるいはフォルムを形作る構造さえも決定されるのは俗世間の真理、すなわち本当の原理でもある。その旅は北極圏フィンランドのラップランドからイタリア半島南端に近いシシリア島までの、北から南への旅でもあった。道連れは、今は初老の教授であるS。

S教授は処女出版『建築の世紀末』（晶文社、一九七七年）によって、今の装飾の問題への糸口を、一九世紀英国建築を詳述する事で建築界に問題提起した小史を持つ、建築史家である。たかだか百数十年にしか過ぎぬ日本近代の宿命的な厚みの不足からか、それを最も端的に表現しなければならぬ日本の近代建築史の浅さからだったと、今振り返れば理解可能だし、それも歴史の通過点の必然であったのだけれど、S教授は現代建築への強い関心も内部に育てつつあったから、あれよあれよと言う間に日本のポストモダン建築のイデオローグの一人になった。私も身近に居たので、その実行部隊の一人と目された。仕方の無い必然である。仕方の無いとの言い方は日本的諦念からではない。むしろ、日本近代の世界史の中での特殊性、端的に言えば特異な浅さそのものがそうさせたのであった。聡明なS教授は、本当のところは困った事になったなあと考えたに違いない。歴史家だから、このまんまだと孤立無援にもなり兼ねぬと先は読めたのだ。そんな事は一度たりとも聞いた事はないのだが、そうに決まっている。

それからのS教授は、『建築の世紀末』で立てた鮮明な旗印の周辺に、それをとり囲むように次々に幾つかの旗を立て続けた。日本の現代建築の動向に対してである。その旗の大小は今は問わぬ。

和風、ハイテク様式、場所、保存、の数々の旗である。その旗はしかし、常に時代に先行して、孤軍奮闘気味なところがあり、しかしながらそれは、S教授の根深い趣向から来るのであった。時代に迎合する事から立てられたモノは少なかった。しかし、本丸というか中心は次第に隠れていった。空虚になったわけではない。S教授の先祖の一人は江戸城開け渡しに抗して戦った上野山の彰義隊の一員であったらしいので、日本近代の始まりに際して多勢に無勢の徹底抗戦を選んだ気質はＤＮＡに深く引き継がれていたのであろう。ただし、S教授に於いては、殆ど一切のセンチメンタリズムは意識的に排されていたので、必ずいつかはひっくり返してやるとの意志はあっても、敗者の美学らしきは何処にも無いのであった。

1　和風とハイテク

S教授が若い頃の和風論は、その後、ハイテク様式擁護論と不思議な結合を見せて、現在の日本国首相官邸へと、遠廻りではあったが結実した。そのデザイン様式をいかにすべきかの委員会に於いて、S教授は実に堂々たる考えを述べ、それに従って設計方針の大要、オリエンテーションが決められたと聞く。「我国将来の建築様式を如何にすべきや」という日本近代建築史上有名な、ジャーナリスティックでもあった論争があるが、S教授は建築史家としてセンセーショナルではないが、実質的により効果のある場と機会をとらえ、それを逃す事をしなかった。現在の首相官邸は外観の、先鋭ではないが中庸を体してはいる、和風を思わせる装飾的な金属の立格子状のデザイン。その繊細さを支えるべき技術的様式らしきと相まって、まさに和風ハイテクの結実として表現されている。S教授の意が全てとは言えずとも反映されていると言えるだろう。

S教授の留学先は英国のロンドン大学のカレッジであった。東京大学建築学科の始祖とも言えるジョサイア・コンドルの母国である。留学先に英国を選んだのは、そのコンドルの故国の建築文化を学ばねば、感じ吸収しなければ、と若いS教授をして考えせしめた故であろう。それは近代建築史の上では事の始まりを学ぶに等しかったのである。英国の建築文化に関する著作が多いのも氏の初心とも言うべきモノへの信頼であろう。

一般的には近代建築デザインの始まりは、ドイツのバウハウスの教育的運動にあると言われる。ヴァルター・グロピウスらのデッソウのバウハウス校舎がそのモデルである。デザイン史として近代建築様式を捉えるならばそれは解り易い考え方であろう。しかし、より重厚に建築史、より端的に建築様式史として近代を考えるならば、時代は更に遡行せざるを得ない。社会との密接な関係、特に建築生産形態の有様、建築のパトロネージの問題等を考えるならば、近代建築の始まりは、バウハウス以前へと時間を辿らざるを得ない。アーツ&クラフツ運動、そして英国でのジョン・ラスキン等の歴史観へ、果てはウィリアム・モリスの考え方や、その商会活動や、建築の結実としてのレッド・ハウスまで遡行するのだ。

建築が諸芸術の父であり、呼び方を変えるならば母でもあり得た時代への遡行である。ジョン・ラスキンが言うが如くに建築を作る職工の労働の質の反映としての建築の細部、そしてその総合の神が宿るべき装飾と様式の融合があり得た時代の理想でもあろう。

S教授が学んだ英国は、同時にハイテク建築の源をも持つ国であった。ここで言うハイテクは、厳密に言えばアメリカ型ハイテク、フランス型ハイテクの如くに、国家間、あるいは地球上での地理歴史学的にハッキリと相違がある。アメリカ型ハイテクは摩天楼を作る技術である。あるいは、リチャード・バックミンスター・フラーの思想だろう。フランス型ハイテクは端的に言えばジャン・プルーヴェの実践であり、その結果としてのポンピドゥー・センターの建築モデルである。

それに対する英国型ハイテクは、英国の近代生活史とより深い関係を所有する。

一八五一年、ロンドン万国博覧会に際して建設された、ジョセフ・パクストン設計によるクリスタル・パレス＝水晶宮は、その生産形式、目的に対する設計の実利的姿勢を考えれば、実に近代建築の始まりであったとも言えよう。それはまさに巨大な温室そのものであった。それ以前の英国社会のある階層には温室作りの趣向は脈々と流れていた、ある種の伝統とも言えるものであった。

英国は周囲を海に囲まれた島国である。ヨーロッパ大陸と比較すれば気候は随分と異なる。視覚的美術家の層がそれ程に厚くないのは、太陽の光量の少なさによるのではないか。曇天や霧の日が少なくない。コナン・ドイルの描いたシャーロック・ホームズとワトスン博士のロンドンにも、それは描かれている。それだからだろう。英国は、冒険小説、ミステリー、そしてファンタジー文学の宝庫でもある。

島国の霧深い土地柄であるからこそ、人々は陽光に溢れ返った遠い処、に見果てぬ夢を見る事もあったのだろう。ヨーロッパ大陸のヴィンセント・ヴァン・ゴッホはアルルへ行った。更にポール・ゴーギャンはタヒチまで足を延ばした。しかし英国人は極めて実際家、実利的な実行家であった。英国式の庭園文化を礎とした、類まれなる児童文学、ファンタジーを生み続けると同時に又、産業革命を発祥させた実利の気質を脈々と所有していた。その結果として産み出されたのが温室であり、温室制作技術であった。温室は英国人のファンタジー好み、すなわち南方へのエキゾチシズムを満足させる為の機械でもあった。

温室に南の国々の樹木や花を飼育し、蝶や鳥を育てるのは、彼らにとっては実利的な表現行為でもあった。それ故に、実に多彩で多層な温室制作、デザイン技術が蓄積された。今の日本のケータイ他の簡易コミュニケーション技術の異常な発達と酷似していたのである。温室は農作物の育成という目的よりも人々の遊戯的想像力の結果として産み出されたものなのだ。

パクストンのクリスタル・パレスはそれが大きく集約された建築物である。それ故に英国は島国の中に近代建築の始祖鳥らしきを二種類持つ事になったのである

モリスのレッド・ハウスとパクストンのクリスタル・パレスである。

S教授は幸いな事に日本国首相官邸の様式決定に際し、自らの和風への考えと、英国型ハイテクへの趣向を一つのモノとして反映させる事に成功した。

S教授の和風への執着は、今では近代和風庭園への強い偏好癖に表われているのだが、首相官邸の中に設えられている竹や石による和風庭園らしきを見るに、その文化的成熟度はともかくとして、S教授の満足気な顔がほうふつとする。

さて、本題に戻ろう。装飾についてである。しかし、S教授と装飾について述べるには、これ位の寄り道、遠廻りは必須なモノなのだ。和風とハイテクは答えが出た。残るは場所と保存である。

2　技術と普遍化

ラップランドへの旅の最終日はオーロラ観測のポイントとして名高い場所で過ごした。勿論、S教授の事である、わざわざフィンランドまでオーロラを見物に行ったわけではない。ヘルシンキでの国際会議での基調講演を終わら

せてのオーロラであったのは言うまでもない。大方そうなるであろうと予測はしていたが、その予測通りに北極圏の地上は生憎の曇天で、オーロラは見る事ができなかった。S教授と私はギリギリまで夜空が晴れるのを待ったが、遂にあきらめて、いまだに待ち続けている友人達と別れて空港に車を走らせた。ヘルシンキまでの空はジェット小型機であった。離陸して、厚い雲を抜けた。空が異様な色に光り始めた。機内放送も何の知らせもない。ジェット旅客機はそれこそ満天のオーロラの輝きの中を飛んだのである。

不可思議としか言い様の無い体験であった。普段は冷静そのもののS教授も、困った様な、でも、何という事だコレハの感じで笑っていた。地上では見られぬオーロラをジェット小型旅客機の窓から、当たり前の様に体験できる。地上に残った人間達は今も、曇天をただただ眺めているだろうに。

でも、この体験は近代と言わずとも、それこそ随分な現代的な体験であった。北極圏に、特別な冒険家ではない観光者でも、オーロラ見学に出掛けられるのが近代である。交通網の発展に次ぐ発展、そして運賃の低価格化の結果である。

そして、ジェット旅客機の小窓から、宇宙飛行士達が小さい窓から遠く地球を眺める如くに、それを真似るように、オーロラを眺められるのが現代なのだ。私達は実に現代的な技術の成果、成層圏を飛ぶ低価格な飛行体の窓から、壮大な地球の装飾的様相を眺める事ができる。オーロラという発光体、地球自体が生み出す装飾であるコレハ。それを見る、体験する事ができるのは、実に現代の技術世界、すなわちジェット小型旅客機という成果によるのである。少なくとも、半世紀前にはこういう体験は、皆無ではないにしろ、容易ではなかった。

私がそんな思い付きを得たのは、その旅の道連れが『建築の世紀末』の著者、S教授だったからである。であるから、オーロラ、発光体＝それの体験＝装飾的体験であるという、アイデアに辿り着く事が出来た。

現代建築と装飾の関係は驚く程に遠い。それは鉄とガラスとコンクリートと装飾は余りにも遠いという固定観念に囚われているからだ。現実に実現されている現代建築にだって、古典的な意味合いに於ける装飾的要素なんて、何処を探しても無い。と言うよりも、無いという眼の知覚に私達は慣れ切ってしまっている。しかし、歴史的にはかくの如き状況は良くある事でもある。現代の装飾的概念、と言うよりも、むしろ敢えて装飾世界は、それを視る視覚、あるいは視線によって、実に不自由極まるモノとして自閉されているのではないだろうか。ラップランド上空での、S教授と体験した装飾は、実は初めての体験ではない。書物の中での体験が初めにあって、その記憶をなぞり、確信する為のモノであった。

スペインの碩学、ルイス・ディエス・デル・コラールに『アジアの旅』(小島威彦(訳)、未來社、一九六七年)という著作がある。その中でコラールはこんな感慨を洩らしている。精確ではないけれど私なりに再現してみる。「マニラからカルカッタへの空の旅の途中、夕暮になった。ジェット旅客機の機中から私はまさに壮大と言うしか無い、ヒマラヤ上空の落日の光景に接した。千変万化の光の様相の、変化の有様に私は引き込まれた。そして、こうも考えた。仏陀が悟りをひらいた、ニルヴァーナの世界、つまり仏陀が修行の末に辿り着いた世界の光景というのは、今私が現に視ている光景のようなモノなのではないだろうか。今、我々は誰でも、現代技術の恩恵により、高度一万メートルの成層圏を大型ジェット旅客機で飛行する事が可能だ。この技術の成果が無い限り、この光景は視る、体験する事は不可能であったのだ。そして仏陀が自己救済の涯てに辿り着いた脳内風景というのは、これに近いモノであったろう。」

このコラールの感慨は、仏教文化圏の私であっても、ヨーロッパ、アメリカ他のキリスト教文化圏のアイコンに対しても、イスラム文化圏の虚空に満ちるモノに対しても、ヒンドゥー文化圏の人々に対しても、同様に言える事である。技術は、ほぼ近代化=普遍化を地球スケールで達成しつつある現実があるからだ。

つまり、我々はすでに近代の普遍を別の視界から考える、視うる地点に現実に生活しているのではないか。

3　発光する都市

都市を考えてみる。つまり別の視界から眺めてみる。地上のアイレベルから眺める都市は世界中、微差はあるけれども大した違いはない。都市の中心には、ニョキニョキと超高層ビルが無秩序な資本の集積と流動の表現として建てられ、そのエッジは更に乱雑な小型ビルの群生、更にその外には郊外住宅の荒涼たる風景が展開している。交通網や水路がこれも又、それ程の構造性も持たぬままに、アメーバの触手の如くに伸びたり縮んだりしている。現実の都市の総体は、資本主義そのものの如くに無原則で、世界観の反映、ある種の統覚への意志等、そこに視る事はできない。

同様な感慨は、別の視点——土地（場所）と地主との関係——から都市は形成されるというのは、S教授の『都市へ』（中央公論新社、一九九九年）の労作に通底する基調音である。

初期的な情報の時代の成果であったロバート・ヴェンチューリの著作、"Learning from Las Vegas"は、建築が情報の時代に参入しているという建築家の知覚の産物であった。同様にその建築もその直観を良く反映したモノもあった。しかし、ヴェンチューリの悲劇とも言うべきは、情報の時代を実質的に担う技術の成果に対する考えが欠如していた事である。まだヴェンチューリの時代は、コンピューターも超小型化していなかった。すなわちパソコンの時代ではなかった。

映像世界の記念碑とも言うべき、スタンリー・キューブリック監督のスペース・オデッセイ（「２００１年宇宙の旅」一九六八年）に登場するコンピューターＨＡＬ９０００は、モンスターの如くに愚大な姿のものであった。だから、その格納庫でもあった宇宙船ディスカバリー号も、ひどく時代がかった、今から想えばグロテスクな鈍重さの中にあった。

キューブリックの想像力に問題があったわけではない。キューブリックの時代にはパソコンが無かっただけの事である。

だから、今想い返すならば、あの映像はとても建築的な映像であった。スペースオデッセイは建築巡礼の旅であると言っても良い位に。あの映像は、装飾は罪であると言ったアドルフ・ロースと、レス・イズ・モアのミース・ファン・デル・ローエの合作ではないかと想う位に、禁欲的で自制的な光景の連続であった。

あれ以降、すなわちパソコン時代の映像はすっかり様変わりした。映像自体は奥深くその傾向を内在させるのだけれど、更に過剰に消費的で、敢えて言えば装飾的な映像が続出した。宇宙船やロボット、そして都市の姿が映像の中で変化した。

多くの映像の中で、都市は廃墟として描き出された。それは建築家の廃墟に対する内的観念を超えた質量を社会に呈示したのである。多くを紹介する愚を避ける。映像文化の資本が集積するハリウッドのモノだけを考えてみる。例えば、スティーヴン・スピルバーグ監督のエンターテイメント映像に投下される資本は巨大超高層ビル群に匹敵すると言われる。しかも、投下される資本の回収の速度は建築よりもはるかに速い。建築は回収の速力がいかにも現代的ではない。そのシリアスな問題はここではさておく。

情報時代の映像作家とも言えるスピルバーグが描いた都市像、とでも呼ぶべきモノをのぞいてみよう。最も商業的に成功したと言われる『E.T.』、そして『未知との遭遇』について。

そこには、ポイント、ポイントに都市の夜景、しかも上空からの俯瞰の光景が繰り返し、繰り返し登場してくるのである。

都市の夜景、しかもその総合的全体像とでも呼びたいモノが、イコンの如くに姿を現わすのだ。『E.T.』では、舞台となったであろうロスアンジェルス郊外の夜景が、世界像、すなわち背景の如くに登場する。主役であるべき宇宙船は、それの映像と比較すれば、実に古めかしいアール・デコ時代のデザインである。ここでは物語の背景、すなわち世界は、都市の夜景なのである。

ヴェンチューリがラスヴェガスに学ぶと卓抜な宣言をしたけれど、実はそれを実行したのはスピルバーグの方だったのかも知れない。ラスヴェガスが昼の姿から夜の発光体の集合に変化する魔の刻への言及もあったが、映像作家とハリウッド資本はそれを更に推し進め、映像として実行し、社会化した。

更に、『未知との遭遇』に登場した巨大宇宙船は情報時代の都市を端的に示していた。あの映像作品に登場したマザーシップは、まさに都市そのモノが浮遊して発光する、都市の現実そのものであった。あの母船の現実の大きさは、大きな、まさにシャンデリア位のモノであった。恐らく、スタジオに転がされている、現実はゴミの如くのモノであったに違いない。がしかし、一度、電気エネルギーがプラグインされ、まさに巨大な装飾物の如くに発光し、パソコンの高度な駆使技術によって映像化されると、それは一気に変身する。

それは、我々の現実の都市が浮揚し、発光し、一個の有機的な装飾体の如くになり、イコンと化す可能性をも示しているのだ。我々は映画館の中で、あるいはTVスクリーンやパソコンの発光スクリーンの中で、その装飾的イコンを刷り込まれている現実の最中に生きている。生きざるを得ない。都市が巨大な発光する装飾体となって、我々の頭上に君臨する現実である。

そうなのだ。すでに装飾は罪どころの、ケチな世界ではなく、発光する装飾体は都市そのものの現実なのである。夜の都市へ、飛行機で着陸する体験は誰にもあるだろう。キラキラ発光する巨大都市——その全景こそが、現代のイコンそのものである。我々は発光する都市の曼荼羅の中へと降下しているのである。

密教的な秘儀のうさんくささを介さずにして、我々は都市に発光する宇宙像すなわち曼荼羅を観想ならぬ、すでに現実に直視し、体験している。体験は必ず、視覚的なモノとして実現される宿命を持つ。装飾はかくの如くに、すでに世界を覆い尽くしている。まだ建築家や、モノ作る人に、深く自覚されていないだけである。

我々が今対面している世界の現実は、モノ作る人間にとっては厳し過ぎる位に厳しい時代である。そんな事は誰でもが知っている。しかし、その非力さの認識とでも言うべきは、まだ自分の内発的創造力らしきを頼りにしたい、信じたいというアナクロニズムから大半が来ている事も知らねばならない。

歴史学は認識の学問である。世界の現実とそれに至るまでの歴史の実相を知る事が始まりになっている筈だ。計画する、デザインする事も、基本的にはそれに酷似せざるを得ぬ時代になっているのではないか。ポストモダンな時代、すなわち情報の時代の最重要なインフラストラクチャーは、歴史感覚とでも呼ぶべき価値観なのではあるまいか。現実は諸芸術をとうに超えてしまっている。枚挙に暇の無い程の巨大な事件の現実が、歴然とその事実を我々につきつけている。

4　歴史の安息所

ラップランドのイヴァロからヘルシンキへ。ヘルシンキで深夜着一泊して、次の日の夕闇迫る頃、シシリア島のパレルモに、S教授と降り立った。シシリアン・バロックと呼ぶらしい大まかな建築群が集積する都市である。ゲーテの『イタリア紀行』にも登場する。海を見た事が無かったゲーテは、何よりも地中海そのものに仰天するのだが、それはさておく。ゲーテが文に描いた巨木は、もう何処にも見る事は出来ぬ。

何日か滞在し、至福の時を過ごした。何しろS教授がガイドである。世界建築史の講義を毎日受講しているようなものだ。

アグリジェントの遺跡を一日歩き、遺跡の保存の世界情勢の初歩を知らされたり、アテネのアクロポリスの丘のパルテノン神殿はむしろ巨大過ぎて異形なものである事等を聞いた。話しが皆、身体に吸い込まれてゆくのが解った。

東京大学の建築学科の始祖、コンドルの師であった、英国の建築家、ウィリアム・バージェスが惹かれていたという、ビザンチンの装飾要素の影響があるモンレアーレ大聖堂を見学した。キリスト教文化とイスラム教文化の交流の場としての大聖堂である。日本の近代建築の始まりは、すでに東西文化の交通の場としての趣向を身につけた建築家によって開かれていたのかと、興味深く聞いた。

S教授が、何処に行っても墓地に目が無いのは知っていた。建築史家は、膨大な死者の声に耳を澄ます事が出来る特別な感性の持主の特権的職業であるから、自然な事であるのであろう。

パレルモでもS教授はその趣向を存分に発揮した。水も呑まずに歩きに歩き、丘を登り、有名であるらしい地下墓地に誘った。入口は小さく目立たぬモノであったが、地下墓地は壮大で凄味があった。建築の様相というよりも、まさに歴史そのモノがそこに在るという風であった。何万とも言われるミイラや骸骨が、そのまんま地下空間にさらされているのであった。人間というのは、こんなにまでして人間の記憶を尊厳として残しておきたい生物であるのかと、深い地下室の死臭は一切無かったけれど、死の実体のヒンヤリとした感触を痛感した。
美しいとしか呼びようの無い、幼い少女のミイラがあった。服も何もかもが、生きている如くにそこにあった。肌もツヤツヤとして、眼球だけが暗い空洞としてあるのだった。ヨーロッパの歴史概念そのモノを視たような気がするのだった。その日は遂に、朝から晩まで地下墓地巡りであった。ヨーロッパのカテドラルというのは、具体物としての人間の歴史の安置所でもあるのが良く解った。

S教授は、地下安息所を巡る時は、地上の建築物を見学し説明するよりも、余程生き生きとしてエネルギッシュなのであった。

5　現代への連続

今、あの旅を振り返ってみるに、あれ程にリアルに現代建築の中枢を考える糸口を開くゲートになった旅は他に無い。オーロラとミイラとは、誠に良い組み合わせの建築を考える旅になったのだ。

建築を巡る思考は、人それぞれに異なるだろう。私の考え方は私のモノであって、あなたと共有できるモノはわずかなモノかも知れない。ラップランドの上空で得たアイデアは、まだ恐らくは多くの人に共有されるモノでは無いだろうと思う。そう考えさせるのは、空に浮いた旅の体験ではなく、足を地につけて歩き廻り、時に地に潜り込むまでした、ミイラ巡りのパレルモの旅であった。その二者の考えの関係の中にこそ、深いアイデアが生まれるのだ。オーロラとミイラから建築を考えようなんてケレンまがい、あるいは婆娑羅事は、これはS教授の振れのない、正統な趣向の道筋から外れた振舞いでもあるだろう。そんな事は解り過ぎる位に自覚している。そう自覚させるのは年の功である。

S教授も私も老いに直面している。S老教授と呼んでしかるべき歳も重ねている。それ故にこそ、敢えてS教授退官に際してかくの如きのアイデアを書かせて頂いた。S教授は東京大学在任期間中、やるだけの事は見事な位に皆やり尽くした。義務らしきは全て果したのである。寸足らずの舌で述べてきた様に、やり残した事があるとするならば、『建築の世紀末』の核であったとも直観する、近代の装飾概念の現代への連続という荒事ではないか。

もう一つ、重要な断片のままに、野ざらしにされたまんまの言葉がある。私的全体性という響きの良い、個人の尊厳への信頼に満ちたモノである。吐いた言葉は、それを忘れずに保持しようとする者が一人でも居る限り、建築物の細部と同様に、永い生命を持ち続けるものだ。私はこの言葉の心地好い響きを支えにして、幾たりかの実作を残してきた。又、この度S教授、否老教授の私的全体性を私なりに解釈しての思考の一端を寄せる事ができた。

やり残した事の全ては恐らくやりおおせる事は無いだろう。問題は余りにも巨大だ。しかし、S教授はその荒地を切り拓く手付きだけでも後に続く人材に示す方が良いのでは。少なくとも、私はそれを聞きたい。

第3回　装飾

現代の装飾はどこにあるか

鈴木博之

建築と建物

西欧における歴史的な建築観には、建物と建築を峻別する意識が流れていた。ここで建物とは building のことであり、建築とは architecture のことだと考えていただきたい。この両者はどう違ったのか。

一九世紀の建築論においては、建物は即物的な建造物や工作物を意味し、建築とはそこに美的な配慮が加えられたものであるとする立場が見られる。ジョン・ラスキンをはじめとして、一九世紀の建築評論家たちが一八五一年のロンドン万国博覧会の会場となったクリスタル・パレスを正当に位置づけられなかったのは、クリスタル・パレスが結局は「建物」としか見えなかったからである。壮大であり、長大であっても、これは世界一の大きさをもった温室に過ぎないとする見方から、誰ひとり自由にはなれなかった。むしろ、この会場で行われた式典に臨席して、「いままで参列したどのミサよりも感動した」と記したヴィクトリア女王の方が、専門家よりも自由な感性でこの「建築」を味わったと言えるのかもしれない。

このような一九世紀的建築観を図式的に現わすならつぎのように簡略化できよう。

建築＝建物＋装飾

ここでいう装飾とは、美的配慮の結晶のことである。装飾は建物に格式（社会的位置づけ）を与え、文化的意味を与え、建物に費やされたコストを表示した。装飾によって、建物は社会のなかにおけるポジションを得ていたのである。そのポジションは、階級的構造と結びついたものでもあった。一九世紀までの西欧社会においては、建築は社会的地位の表現であった。格式の表現は重要であり、建築装飾はそのための不可欠の要素であった。ひとことで言うなら、装飾はそれを身にまとっている建築を、文化的なコンテクストのなかで位置づける、意味の媒体だった。装飾なしの建築は、とても考えられなかったのである。

装飾が建築から失われてゆく過程は、ドラスティックなものであった。すでに一八世紀半ば、フランスの理論家マルク・A・ロージエは、建築の原型をひとつの小屋のかたちで表していた。それは四本の柱によって支えられる切妻屋根を戴く小屋である。これは「原始的な小屋」の概念として後世に伝えられる。つまり、「原始的な小屋」に建築の原型があると主張することは、建築の本質は装飾にではなく、建物の方にあると言っていることになるのだ。

また、ウィーンの建築家アドルフ・ロースは二〇世紀初めに「装飾と罪」というエッセイを著して、「文明の進歩とは日常用いるものから装飾をはぎ取ることだ」とまで、主張した。ここで、装飾は建築を成立させる重要な要素であるどころか、建築にとって邪魔な要素だとされたのである。

これより少し前、即物的な高層オフィスビルを生み出していたシカゴの建築家ルイス・サリヴァンは「形態は機能に従う」というフレーズによって、新しい建築の成立根拠を言い表していた。アメリカにおける新しい建築は、装飾によって形が定まるのではなく、機能によって決定されているという断定である。

建築＝建物＋装飾

という定式は、装飾の位置が否定されることによって、というべき関数に変換されてしまう。これが一九世紀までの歴史様式リヴァイヴァルの時代から、二〇世紀の機能主義建築への変化であった。

機能的存在は非装飾的存在と同義と考えられ、そのモデルはマシン（機械）であると見なされるようになった。非装飾的になった建築は、機能的表現を空間表現を通じて達成した。装飾というのは具体的な造形の集積であるけれど、空間表現は抽象的であり、機能という抽象的要素を乗せる器にふさわしかった。マシン→機能→空間という連鎖が、モダニズムの建築を現実のものにした。そして二〇世紀はマシン・エイジと言われるまでになったのである。機能的存在のモデルであるマシンこそ、二〇世紀の時代精神の核心部分に位置する概念であった。

マシン・モデルの変質と建築

二〇世紀の時代精神であったマシン・モデルは、実際には二〇世紀後半になるとかなり息切れした存在になってきていた。

二〇世紀後半には、マシン自体が本質的な変化を遂げはじめていた。それは電子化された機械の登場である。電子化された機械には、古典的な機械装置のような、目に見える動きがない。パソコンが作動するときには、タイプライターや蒸気機関車のように、力や意思の伝達が目に見えるわけではない。アームがカーボン紙を叩くわけでもなければ、ピストンが動輪を回転させるわけでもないのである。パソコンが作動するさまは、結果としての画面の表示を通じてしか知ることはできない。機能によって形態が決まるなどというメカニズムは、見つけ出せないのだ。

また、電子化された機械類の機能そのものも、われわれにはすでに把握不可能になっている。パソコンやケータイの機能を十全に把握して使い切っているユーザーなど、どこにもいないのではないか。若い世代の、機器に詳しいヘビーユーザーであっても、パソコンの機能を一〇〇パーセント使えるひとなど、どこにもいない。パソコンと同様、ケータイもデジカメも、そしておそらくはゲーム機も、大半のひとびとはその可能性のほんの一部を使うだけで満足しているのではないか。現代の電子機器は、過剰に機能を搭載しているのだ。そこにはかつてのマシンに見られた機能と機器の関係は存在しない。

さらには、ロボット化された機械においては、機能自体が可変である。機能を変えられるからこそロボットなのである。そうだとすれば、ロボット化された機械にとって、機能は固定的なものではない。情報化時代と言われる現代の本質のひとつが、機能が不可視なものになり、流動的なものになることだと言えないだろうか。

そのような時代に、「形態は機能に従う」などというフレーズは、まったく意味をもたない。それでは、電子化しロボット化した時代にあって、形態は機能ではなく、なにに従うのだろうか。

ひとつには、機器の本体が驚くほど小さくなっているという現実がある。機器本体の大きさは豆粒くらいなのだが、それでは使えないので、機器の形態は手のひらに合わせてあるといった製品が結構あるのだと聞いた。かつては機械を小さくすることは大変な技術革新を要する作業だったが、いまでは機械の大きさはそれを使うひとのサイズに合わせたものになっているという。

爪楊枝で操作するキーボードでは使いにくくて仕方がないし、液晶画面が小さすぎては動画が見にくくてしょうがないだろう。機器のサイズはヒューマンスケールに合わせて決定するというのが、現代の手法であろう。

ヒューマンスケールという概念は、建築がむかしから重視してきたものである。建築は人間がそのなかに入って動き回るものであるから、ヒューマンスケールに合っていなければ使えないし、危険でもある。昇れなかったり転げ落ちたりするような階段が設けられた建築は使えないし、頭のつかえる天井、遠すぎる廊下の先に便所があるような間取りもまた、実用的建築にはならない。

現代の電子化されたマシンにとって、ヒューマンスケールの重要性が増しているということは、それらが建築に似た存在形式になりつつあるのではないかと思わせる。かつては建築がマシン・モデルあるいはマシン・イメージを追いかけてきたが、現代においてはマシンが建築モデルを追いかけているのではないかと思われるのである。

マン・マシンの関係と建築

情報化時代のマシンのあり方が建築のそれに近づくことは、ある意味では当然なのかもしれない。なぜなら、建築は抽象彫刻とは異なり、そのなかに人間を招き入れる存在であり、ひとは建築の内部と外部を自由に行き来しながらそれを利用するからである。古典的機械は、あくまでも人間の外側に存在する自立的メカニズムの機関であったが、電子化され、ロボット化され、情報化されてゆく機械は、人間との関係（マン・マシン・インターフェイス）によってその本質が決定されているのだから、それはすぐれて建築的な存在形式に近づいているのである。

マシン・エイジと呼ばれた二〇世紀においては、建築はマシン・モデルを追究することによって形態決定の論理とすることができたが、マシンが建築をひとつのモデルとするようになってしまった現代において、建築はなにをモデルとして形態を決定してゆけばよいのだろう。建築は建築を自己完結的に追究するべきなのであろうか。

そう考えた方向が、レイト・モダニズムと呼ばれる傾向であろう。これは初期のモダニズム建築の形態的ボキャブラリーを再解釈し、再構成してゆく設計手法である。二〇世紀初頭の精神に立ち返って建築を作る手法とも、モダニズムにおけるマニエリスムとも解釈できる方向である。これを前者と解釈すれば、大変倫理的でまじめな設計方法と思われるけれども、後者と解釈すれば、これはかなりデカダンスを伴ったニヒルな設計手法と見えてくる。

だが、現代における建築は、自己遡及的に建築に向かうだけではない手法もまた、もっている。それは現代のマン・マシン・インターフェイスからの類推であるのだが。

電子化され、ロボット化され、情報化されてゆく機械は、機能が不可視となり抽象的存在となってゆくなかで、情報化された世界のなかに漂う存在となる。そこは極めて高次元な要素からなる複雑な構造をもちながらも、あらゆるものが抽象的で、つかみどころのない世界である。こうした高次元で抽象的な世界を扱うときに、それを建築のアナロジーによって把握しようとする傾向が見られる。コンピュータ・アーキテクチャという言葉が使われたり、情報のセキュリティを確保する装置をファイアー・ウォール（防火壁）と呼んだりすることのうちに、高次元の構造を把握するには、建築的イメージによることが有効と考えられていることが理解される。

図　サイト・スペシフィックなアート(新水俣駅前)

このように、広く考えれば情報化時代の知的フィールドはネット上の情報世界であり、そこからわれわれは必要な情報にアクセスし、必要な情報を手に入れる。その場所は、ウェブサイトと呼ばれる。サイトとは文字通り場所のことであり、建築でサイトといえば工事現場、考古学でサイトといえば発掘現場である。高次元の情報が、結局は極めて泥臭い「現場（サイト）」を通じてわれわれの手元に届くというのは、現代的である。

二〇世紀モダニズムの建築が、マシン→機能→空間という連鎖のうえに成立していったとするなら、二一世紀情報化時代の建築は、情報→サイト→建築という円環を描くのである。しかしながらそこに現れる建築は二〇世紀モダニズム建築ではなく、情報化時代の建築である。その建築は、空間的な建築であるより、場所（サイト）的な建築に向かう。

サイト・スペシフィックな建築という逆説

空間的な建築が、抽象的構成を基礎とする建築であり、普遍的に成立する建築を目指したものであったのに対して、場所的な建築は個別性を基礎にする。制作される場所を前提として、その場所の解釈として作り上げられる芸術作品をサイト・スペシフィックな作品という。わたくしは最近、九州新幹線の新水俣駅前で、駅と同調したサイト・スペシフィックな彫刻作品（図）を目にしたが、芸術には固有性が力となることを改めて感じた。が、建築もまた場所性を意識するとき、サイト・スペシフィックな作品になるのである。

けれども考えてみればサイト・スペシフィックな建築というのは、当たり前の存在形式であって、建築はもともと建てられる場所を前提として、その場所に合わせて設計され、建設されるものだった。不動産とはまさしく場所に固定されて、動かない存在なのだ。

場所からの独立はモダニズム芸術の特性だった。自立した彫刻、タブロー画と言われる独立して額縁に入れられた絵画、それらは芸術作品の自立を示すものであった。建築もその理念を追ったと考えるべきであろうか。一時期はたしかにそうだったが、いまにして思えばむしろ不思議であったのが、マシン・エイジのモダニズム建築の理念であったというべきだろう。空間としての建築は、抽象的存在を目指すとともに、普遍的存在をも目指した。この時期のモダニズム建築が国際様式（インターナショナル・スタイル）と呼ばれたのは、世界全体に適用され得る普遍的建築をそれが目指していたからである。そうした建築のあり方は、建築の歴史のなかでは珍しいものであった。サイト・スペシフィックな建築への回帰は、固有性をもった建築への回帰であり、個別の文化に根差した建築へのみちを開くものでもある。

そのとき、機能性重視によって否定されていった装飾が、新しい位置を得るかもしれない。なぜなら装飾は文化的な意味の伝達要素であり、文化的意味の媒体だからである。かつて印刷文化が勃興したルネサンス以後の時代を評してヴィクトル・ユーゴーは、「あれ（書物）がこれ（ゴシックの聖堂）を滅ぼす」と書いた（『ノートルダム・ド・パリ』）が、ヴィジュアルが重視されさまざまな視覚的媒体が勃興している現代、ふたたび意味を身にまとった建築が復活するかもしれない。

第Ⅱ部　場所の意義

第4回　地霊

場に宿るもの

佐藤　彰

古代ギリシャにおいて神託で有名な地、デルフォイは、世界の中心ともされ、大地の女神ガイアの聖地だった。その中心を示すものとして、オムパロスという石が据えられた。ガイアの守り手であるピュトンは、龍とも、大蛇ともつかぬ姿で思い描かれている。ドイツの古典学者エルヴィン・ローデの説によれば、ピュトンはアポロンに滅ぼされ、オムパロスの下に埋められ、大地の精（Erdgeist = earth spirit）になったのだという。古代ローマには、ゲニウス・ロキ（genius loci）という観念があって、土地には霊が宿されていると考えられ、原初的には蛇の形をとると見なされることもあった。

昨今、このゲニウス・ロキ、その訳語として地霊と呼ばれるものが注目を浴び、様々に論じられている。海外ではクリスチャン・ノルベルグ゠シュルツの『ゲニウス・ロキ』（一九七九年、加藤邦男・田崎祐生（訳）、住まいの図書館出版局、一九九四年）、国内では鈴木博之の『東京の［地霊］』（文藝春秋、一九九〇年／『東京の地霊』ちくま学芸文庫、二〇〇九年）、『日本の〈地霊〉』（講談社現代新書、一九九九年）といった書が大きな役割を果たしてきた。

それらにあっては、土地に必ずしも神秘的なものが宿されていることを意味しない。簡単に解すれば、人がそれぞれ人格を備えているように、場所も固有の自然的、文化的な性格、特質を有しているのであり、これを尊重することで空間に豊かさが加わるはずだという考え方である。ゲニウス・ロキないし地霊の言葉に仮託される意味内容には、ある程度の柔軟さが許容されている。

1　「場に宿るもの」のうつろい

都市的な拡がりを視野に、特質を備えた土地の例を取りあげてみよう。

イギリスで際立った特質を有する町の一つとして、バース（Bath）を見てみる。名が示す如くこの町は、イギリスでは珍しい温泉に立地し、原始の時代から今日に至るまで、土地の特質と密接にかかわる人間の営みが連綿と続けられてきた。鬱蒼と茂る森の中、谷あいを屈曲して流れる川のほとりに沸々と湧き出る温泉に初めて出くわした先史の人々は、驚異の眼を以って対したに違いない。おそらくは、この地に霊気を感じ、畏怖の念を抱いたことであろう。温泉を遠巻きに分布した新石器時代、青銅器時代の塚の遺跡が見出されているが、発掘された遺物の中には、紀元前一五世紀にも遡るであろう太陽を表象したと思われる金色の円盤が含まれる。人々が聖なる泉を祭祀の対象としていたことが推測される。やがて鉄器文明を伴ったケルト人たちも到来し、彼らも神秘の泉を崇めたことが、様々の手掛かりからわかっている。勿論この不思議な湯を畏怖するばかりでなく、身体を浸すことでもたらされる恩恵に感謝を捧げもした。バースの町の起源については、次のような伝説が語られてきた。

紀元前九世紀、レプラを病んだケルトの王子ブレーダッドは王国から追放され、森の中で豚飼いの暮らしを強いられた。そうした間、泥が温かく泡立つ場所で手飼いの豚たちが転げまわると傷や病が治るのを見た彼が、自分もそれに倣うと、長らく辛苦の元凶をなしてきた病は見事に癒え、ここに町を開くことになった、というものである。伝説はともかく、ケルト人たちがこの辺りに定住し始めたことは、考古学的にも明らかにされている。

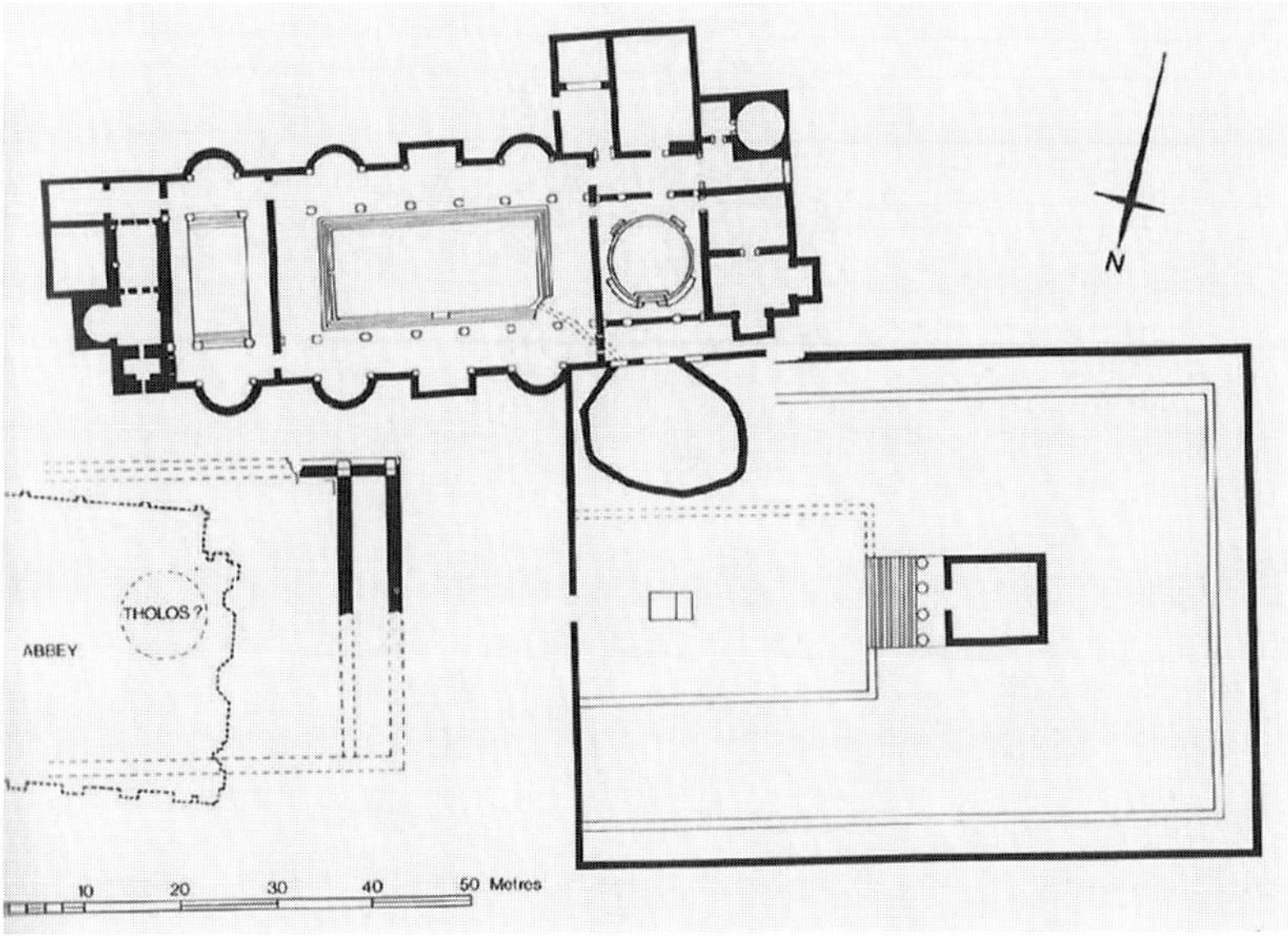

図 4-1　アクアエ・スリスの中心部（Barry Cunliffe, *The City of Bath*, Alan Sutton Publishing, 1986, p. 31）
北西部（右下）を占めるスリス・ミネルヴァの神域の南東に不定形の湯元のプールを設け，ここから湯を導いて，大浴槽を含む種々の入浴施設が更に南東に展開する．北東（左下隅）に，中世に建立される修道院教会堂西端部の輪郭を示す．

その後ブリテン島に遠征してきたローマ人たちの場合、公共浴場が都市生活に欠かせぬ施設であったように風呂好きで知られるから、バースの温泉は殊のほか珍重されたが、彼等とて単に湯浴みの便宜のみを求めたわけではない。この地に築いた立派な都市は、アクアエ・スリスと名づけられる。「スリスの水」という意味だが、スリスとは、先住民ケルト人が崇めた泉の女神である。ローマ人は都市の中央に、自分達の女神ミネルヴァと習合したスリス・ミネルヴァの壮麗な神殿を、浴場と一体のものとして建立した。そして、湯は神域の一隅から湧き出るように整えた（図4-1）。人々が女神を深く信仰していた様子は、湯元から出土した夥しい奉納のコインや神酒の器、あるいは祈願や呪詛の言葉を記した金属板などからつぶさにうかがうことができる。

　ローマ人による支配は四世紀間ほどしか続かず、かわって北方、ゲルマン系の人々がブリテン島を席巻する。時を経てキリスト教化した彼等は、いったんは廃墟となった温泉の傍らに、今度は修道院を設立する。病を癒そうと各地からやって来る巡礼者たちは、時として差しのべられる修道士の介助の手に涙し、荘厳な教会堂で神の恩寵を祈った。息を吹き返した中世のバースは、湯治場であるに留まらず、大聖堂の門前町として以前に劣らぬ賑わいを見せる。ところが、一六世紀に宗教改革のもとで修道院が解体されると、変質の道を辿る。

開闢以来この地にやってきた人々は、不可思議な温かい泉に畏怖の眼ざしで対し、ここには人智を超える何ものかが宿っていると考え、信仰の形態こそ時代により遷り変わるが、崇敬の念を抱きつつ湯の恵みに浴してきた。しかし宗教改革後、世俗化が進み、従来の宗教都市の性格は薄らぐ。かくて近代のリゾート都市の先駆的存在と化する。都市造形そのものはユニークな展開を見せるが、地に宿っていた霊的なものは影を潜め、賭博や色事を伴った享楽の町として活気づく。

2 「土地柄」のかげり

バースは、著しく特異な条件を与えられた土地であった。これに較べ、ある意味では変哲のない東京近郊の地に目を転じ、近代に至って土地柄が変化し、場の個性が衰退していく様子を見てみよう。

井伏鱒二は、一八九八年、広島県の生まれだが、一九二七年、荻窪の天沼の近辺、当時は井荻村に属する「新開地」に居を定めた。第二次世界大戦時に疎開したほかは一九九三年に没するまで、この地に住みながら作家活動を続けた。界隈を中心に繰りひろげられる文学仲間や地元の人達との交流を、自然の佇まい、環境の変化、市井のうつろいに触れつつ書き下した随筆が、『荻窪風土記』（新潮社、一九八二年／新潮文庫、一九八七年）と題して纏められている（以下引用は現代仮名遣いに改める）。

現在の中央線は明治中頃に開通したが、東京市の西方ほど遠からぬこの辺りは、長年にわたり昔の面影を色濃く残していた。関東大震災の後、沿線にぽつりぽつりと人が移り住むようになってくるが、その中には文学者も少なからず含まれる。井伏の近隣には、太宰治や劇作家の伊馬春部などが引越してくる。こうした文学者たちの間の交遊の話は措くとして、井伏は郷土史の書物に徴したり、天沼八幡前の「長谷川弥次郎という鳶の長老」、「荻窪八丁通りの矢嶋さんという御隠居」等々の古老、また出入りの植木屋で、やはり鳶の木下といった「土地っ子」に尋ねたりしながら、地域の遷り変わりを伝える。

「鳶の木下が言うことに、大震災前には高井戸あたりの森に入ると昼でも暗いほどで、荻窪、高井戸、阿佐ヶ谷、宮前あたりには見事な杉の森があった。」（二一五頁）

このように現在の杉並区にあたる地域を中心に特に自然が残されていた事情の一つは、徳川の支配下、将軍家の鷹狩りの場が存在したことである。

「三代将軍家光は、たびたび高円寺、中野あたりへ猟に来て、鷹狩で休憩する茶屋を高円寺という寺の境内に建て、小沢村と言っていたこの村を高円寺村と改名させた。茶屋は御殿と呼ばせ、鷹狩の根拠地と定めた。中野、練馬、阿佐ヶ谷、武蔵野など、近隣九十四箇村を御鷹野の場と決定し、高円寺に鳥見番所を置いた。寛永十二［一六三五］年のことであったと『杉並区史探訪』に書いてある。」（二一二―二一三頁）

こうして樹木の伐採を免れた上に、和田堀には幕府の火薬庫がおかれ、自然が更に保たれる。

「木下の言うことに、［中略］江戸時代から和田新田には火薬庫があったので、善福寺川流域の村では以前から鉄砲の狩猟が禁じられていた。火の用心のためである。この流域の荻窪、高井戸、阿佐ヶ谷、高円寺、和田堀方面は、狩猟をする者がないので樹木が茂り鳥獣の宝庫になって、狸や狐まではびこっていた。」（二一二頁）

「私は和田新田の火薬庫を見たことはないが、木下の話では、よく人を化かす狸が住んでいる雑木林に取り囲まれた火薬庫であったそうだ。」(二一一頁)

「そういう森のほとりで狸が満月に照らされて腹鼓を打っている。木下がそれを見てみぬふりをして行くと、狸はこちらの足音につれ足音と同じ間を置いて腹鼓を打っている。ぽんぽこぽん、ぽんぽこぽんという音である。」(二一六頁)

このような森も、時代の流れとともに開かれていく。井伏が借り受けた宅地は麦畑であったが、以前はクヌギ林だった。それでもケヤキ並木にフクロウがとまっていることもあった。水も豊かだった。

「引越してきた当時、川南の善福寺川は綺麗に澄んだ流れであった。清冽な感じであった。知らない者は川の水を飲むかもしれなかった。川堤は平らで田圃のなかに続く平凡な草堤だが、いつも水量が川幅いっぱいで、昆布のように長っぽそい水草が流れにそよぎ、金魚藻に似た藻草や、河骨のような丸葉の水草なども生えていた。」(一七三頁)

釣好きの井伏にとって、善福寺川は身近な場所だった。この綺麗な川を、天沼の教会の人達は洗礼の場に用い、土地っ子はヨルダン川と呼んだという。川べりには田圃に土盛りをして中央線の線路を敷き、善福寺川の流れを通すようにガードにしたところもあった。

「そのガードの向側の高みには、松林の中に稲荷様の祠があった。矢嶋さんの解説によると、『ガードの向うの森には穴稲荷が祭られて、その祠のわきに大きな洞窟があった。この洞窟は富士山麓までも続いていたという伝説もある。若い人たちが力くらべで大きな石を担いだりする遊び場で、祭囃子の練習場にしたりして賑やかであった』

と言う。土地の人の集まり易い場所になっていたようだ。」（一七四―一七五頁）

水は、川に限らない。用水が流れていたほか、天沼八幡の鳥居のわきには弁天池、それとは別に、どこからともなく湧き出る水で瓢簞池が出来ていた。こういう湧水池は、武蔵野のこの辺りには至るところにあった。しかし、このような自然の佇まいは急激に消えていく。森は伐り倒され、泉は涸れていく。例えば、付近の妙正寺池も釣好きの人が好んで出掛けるところであったが、間もなく汚染されていく。

「善福寺川に汚水を流している者がいるという話を聞いた。一つは湧水池の近くにある学校の水洗便所だと言い、もう一つは荻窪文化村の某家の溜だということであった。それが嘘かと思われるように、川の水はまだ綺麗に澄んでいたが、釣に行くたんびに木屑やこわれた箒などの塵芥が目に付くようになっていた。」（一七五頁）

そして善福寺川へ最後に釣に行った時のことが語られる。

「この日、私は太宰を連れて善福寺川の釣場へ行ったが、何もかもお話にならなかった。［中略］川の水が魚を生かして置く力を無くしたのだろう。この川はもうお仕舞だと思った。」（一八一頁）

人口の増加ぶりは以下のように記される。

「今、荻窪駅には一日に三十万の乗降客があるという。中央線のほかに地下鉄が通じバスがある。駅ビルは年間の売上げを百億円にすると言っているそうだ。私が井荻村に越して来たころは、今ほど頻繁に電車が来ないし車輛の数も僅かだが、そのつど二人乗るか一人降りるか、誰も降りないといったようなこともあった。」（二七六頁）

そして、往時を偲ぶ次のような文章が続く。

「私のうちの裏手には千川用水が迂回して、春さきには夥しい数の蝦蟇《がま》が岸に上がって交尾のためじっと重なり合っていた。麦秋のころになると用水のほとりの草むらでこっそり光る虫蛍が見つかった。秋はクヌギの森に暫く靄を棚引かせることがあった。靄はいつもすぐ消えた。木枯の吹く季節になると、砂ほこりを舞いあがらせて西の空が橙色になった。牧歌的であった。」（二七六頁）

この随筆は「滄桑《そうそう》の変」という言葉を用いて閉じられる。

3 「ゲニウス・ロキ」の行方

「ゲニウス・ロキ」とは、古代ローマ人が尊んだ観念であったが、これをルネサンス以降のイギリスに紹介する役割を果たしたのは、ホメロスの『イリアス』の英訳でも知られる詩人、アレクサンダー・ポープ（一六八八―一七四四）である。彼は、「バーリントン卿への書簡」という韻文の一節で、イギリス文化の所産である風景庭園の代表例、ストウを讃える際に、この言葉を genius of place という英語で用いた。今日、インターネット上で genius loci を検索すると、数々の造園家、造園業者のホーム・ページが現れ、多くがポープの上記の文を引きあいに、地霊に即した造園の重要性をアピールしている。

このような事情もあって、風景庭園とその拠りどころをなす「ピクチャレスク」の考え方が、ゲニウス・ロキという言葉と結び付けられがちである。ピクチャレスクとは、興趣を催させる風景画的景観の志向といった意味の、美学にかかわる概念である。しかし、実情は複雑である。そもそも一八世紀中期から一九世紀初期にかけてピクチャレスクの理論、実践を担ったランスロット・ブラウン、ユーヴェディル・プライスやハンフリー・レプトンといった人たちの論述では、この言葉が前面に現れることはない。むしろ一九世紀前半に市民社会における庭園のあり方について論陣をはったジョン・クローディアス・ラウダンが、若い時分のパンフレットでポープの「書簡」に言及し、また版を重ねて広く流布した『造園百科事典（*Encyclopaedia of Gardening*）』（一八三四年）で紹介しているのが目に付く。

ポープは、水の流れ方、地面の起伏の仕方、木立ちの間の取り方など、庭園のデザインを考えるに際して参照すべきものとして genius of place の語を示し、園地の整え方は地形を顧慮すべき旨をさらりと述べているだけで、用語法はレトリカルな意味合いが濃い。特に鍵となる言葉として重用し、論を展開しているわけではない。地形を読み取り、敷地の有する可能性を引き出すことは、風景庭園では当然の前提となる。その可能性を常に唱えたところからケイパビリティ（Capability＝可能性）というニックネームを授かったブラウンは、これを反映した代表例と言えよう。しかし先に述べたように、風景庭園の構成を地霊によって説くという論法は、一八世紀後半から一九世紀にかけてピクチャレスクの考えが風靡するなか、その論客や実践者の間で広がりをみせない。そして彼らの造園は、起伏する芝地《ローン》を舞台に、茂み、木立、水などを近景、中景、遠景の奥行きを持たせて按配する定式的な流儀に収斂していく。こうした動向に対しては、一本調子でつまらないとの謗りが投ぜられもする。

一八世紀の中頃までイギリスで脚光を浴びた風景庭園では、知識人の古典古代に関する教養を背景とし、ニコラ・プサンやクロード・ロランの絵に見られるイタリアの理想化された景観を現実の庭に写し取ることが中心をなした。それは、自然の風物にとどまらず、神殿や橋、オベリスクや祠など人工物を含み、男神や女神、精霊や隠者が宿りそうな場をしつらえ、これらが庭の点景として重要な要素となる。中でもグロット（岩屋）は、ことのほか好まれる。ポープの韻文よりも前、文人の貴族シャフツベリー伯は、やはり genius of place を称揚した文章で、自然を体現したものとして「手の加わっていない不定形のグロット」に特に言及しているが、人工的に作られながら、あたかも自然物であるかのごとき姿を見せるものも大いにもてはやされた。「霊」らしきものは、このような形で「場」を与えられる。そもそも水の精、ニンフが宿るニンファエウムは、古代ギリシャ、ローマに起源を発し、

図 4-2　1775 年に描かれたスタウァヘッドの景観（Oliver Garnett, *Stourhead Landscape Garden*, The National Trust, 2000, p. 3）
左手の丘の上の円堂はアポロの神殿，右奥，湖の彼方に小さく見えるのはパンテオン．

ルネサンス期イタリアの庭園でも各所に作られた。その種のものがイギリスにも持ち込まれる。ポープは、これらは「自然（Nature）」を顧慮して造形されるべきものと説くが、genius of place の現われとも解される。現実に彼は、グロットをイギリスの地で広めるのに寄与している。

主として一八世紀中葉に造園された著名なものに、銀行家のヘンリー・ホーアが営んだスタウァヘッドの風景庭園がある（図4-2）。この庭園の目玉をなすグロットにはポープの影響もあらわれている。ドーム状の構造物をレンガで築き、地元で得られた石灰石を貼り付けるほか、イタリアから取り寄せた火山性の石灰華（トゥファ）も内装に用いられる。そして湧き出る泉の向こうには、まどろむニンフが艶かしい姿態で横たわる。ヴェルギリウスの「アエネイス」の一節にインスピレーションを得た構成とされる（図4-3）。

そもそもスタウァヘッドの庭園は、ダムを築き、流れを堰きとめてできた人工湖を囲んでおり、既存の地形に大改造の手を加えた結果である。その湖の周りに、多くは古典古代に由来するアポロやフローラなどの神殿、あるいはオベリスクなどの点景を布置している。ゲニウス・ロキを元来その地に宿っていた地霊という意味で解するならば、地霊とは縁もゆかりもない異境の神話のキャラクターをはるばる移入し、作り物を設け、それらしく演出して見せる。言うなれば、虚構が組み立てられているのである。

ポープ自身が自邸に設けたグロットは、genius of place という言葉を紹介した人の手になるとは考え難い様相を呈する。彼は一七二〇年頃、テムズ川をロンドンから少し遡ったトゥイクナムに小さな館を構える。館は川に面して建ち、背後に五ヘクタールほどの広さの庭園を有するが、残念なことに建物と庭園の間を公道が通り抜けており、館から庭園に直接アクセスできないという困った条件を抱えていた。そこで館の地階から公道の下にトンネルを掘り、これを通じて庭に抜けるというアイディアが打ち出され、彼は二〇年あまりの残りの生涯、館の地階とトンネルをグロットとして造形することに熱中する（図４-４）。

図 4-3　泉の奥にまどろむ「グロットのニンフ」(図 4-2 に同じ，p. 12)

奥行き三〇フィートあまりの建物の地階の中央部を貫いた空間は、幅が広いところで一五フィートほどであり、これに接続するヴォールト天井のトンネルは、幅四フィート、高さが六・五フィートで、長さが二二フィート（後に延長されて二九フィート）といった寸法である。煉瓦造りの躯体に取り付けた貝殻、フリント石や鉄鉱石で内部は覆われ、洞窟の様を呈する。彼は、地下工事中に湧水を見出したと言い、貝殻は滴る水の音に調和した「自然の趣味（the natural Taste）」に適ったものだと説明する。その説明を受け容れたとしても、このほか鏡のかけ

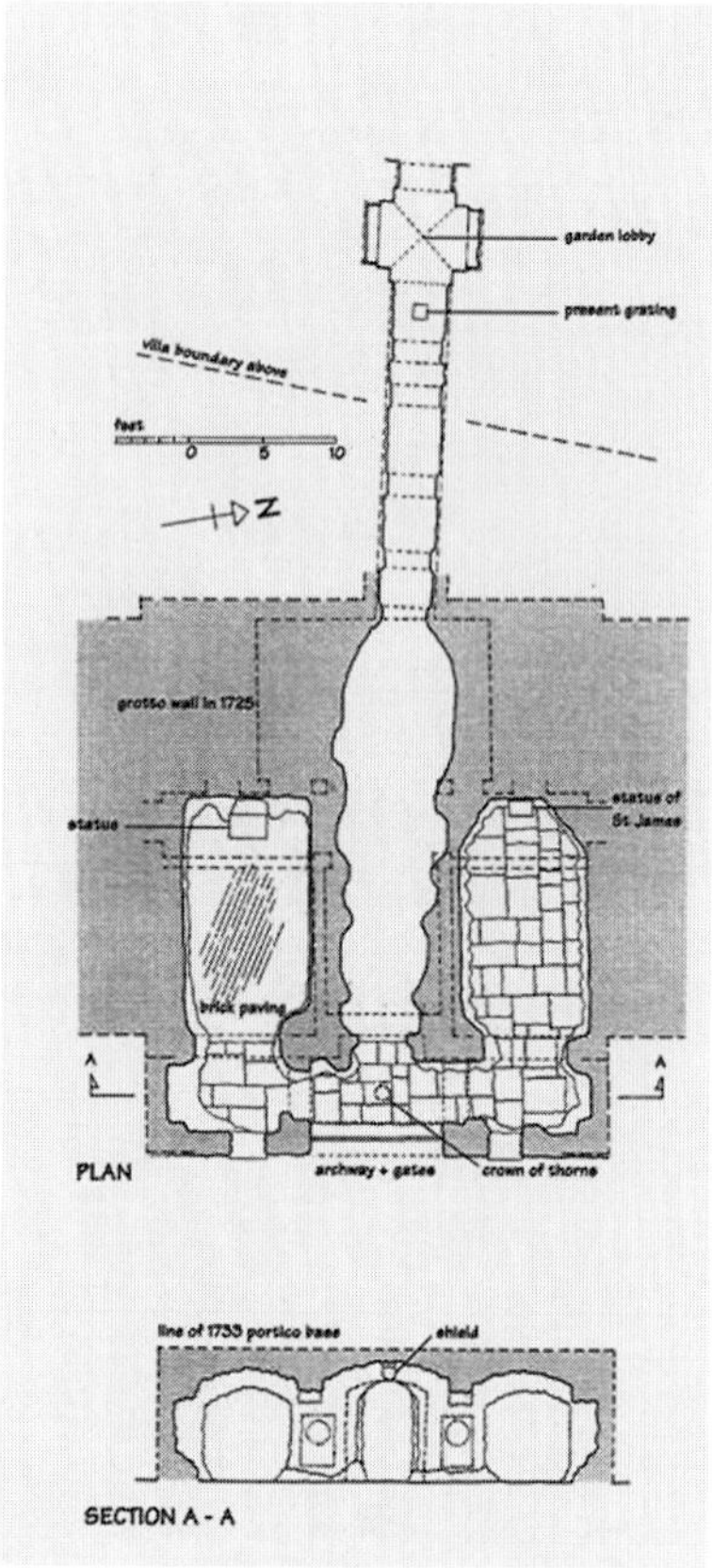

図 4-4　1997 年の実測によるポープのグロットの平面図，断面図（Anthony Beckles Willson, *Alexander Pope's Grotto in Twickenham*, The Garden History Society and The Twickenham Museum, 1998, p. 28）
陰が施されている館の地階に，空洞部が収まっており，中央の空洞の奥に，庭園に抜けるトンネルが伸びる．

らが散りばめられており、ランプをともせばそれらが乱反射して星の如く煌くと自慢している。こちらは自然とのつながりに関して説明がない。また、扉を閉じ灯りを消せば、グロット内がピンホール・カメラの暗箱（カメラ・オブスキュリ）状になり、隙間から射しこむ光線の効果でテムズ川の風景が像を結ぶと喜んでいる。

内装は一七二五年頃、一応の完成を見たが、ポープはその後も改装の構想を暖め続け、特に一七三九年頃から彼がこり始めていた鉱物、岩石に対する趣味、関心を反映し、各地の珍しいサンプルを知人たちから送り届けてもらい、これを壁や天井に取り付けるという作業を開始する。スパー、硫化鉱、鍾乳石、水晶、ブリストル・ダイアモンド、大理石、アラバスター、スネークストーンなど様々の種類の石が、バースやプリマスをはじめ方々から集められる。鍾乳石はサマセット州ウーキー・ホールの鍾乳洞の天井から切り取ったものが贈られている。また、珍しい六角柱の玄武岩二本が、北アイルランドで奇観を呈するジャイアンツ・コーズウェーの岬からハンス・スローン卿によって届けられている。それらの石は多彩を極めるばかりでなく、ポープの好みに合わせてキラキラと輝くも

図 4-5　1786 年に描かれ，1797 年に版画化されたポープのグロットの内観透視図（図 4-4 に同じ，p. 26）

のが貴ばれた。石を取り寄せる際の手紙で「赤い透明のスパー」を所望し、「珍しくなくともキラキラ輝く石」は「自然の模倣として適っている」と弁明する。ついでながら、かなりの重さを有するこれらの石塊を、天井を含む煉瓦の躯体に鉄の留め金で取り付けるのは、並大抵のことでなかった（図 4-5）。

　このようなニンファエウム、このようなグロットを、どう考えるべきなのだろう。ポープの文学と思想を論じながら、これを一八世紀における自然の捉え方の一つの現われとして、あるいは時代特有のロマンティシズムの発露として評価を試みる者がいる（Naomi Miller, *Heavenly Caves: Reflections on the Garden Grotto*, George Braziller, 1982 や川崎寿彦『庭のイングランド』名古屋大学出版会、一九八三年）。他方、すでに当時にあって、冷ややかな目で見る者もいた。文筆で名を馳せたメアリー・ウォートリー・モンターギュ夫人は、かつてポープと結んでいた友誼が憎悪に転ずる過程での発言ではあるが、この擬いの洞窟を、安ぴかの貝殻で内張りされ、近隣の汚水溜めからそこはかとなき匂いが染み入ってくる代物とくさし、愚行の女神の棲み処とこきおろしている。悪臭の真偽は不明だが、ポープの館の環境は、実際のところ自然に恵まれていたとは言えず、辺りの以前からの住人達が、皮革の鞣しや麦芽の製造など必ずしも芳しくない生業を営んでいた土地だった。ポープに敬意を払い続けたサミュエル・ジョンソンも、イギリス人にとって陽光は遮るべきものでなく、求めるべき対象の筈だと述べ、グロットは風土に馴染まぬと見てとり、この冷暗な室は「蟇蛙にこそ似つかわしい」と皮肉っている。

ポープのグロットの場合、一度はニンファエウムという呼称が与えられ、ニンフ像を祀ることも構想されたが、沙汰やみになっている。そもそも、宿るべきニンフが不在のニンファエウムとは何でありうるのだろう。残されたのは、様々な珍しい鉱物が壁、天井を埋めつくす非日常的空間である。アイルランドの稀少な柱状石を届けてくれたスローン卿は博物学者で、彼が遺贈したコレクションをもとに大英博物館が開設されることになったのだが、ポープの鉱物趣味の成果は、それに較べると矮小なスケールで、キラキラした、あるいは透明な見映えのするものに偏倚し、博物学者というよりも好事家の蒐集品というべきものである。しかも鉱物学標本とは異質の鏡のかけらをちりばめて小規模ながらスペクタキュラーな空間を演出したり、ピンホール・カメラ効果による外部の風景の投影を図ったり、物好きな、言ってみれば娯楽性の高い空間が現出している。スタウァヘッドの場合のようにニンフが祀られていたとしても、土地の来歴や特質と無縁なこのニンフは、バースに宿るスリスの女神とはかけ離れた、気紛れな、玩具の人形の如きものに過ぎず、また拵え物のグロットは、荻窪の地に口を開く富士山麓まで続くと言い伝えられた洞窟とは、たとえ似かよっていたとしても非なる存在である。目を惹く品々を並べたて、好奇心をそそる見世物、アミューズメント・パークのミニチュアに類するものが、ゲニウス・ロキという言葉の紹介と同時並行的に、同一人物の手によって生み出されていたことになる。

我々が生きるこの時代、場に宿るものを新たに見出すのは困難きわまるとしても、この言葉に仮託される自然的、文化的特質の捉え方の柔軟さを、どこまで許容するのかが問われざるを得ない。ゲニウス・ロキとは、確かに魅力的な言葉である。しかし、現代にあっては、この魅力的な言葉にも気を許すわけにはいかないことを、イギリスの風景庭園は示唆している。

第4回　地霊

均質空間・異論

鈴木博之

本郷と青山

近代化の進行によって世界が「のっぺらぼう」になったという見方は、まず定説であろう。建築は均質空間を理想とし、地球はグローバリズムの波のなかでひとつながりの世界になる。世界の文化も均質化し、それぞれの土地固有の文化は消滅の危機に瀕する。こうした意識に立って、それを肯定し推進する立場を築く人もあろうし、同じ意識に立った上で、それを批判的に捉え、抵抗する人もあろう。

だが、ここで考えてみたいのは、世界は本当に均質化してしまっているのだろうかという点である。都市は決して均質ではないし、均質化に向かって進んでいるわけでもないといえないだろうか。少なくともこうした観点に立って都市を見てみたいと思う。

都市が均質になり得ないのは、都市が動きつづけているからである。新しい要素が出現しつづけるのが都市であるし、流行のスポットが各地に生まれたり、かつてのファッショナブル・ポイントが凋落の憂き目にあったりする。

都市が均質とは、単純にいえないと実感したのは、勤務先が都内とはいえ、本郷から青山に変わったためである。二〇代からそこで過ごしてきた本郷は、青山に比べると田舎であった。店舗や飲食店はあったが、表通りである本郷通りに沿って、大学の反対側だけに広がる片側町としての地元商店街だった。そのうしろにも事務所が増えてきつつあったけれど、北や西の方には背後に住宅地が広がっているのだった。

ところが青山は違った。東京オリンピックを機に電柱を地下化したという青山通りは、両側に分厚く商業施設を集積させている。しかも青山通りと直角に交わる表参道や骨董通りなどが、それぞれファッショナブルな商業施設を繰り広げており、さらにそこから派生する路地に近い小道にも、しゃれた店が並んでいる。店の種類もブティック、レストランやカフェ、ギャラリー、美容室、そしてよくわからない種類の店など、明らかに地元商店街とは異なるファッショナブル・エリアなのだ。

そのせいか、本郷の生活は青山では通用しない。まず、昼食の取り方がわからない。自分の部屋がある建物から、東に向かうか、西に向かうか、大きくはそのふたつの選択肢があるのだが、東に向かうと骨董通りの方に出ることになり、しゃれたテラスや隠れ家的レストランなどばかりが目について、どこにも入れなくなってしまう。

西に向かった方が、些かなりとも普通の町に近いエリアに出られるように思うのだが、実際にはなかなか普通ではない。トマトとトマト料理を専門にする店、地下駐車場を改造したシアター・レストラン、そして所々にある各種弁当店など。普通の蕎麦屋や定食食堂もあるが、かえって見つけるのがむずかしい。しかも食事の値段は二割くらい高いようだ。弁当にすると、一挙に低価格が実現するのだが、あまりにも若向きのメニューが多い。というわけで、本郷にいた田舎のネズミには、生活のスタイルがなかなか定まらない。

また、通勤が面白い。わたくしは池袋方面から通勤するのだが、埼京線の渋谷駅ホームから改札を出て、並木橋の交差点というところを通って歩く。途中、場外馬券売り場と金王神社を横に見る。道はひたすら緩やかな上りである。「渋谷という谷から、青山という山に向かっているのだ」などという、根拠のない感慨が浮かぶのだ。このルートを通ると、ファッショナブルなシブヤもアオヤマも無縁に、自分の研究室にたどり着ける。

山と渓谷

青山というのは山ではなく、人名からきた地名だが、渋谷の方は実際の渓谷の風情をもっている。渋谷川は渋谷駅からビルの間を南下しているので、目にすることができる。

現代都市が均質空間から成り立っているわけではないことは、東京に今も多くの名山が存在することにも窺われる。芝の愛宕山、浅草の待乳山のふたつは、独立峰のように聳えている。これらの山がそれぞれ神社をいただいているのは、独立峰としての存在感と、特異性が聖域と認識されたためであろう。

これ以外にも上野の山に道灌山、飛鳥山（図）など、江戸以来の名山がある。これらは隅田川にいたる河岸段丘のようなものであろう。これらは連山のように連なっている。いずれも北側に斜面をもち、北側の低地地帯は東京の工業地域を形成している。海際には、品川の御殿山がある。こちらも江戸以来の名所のひとつであり、海側に八ツ山橋というのがあるのだが、八ツ山とはどこにある山なのか、わたくしは知らない。けれども御殿山から海側に広がる低地地域もまた、東京の工業地域を形成してきた。

一方、明治以降の山としては五反田の島津山や池田山、代官山近くの西郷山など、元の藩主や居住者の名をとった山も多い。島津山にはジョサイア・コンドル設計の島津邸がいまも残されている。池田山は高級住宅街となり、その一画には現在の皇后の実家が建てられたが、保存が否定されて、小公園にされた。西郷山もまた現在は公園になっているが、ここは西郷従道邸が存在していた場所である。

図　飛鳥山の澁澤栄一茶室「晩香盧」

都市のなかの山は、江戸にはじまり近代になってからも生まれているが、現代ではそうした造山運動は終息しているのだろうか。

都市伝説としての山は、現代には生まれ得ないのだろうか。

どうやらそうではない。時代がさらに下って現代になっても、山は生まれつづけている。それを意識したのは森ビルの開発によってであった。民間による都心の大規模再開発の先駆けとなったアークヒルズは、もとの谷町という窪地を開発したものであるにもかかわらず、ヒルズ（丘）というイメージを前面に打ち出した。ここに現在の森ビルの成功の鍵があった。

森ビルはその後、御殿山ヒルズ、城山ヒルズ、愛宕ヒルズなどを開発しつづけ、六本木ヒルズ、表参道ヒルズにいたる。ヒルズ族という言葉が生まれるくらい、ヒルズという言葉の語感は印象的であった。これらは東京に生まれた新たな連山だといってよいであろう。古くからの山は残り、その一方で新しい山はさらに生まれるのである。

しかしながら新たに生まれる山は、徐々に実際の地形から来る山という実体を離れ、イメージとしての山、いわば幻想の山に転じてゆく。平地に作られた表参道ヒルズはその例であろう。ヒルズ族が一種の幻想の富裕層であるのにも似て、都市の山は幻想の世界に聳える存在に近づいてゆく。都市が現実と幻想との両面から成り立つことを、それは教えてくれる事実でもある。

ゲニウス・ロキは存在する

建築は均質空間を理想とし、地球はグローバリズムの波のなかでひとつながりの世界になる。世界の文化も均質化し、それぞれの土地固有の文化は消滅の危機に瀕する。冒頭に考えた、こうした状況が本当に進行しているのなら、都市は「のっぺらぼう」になり、山も消え失せるだろう。しかし都市には山だけでなく、特色ある村も存在する。それは、自然発生的な勢いをもって専門業種の集積を促した結果生まれる地域である。

東京御徒町には、宝石商が集まる地区がある。山手線の御徒町駅を昭和通り側に出た辺り一帯がそれで、貴金属商や宝石商、宝飾品の店などが数多く集まっている。これは戦後、同業者組合がこの周辺に共同で進出したことがそのきっかけであったと聞いた。高級ブランドの店が並ぶというわけではないが、確実にひとつの業種のビジネスがここに蝟集しているのを見ることができる。中世の同業者町を思わせるといったら時代錯誤になろう。しかし現代都市において、場所がどのような意味を持つかを考えることは、時代錯誤ではあるまい。

現に存在する専門業種の集積地帯を思い浮かべて見よう。御徒町の宝石商街の反対側には、アメ横と呼ばれる食品街がある。ここには食品だけでなくさまざまな商品を扱う小さな店が並び、日本のバザールといった雰囲気を生み出している。過剰な集積が生む活気がここにはある。食品街という点では、有名な京都の錦小路に比べられようが、アメ横にはもっと雑多な無秩序と活気が存在する。御徒町の近くには、東京のコリアン・タウンといわれる地区もある。それは生活の共同体であり、文化の集積地区である。

御徒町から上野に向かってゆくと、やがて昭和通り沿いにオートバイを扱う店が並ぶ地区にでる。オートバイを扱う店もあれば、その部品を専門に扱う店もある。同好の士たちはここに集まって商品を手に入れると同時に、オートバイに関する情報も手に入れるのであろう。そこに、専門業種が集積することの、もうひとつのメリットがある。そこには品物と情報とひとが、三点セットで集まるのである。

このオートバイ街を少し戻って浅草の方に道をたどれば、多くの仏壇・仏具商が並ぶ地区にでる。上野の寛永寺から浅草の浅草寺にいたる道筋に、こうした店が並ぶのはもっともだと思われる光景である。仏壇・仏具を購入することは滅多にないが、そうしたおりにはひとびとはここに足を運ぶのであろう。

大きな寺院の周囲にこうした仏壇・仏具商が並ぶ光景は、京都の本願寺周辺にも見られるところであり、信徒の参集がマーケットを生んだ例であろう。東京で上野から浅草にかけてこのような町が現れるのも同じ理由と考えてよいであろう。浅草に近くなった辺りに、太鼓や祭礼道具を扱う商店が目立つのも、宗教的商品の集積から派生したものであろうか。

浅草近くのかっぱ橋には、有名な調理関係の道具専門店街がある。調理器具から食器、飲食店の家具や商品のサンプル見本などが並ぶ様子は壮観である。一時、ここが外国人観光客たちの人気スポットとなったこともあった。ワックスや樹脂で作られた商品サンプルは、一種の現代アートのような人気を呼んだものである。同業者の集積が文化的景観を生み出している例といえよう。なぜここに調理関係の専門店街が出現したのか、その理由をわたくしは知らないが、ここには近世以来の文化的土壌が潜んでいそうである。

こうした専門店の集積は、下町地区に多い。日暮里、浅草から蔵前にかけては、おもちゃや旗、祭礼時などの装飾品を扱う店も多い。こうした業種を際物屋《きわものや》というのだと聞いた。一般に際物《きわもの》というと、いんちき臭くていかがわしいものというニュアンスが漂うが、れっきとした専門業種であるらしい。こうした業種が下町に存在するのも、江戸以来の伝統を引くに違いない。

浅草橋の駅周辺には、どういうわけかビーズや手芸用品を扱う店が集積している。これは日本橋から東に広がる繊維業地区から派生した業種なのであろう。けれどもビーズを扱う店が並ぶ光景もまた壮観である。繊維関係といえば、日暮里周辺には既製服商が多く集まっている。子供服専門店、婦人服専門店など、普通のアパレル業界の店とは少し違った、古風な感のする商店がここには多い。

情報化時代のゲニウス・ロキ

専門商の村として、古くは神田の古書店街が有名であった。神田神保町を中心に、さまざまなジャンルの専門書を扱う古書店が並び、そこを歩くことによって数多くの知的発見と発掘の喜びを得ることが可能であった。いまもこの地区には、多くの老舗の古書店が軒を連ねている。そして新刊書を扱う書店も無論多い。しかし最近では、専門書を扱う古書店とともに、安い本を専門に扱う古書店も増えてきた。同時に古書店以外の店もこの地区には増えつつあるように思う。結論的にいえば、神田神保町一帯の古書店街は少しずつ変質しつつあるように思われるのだ。

その裏には、書籍情報はネット上の検索で十分可能だという意識が多くのひとびとに浸透したことがあろう。また、新刊書を実際に手に取って調べたいというひとびとは、超大型店というべき巨大書店に向かうようになった。そうした超大型書店は専門店街を形成することなく、ターミナル駅周辺に孤立して存在する。それは専門店街を必要としない存在形式を獲得しているのだ。だが、あらゆるジャンルの専門業種が、専門店街を消滅させてゆくのか否かは、簡単には結論できない。情報化時代がここに何をもたらすか、わたくしは注視している。

こうした専門業種の集積地区としておそらく一番有名なのが秋葉原であろう。終戦後、軍用物資の電気部品などを扱うジャンク屋が並んでいた秋葉原は、その後家電製品の大型店の並ぶ地域になり、いまはオタクたちのメッカになっているようである。むかし、中学生から高校生にかけてわたくしは秋葉原にラジオの部品を買いに出かけたものである。部品のリストを書いたメモを持って、ひとつひとつ部品を買いそろえてゆくのは楽しい作業だった。そうしたラジオ部品の町という雰囲気はいまでは秋葉原のごく一部の風景に過ぎなくなってしまったが、それでもラジオ部品屋や真空管専門店なども健在である。

その伝統を活かして、秋葉原は未来のＩＴ産業の町として発展すべく、再開発が行われた。秋葉原にあった青果市場は移転し、跡地に高層ビルがならんだ。地下からはつくばエクスプレスも発着し、教育文化の都市つくば学園都市と直結している。この地区がどう変貌するか、やはりわたくしは注視している。書籍の町とＩＴの町は、情報化時代の二大要素を担っているからである。

第5回　物語

ザムザか、ドゥエンデか、それが問題だ

松山　巖

1　「変身」を強いられた戦後の川

二〇世紀の文学に大きな衝撃と影響を与えた小説の一篇に、フランツ・カフカが一九一五年に発表した『変身』がある。主人公ザムザが朝起きてみると、自分が虫になっていることに気づくという冒頭の設定から、この小説は不条理でわけのわからない文学の代表作とされてきた。しかしながら今日では、この『変身』という小説はわけがわからないどころか、読者にリアルな物語として読まれるのではあるまいか。

ザムザはセールスマンとして両親と妹との四人家族を支えている。だから彼は虫になっても働きに出ようとする。しかし、どうしても自分の部屋から出ることができない。やがて彼は会社から馘首される。それまでザムザひとりに家計を負担させ、のんびりと暮していた家族も仕方なく、父親は働きに出、同時に広いフラットのザムザの部屋を人に貸すことにする。それだけに虫になったザムザは邪魔にされ、止宿人から隠されるが、見つかり、そのために止宿人は怒って出て行ってしまう。ますます邪魔にされた彼は生ゴミを与えられ、体を壊し自身もゴミとなって

掃き捨てられる。家族三人はザムザのことなど忘れてピクニックに出かけるところで終わる。

こう筋書きを単純化して紹介するだけで、この小説が現代日本ではリアルに響いてくるはずだ。たとえば日々マスメディアから流されるニュースには、自室に引きこもる若者の多さ、一家のなかで働き手だった者がなにかの拍子に体を壊し、働けなくなったとき殊更疎外された事件、認知症になった老人が家族から虐待を受けた事件、いじめによる若者の自殺事件など、カフカの『変身』を連想させる事件や現象が多い。

しかし突如としてゴミ扱いされるのは、弱い人間ばかりとは限らない。人間にもっとも近いモノである建築も同様で、それまで長い間使われ続けてきた建築が、ある日突然、ゴミ扱いされ、解体されることも珍しくはない。いや、さまざまの道具、機械、モノが日々大量のゴミとなって棄てられる。『変身』の世界はきわめて身近である。

ここで考えたいのはしかし、建築やモノ以上に人間にとって、かけがえのない川や水路である。川は人間にとって、太古から飲料のため、交通のため、田畑のため、道具をつくるため、川に生息する魚介類を得るため、川岸に生きる動物を得るためなど、生きるために不可欠であり、すべての都市は川から生まれている。にもかかわらず東京の川や水路に少しでも眼をやれば、それらの多くが埋め立てられたり、蓋に覆われて暗渠になってしまったりしていることに気づくはずだ。

しかも今日、東京の住人で、水道水が利根川に多くを負っている事実さえ知る者は少ないのではないだろうか。いつの間にか、川や水路への関心は一般的に薄くなっている。

河川への関心の低さは文学表現に顕著である。東京の川について書かれた文章を探し始めると大半は戦前のものになる。幸田露伴の「水の東京」「望樹記」、永井荷風の「日和下駄」、芥川龍之介の「大川の水」などが思い浮かぶが、いずれも戦前の作品である。戦後でも東京の川に眼を留めた作家がいなかったわけではない。芝木好子などは隅田川を舞台にした作品を書き続けた。しかし戦後に描かれた隅田川は汚れ、臭気を放つどぶ川になっている。

東京の河川を考えるときより象徴的な小説は、一九五六年に発表された三島由紀夫の「橋づくし」である。築地の花柳界に働く四人の女が願をかなえるため、陰暦の八月一五日に築地にある七つの橋を渡る。願をかなえるためには、同じ道を歩いてはならない、その間は一切口をきいてはならない。彼女たちは築地橋、入船橋、暁橋、境橋、備前橋、三吉橋を次々に渡ってゆく。実は三吉橋は三叉の橋で、二度渡るが、同じ道を通ることにはならない。築地は当時まだ水の町であり、だからこそ花柳界が残り、橋と水への伝承的な信仰も残っていた。流行の先端地である銀座のすぐ裏にある水の町、花柳界の古い仕来り、上下関係、東京者と地方出身者、こうしたいくつもの二重構造が、この小説には隠されている。

　現在、この橋の袂には「橋づくし」の一節を引用したプレートが置かれている。橋はいまでもある。ところが肝心の川は見えない。橋の下に見えるのは車の流ればかりだ。つまり川は埋め立てられ、高速道路に変わっている。女たちが次々に渡る他の橋の下も同様である。

　三島の「橋づくし」よりも築地が水の町だった姿を的確に表している文章がある。

> こういう町々の夏は、表通りの店から流れる火影《ほかげ》に、道ゆく人の浴衣が白く、深い横町の灯は心細いほど幽かに見えて、ほの暗い軒下に置いた縁台に、夜涼を楽しむ人の煙草の火さえくっきりと見えて涼しい。それが又冬であると、濃い闇の処よりは明るい灯の処の方が、ひとしおの寒さを加えて、その白い水のような光の中を、気忙《せわ》しく人の下駄の音も、舗道《ほどう》に寒む寒むと鳴るのである。然しこういう静かな町の灯は、やはり冬より夏のものであろう。堀にしろ川にしろ、水の畔《ほと》りというものは総て静かなものではあるが、それに火影が映ると更に又静かな趣を添える。同じ下町にしても、京橋は折れ曲った幾筋から掘割が流れて、水の多いだけに趣の饒《ゆた》かな処である。あの築地と新富《しんとみ》町の間に架かっている築地橋、上げ汐時は岸とすれすれになるほど湛《たた》えた水に、昔新富座の華やかな灯影が映った頃は、それこそ芝居がかりの美しい景色であったが、いつか芝居小屋も亡くなり、……

　ふっと溜息を吐きたくなるほど艶冶な景色だ。水辺の散歩が好きだった岩本素白の随筆「街の灯」の一節。一九三四年の築地界隈の姿だが、この美しい情景は、いまでは見ることもかなわない。京橋にしろ築地橋にしろ、その下を流れる川はなくなってしまったからだ。

素白はまた東京のいたるところにあった湧水にも注目している。「湛えている水、打寄せる水、走る水、落ちたぎつ水、それぞれ違った趣はあるが、都市として最も好ましく、また求めて得やすいものは、この吹き井であろう。この静かな、そして生きた水の姿は、他の種々の姿とも違い、また草や樹とも異なった力で、人の眼を和める。都市の美観に直接関係ある位置にいる人々は、ただに樹を植え道を造る以外、この方面に注意を向けて欲しいということを、私は市民の一人として常にかんがえている」。(「吹き井」)

しかし現在では湧き水を見ることは東京ではきわめて稀である。井の頭公園の井の頭池は古くからどれほどの日照りであれ、涸れることのない湧き水と知られていたが、一九六四年に涸れてしまった。善福寺池もよく知られた湧き水だが、じつはこの池も涸れ、いずれの池も現在では地下水を汲み上げて往年の景観を電力で再現しているにすぎない。

ではかくも川や水路が埋め立てられ、あるいは暗渠になったのはなぜか。この疑問には明確な答えがある。川や水路が大々的に埋め立てられたのは戦後すぐである。

江戸の昔から施政者は海を埋め立て、水路をつくり、ときには水路を埋め立て直すことを繰り返してきた。治水と利水こそが都市計画の基本であったからである。築地界隈は埋め立て地であったから、水路は縦横に走っていた。ところが、戦後になってこの都市計画の基本を崩してしまう。理由はきわめて単純である。戦時中、アメリカ軍は日本の建物の大半が木造であることから、焼夷弾を開発し、東京だけで一〇六回にもおよぶ空襲を繰り返した。そのためおよそ二七万戸の家屋は焼失し、東京の三分の一が焼土と化した。市街地に限ればおよそ半分の土地が焼跡となったのである。

戦後になり、この焼土と残骸、トラック一六万台分を処理する必要が生じた。当時の都知事安井誠一郎は建設局長であった石川栄耀に事業費なしで行えと命じ、いわれた石川は実に安易な方法を考える。当時は金もなければ、まともなトラックさえもなかった。ガソリンで走るものはなく、木炭で走るトラックしかなかった。東京湾に運ぶことさえ難事であった。そこで石川が考えたのは、これら焼土を近くの川に捨てるという方法だった。

石川の意図を受けて都市計画東京地方委員会は「不用河川埋立事業計画」を策定し、一九五六年に東京駅前の外堀などに焼土と残骸を投棄して埋め立てた。この方法は鈴木博之も指摘するように「都市計画にあるまじき事業」(『都市へ』中央公論新社、一九九二年)であった。

日本の戦後はどこからはじまるか、この問いにはいろいろな答えがあるだろう。しかし都市づくりという角度から戦後を捉えるなら、それまで人間の生活にとり欠かせなかった川を不用だとして、かつての同胞の血の滲んだ焼土をゴミと片付け、川に捨て、埋立て、「あるまじき事業」からはじまったのである。このことははっきりと記憶されるべき事実だ。

この事実こそカフカの『変身』を思い起こさせる。それ以前はなくてはならぬ河川が突然、不用とされ、ゴミとして扱われはじめる。しかも現実はよりグロテスクであって、埋め立てた川や水路を都は売り出す。新橋、数寄屋橋、京橋の下を流れる川を埋め、次々に売った。当然ながらこれら埋め立て地は都心の一等地である。こうなると、もはや川は土地の利権をめぐる道具に「変身」する。これが東京の川をめぐる戦後史のはじまりであり、これ以降、東京の河川は利権がらみで変身に変身を重ねることになる。

東京の川と水路の埋め立てと暗渠化がさらに進んだのは、東京オリンピック直前である。言うまでもなく、この時期に都心の川と水路は高速道路に変わった。オリンピックのために東京は大改造されたが、その大改造の骨格は川を不用なものとみなし、埋め立て、あるいは川のなかに高速道路の橋脚を立ち上げることで作られた。

都心の高速道路ばかりではなく、この時期に周辺道路の整備も進んだ。道路が出来れば、当然ながら人口は東京に集中しはじめる。視点を大きくひろげれば、東京オリンピックは東京の一極集中と地方の過疎を生み出すはじまりであった。したがって東京ではオリンピック以降、急激に宅地開発が各地で行われる。住宅公団による大規模開発だけではない、民間による住宅開発も陸続と進行した。どこが宅地に「変身」したかといえば、川、水路、川岸、沼地、湿原、崖地、窪地、つまりは水に関係する土地が、安価だという理由で埋め立てられたり、コンクリートで固められたりして宅地へと変わった。

東京オリンピックは東京の河川行政の分岐点であった。まず一九六一年から東京は深刻な水不足に見舞われ「東京砂漠」という言葉がメディアではしばしば使われるまでになっていた。そこで、オリンピックのために六四年に「河川法」を改正し、一級河川は国の管轄とした。名目はいろいろつけられたが、実は利根川の水を東京に送るための緊急処理であった。この河川法の改正がその後、全国の河川行政を狂わせたことは多くの識者に指摘されている。いまひとついえば、井の頭池の湧水が涸れたのも同じ六四年。当時はまた、荒川沿いの湿原であった徳丸ヶ原に住宅公団は大団地を人工地盤で土地をかさ上げして建設中であった。「原」は川に近い低湿地を意味するが、この土地は七二年に団地入居がはじまる前に「高島平」と地名は変わる。「平」とは本来、丘陵地の平らな土地、高原を意味する。この時期に法も地名も地面も変身を余儀なくさせられた。

2　地霊の変貌

では、東京はその後、大きな変化はなかったのか。

東京オリンピック後、東京が大きく変わったといえば、一九八六年一二月からはじまり、九一年二月まで続いたバブル景気の時代である。地価は急騰し、地上げは横行し、それだけ東京はこの四年間に変貌した。

鈴木博之『東京の［地霊］』（文藝春秋）の刊行は一九九〇年。もとになった雑誌の連載は八九年。この著作はバブル期に書かれ、崩壊時に発表された。バブル期に何が起きたかをこの著作を読むことで語ってみたい。

まず考えるべきは「地霊」という言葉である。著者はラテン語のゲニウス・ロキの訳にこの言葉をあてた。もともとゲニウスとは人やさまざまな事物を守護する霊で、ロキとは土地や場所を意味する。だから通常は、「土地の精霊」と訳されるのだが、著者によれば、こう訳すと土地の神様とか産土とか鎮守様を意味するように思われてしまうが、ゲニウス・ロキとはもう少し曖昧な概念であって、「姿形なくどこかに漂っている精気のごときもの」だ。

そこで著者は「土地の精霊」ではなく、「地霊」と簡潔に訳し、地霊とは「単なる土地の物理的な形状に由来する可能性ではなく、その土地のもつ文化的・歴史的・社会的な背景と性格を読み解く要素も含まれている」と歴史家らしい捉え方をしている。

ここに著者のユニークな視点がある。著者は「あとがき」で地霊をゲニウス・ロキと読んで欲しいと断りつつ、参考にした文献を紹介している。イギリスの都市史、建築史の著作が多く、いずれもヨーロッパの著作である。

それだけに、ゲニウス・ロキという概念は日本人にはなじみがない。しかし別の視角から考えると、著者も語るように日本人は、土地の神様とか産土とか鎮守様という民間信仰をもっていたのも事実である。むろんこうした信仰は明治以降、日本が近代化を推し進めたため影は薄くなっていったが、ゲニウス・ロキと対比するために、近代以降、日本の文学者が捉えた自然神を少し挙げてみたい。

一八九六年（明治二九）九月に東京は大型台風にみまわれ、下町では三四〇〇戸近くの家屋が浸水した。この天災は単なる洪水の問題だけではなかった。足尾銅山から流れた鉱毒が東京でも氾濫した。実はもともと足尾の中央を流れる渡良瀬川は、利根川と並行して南下し、江戸川から東京湾に注ぎこんでいた。それを江戸幕府は舟運のため別々の河川を結び、江戸川に流れる水量を少なくして、銚子へと向かう利根川の流れをつくった。それでも当時は足尾の鉱毒は台風により東京湾に流れ出た。当然、大問題化する。

このとき正岡子規は「洪水」という長編の新体詩を発表する。この詩は、人間の活動で川は汚れ、森は裸になり、遊ぶところも縮まったと、川の神と森の神とが嘆き、かつては川にも森にも幸があったと語り合う形式で進む。森の幸は胡桃、栗、椎の実、野葡萄など、川の幸は鯉、鮎、鰻、山椒魚、鮒、鯰など。人間はこの幸を忘れてしまったから二神は雨の神に洪水を起こして、人間に気づかせようと頼んだのである。子規は、この詩を神の声ではなく「政府眠りを貪りし／怠慢の罪許し難し。／木の濫伐を禁ずべし。／河の狭きを広くせよ」という人々の声で結んでいる。

ところが政府は子規の詩にある人々の声の通りにはせず、渡良瀬川の水が東京に入らぬように、江戸川の取水口を固め、より狭め、利根川から渡良瀬川への逆流口を広げた。このため渡良瀬川の水は停滞し、一旦洪水が起きると溢れる水の量が増え、鉱毒被害地をかえって拡大させたのだが、この時期に森に、川に、神を改めて見たのは正岡子規ばかりではなかった。

子規の詩から一一年後になるが鉱毒事件に抵抗し続けた田中正造は、議員を辞め鉱毒被害のため遊水地となった谷中村に入る。村が強制破壊されたとき、彼は「日記」に「水ハ誠ニ神の如きもので、人類誠にへぼな人類なぞのきめた事ニ服従ハはしない／夫故ニ、水を論ずるニハ敵も味方もない。議論して勝利を得たりとて、其勝利ハ議論の勝利で水ニ対する勝利でない。川ニ対する勝利ではない」と記した。

さらにいえば、ほぼ同じ時期、紀州にいた南方熊楠は内務省が発令した神社合祀令、つまり神社を一町村に一社にまとめるという法令のために、貴重な樹木が神社から民間に払い下げられ伐採される事態をみて自然保護を訴え続け、一八日間収監された。彼はこの事態を東大教授、松村任三に手紙で報せた。この手紙は、つよく共感した柳田國男によって「南方二通」の名で印刷され関係者に配られたことでも知られている。

その手紙の一節。「本県合祀励行一村一社の制を強行して、神社乱滅、由緒混乱、人民嚮ふところを失ひ、淫祠邪魅盛んに行なはれ、官公吏すでに詐道脅迫をもつて神様を奪ひ得る」。

明治政府は神社合祀まで断行し「神様を奪ひ取る」までして近代化を図ったが、自然破壊の危機にはかえって森や川に神を見る眼が現れるのではないか。

「人傑地霊」という言葉がある。鈴木博之もゲニウス・ロキを地霊と訳したのも「英雄の出づるところ地勢よし」という、この言葉から「地霊」を採用したと述べている。

この「人傑地霊」をそのままタイトルにして詩を綴ったのは逸見猶吉。奇縁だろうが、彼は足尾鉱毒事件で強制破壊された谷中村の村長の息子である。一九三九年に満州（中国東北部）に渡り、その風景を詠んだ。

「巻きあがる竜巻きを右に見れば／きまって鬼の仕業と信じ／左に巻きあがる時／これこそ神の到来といふ／か

かる無辜にして原始なる民族の／その涯のはて／西はゴビより陰山の北を駆って／つねに移動して止まぬ大流砂がある／それは西南の風に乗って／濛々たる飛砂となり／酷烈にしていっさいの生成に斧をぶちこむ」（「人傑地霊」）

たしかにこれほど雄大で苛烈な土地であれば「地霊」を感じるのは当然のように思える。しかし鈴木が定義する地霊はこのような大自然の大いなる力でもなく、また子規や田中正造のように自然破壊の危機感でもない。実は『東京の［地霊］』が書かれたバブル期には、都市や住宅設計のノウハウを風水や陰陽道で語る通俗本がかなり出回ったが、むろんこれらの論は、すでにこうした民間信仰が特異な、過去のものになってしまったことを表している。とすれば、五六年に発表された三島由紀夫の「橋づくし」は、日本が高度経済成長へと邁進する直前に書かれた小説だけに、川や橋に対する民間信仰の終焉を描いた作品と読めないわけでもない。

先述したように「橋づくし」には四人の女が登場する。三人が芸者だが、もう一人は東北出身の芸者にはなれそうにもない手伝いの若い女。彼女は三人の後を追って、無言のまま一心に橋を渡り、三人は途中で声を発し願掛けは不首尾に終わるのだが、彼女だけが願掛けに成功する。しかしこの女はなにを願ったのか、願がかなったのかはわからない。ここにこの短編のミステリアスな奇妙な味がある。作者はこの女を東北出身とすることで、銀座裏で生きる芸者たちと対比させるだけでなく、素朴な信仰の根強さとその終わりを暗示させている。むろん背景には汚れた川、つまりは人間によって汚された自然があり、その後の東京の河川とその周囲の町の変身を予告している。

「橋づくし」から三十余年、東京オリンピック、経済成長を経て、バブル景気最後に発表された『東京の［地霊］』が地霊という言葉を用いながらも、その捉え方は当然ながら、以前のような民間信仰とは異なるはずである。『東京の［地霊］』は、東京の、一三の土地の来歴を綴っている。いずれも明治以降にそれぞれの土地がどのように変貌したのか、いくつものエピソードを重ね、物語を紡ぎだしている。

あらためて著者の地霊、ゲニウス・ロキの捉え方を繰り返せば、「単なる土地の物理的な形状に由来する可能性だけではなく、その土地のもつ文化的・歴史的・社会的な背景と性格を読み解く要素もまた含まれている」ということだ。「物理的な形状だけではない」という地霊の意味がとくにわかりやすいのは、第三章「明治の覇者達が求めた新しい地霊」、第五章「江戸の『桜名所』の大いなる変身」であろうか。

第三章は音羽の護国寺が対象である。幕府の庇護のもと大いに賑わった、この寺も庇護を失って明治以降は衰微してゆく。ところが、三井に勤めた茶人、高橋箒庵が、この寺を大きく変えてしまう。次々に知り合いの財界人に護国寺に墓所を定めるようにし、やがて大茶人、松平不昧の墓を移し、茶人たちに寺に由緒ある茶室などを寄進させ、和風文化のメッカに仕立て上げる。こうして箒庵は護国寺に新しい地霊を根付かせる。第四章は、江戸時代には桜の名所であった品川の御殿山が舞台である。明治以降は話題にもならなくなった。しかし、この土地は実は密かに富裕なブルジョアの邸宅が並ぶようになってゆく。見晴らしもよく近隣もブルジョアだったためであり、この地も「文化的・歴史的・社会的な背景」によって新しい地霊が宿ったのである。この二章は地霊が土地の物理的な形状に由来するよりも、人間が作った文化や歴史によって新たに生み出されたことを例示している。

ところで著者は第四章を「その御殿山もいま、また大変貌をとげようとしている。／この土地を味わうなら、いまのうちだ」と結んでいる。つまり鈴木は、この良質な景観が超高層ビル二棟が建つ、大規模開発によって変わることへの危惧を表明している。単に変わるのではない、それまで時間をかけて作られてきた地霊、即ち「文化的・歴史的・社会的な背景」が消えてしまうのである。

この事態こそバブルが招いた、東京の新しい「変身」なのだ。鈴木はこの危惧を抱けばこそ、『東京の「地霊」』を書いたのではないか。なぜならこの思いを明確に表しているのが、実は連載開始に書かれた第一章と第二章だからである。

第一章「民活第一号の土地にまつわる薄幸」で、鈴木が検討した土地は港区六本木一丁目である。現在、六本木ビュータワーと六本木ファーストビルという二棟の超高層ビルが建つ。いずれも森ビル所有である。町名が変わる前は江戸期から麻布市兵衛町で、幕末の一八六二（文久二）年の切絵図によると、岩手盛岡の南部遠江守の屋敷があった。ここから著者の土地の来歴探しがはじまるが、すこし説明する。

明治になり、この土地は皇室賜邸地となる。皇族のための屋敷用地である。一八七一（明治四）年に静寛院宮の邸地となり、隣りの土地も合わせ、約四七〇〇坪にし、屋敷を建て、一八七四（明治七）年から静寛院宮は住みはじめる。ところがわずか三年でこの宮様は亡くなってしまう。静寛院宮というとわかりにくいが、幕末に将軍、徳川家茂に降嫁した皇女和宮である。

彼女は有栖川宮と婚約していたにもかかわらず、政略によって徳川家に嫁いだ。これだけでも悲劇だが、嫁いだ相手、家茂は結婚四年で亡くなってしまう。そこで彼女は一旦京都に戻るのだが、明治維新となって再び江戸ならぬ東京へまいもどる。政治に翻弄された彼女は、不幸なことに終の棲家をようやく得たにもかかわらず、一八七七（明治一〇）年に没し、しかも子どももなかったため、この土地は他の皇族の土地となる。

一九一四（大正三）年以降に住んだのは東久邇宮稔彦。戦後すぐに僅か五〇日だけ内閣総理大臣となった宮様である。この東久邇宮も不幸な宮様で敗戦処理のために急遽担ぎ出されたばかりか、館は空襲で焼失。さらに不運なのは、この土地が戦後、皇室財産の国有化に伴って旧帝室林野局、後の林野庁の所有となる。この問題については、裁判で争ったものの結局は敗訴となる。

では、この土地は林野庁のもので終わったかといえば、日本の林業は貿易自由化によって外国材が市場に入り、力を弱め、林野庁も収入を減らし、所有地を手放さざるを得なくなる。結局は中曽根民活により、森ビルへと売られる。

皇女和宮、東久邇宮、そして林野庁。人間だけでなくこの土地も政治によって所有者が次々に変わり、著者が「文化的・歴史的・社会的な背景と性格を読み解く要素もまた含まれている」と、この土地の地霊を考えて、「薄幸」の地とするのもよくわかる。

ところで私があらためて考えたいのはむしろ地形である。不幸続きであったこの土地が、むしろ皇室賜邸地になるほど、陽当たりの良い、高台の良好な土地だったという点だ。鈴木が土地の来歴を読み解いた各時代の地図をもう一度見ていただきたい。

3　大縄地から東京を考える

文久二年の絵図では、この土地は南部遠江守の屋敷があったが、その南側に「御先手　与力同心　大縄地」と記された細長い土地がある（図5-1）。この細長い土地に注目すると、南部家の土地が良好な住宅地であったことはよりわかる。切絵図にある「御先手」とは戦のときの先兵たちを意味する。つまり細長い土地には、御先手組の与力同心が住んでいたということになる。与力は組頭に力を与する、同心は与力たちと心を同じにするのが役目である。とはいうものの与力同心は旗本になれない、知行地もない、お目見え以下の下級武士であった。彼らは四、五十戸まとめて一区画を与えられ、それぞれ小さな家屋を建て暮らした。これが大縄地である。いまでも土地を区切るには縄を張るが、大きく一括して与えたから、その土地を大縄地と呼ぶ。

この土地が大縄地であった状況は、むしろ明治九年の地図を見るとよくわかる。「十一番静寛院宮」の敷地南側、かつての「御先手　与力同心　大縄地」が短冊状の宅地に細かく区分されている（図5-2）。この区分こそが実は大縄地内で下級武士たちが暮らしていた家々の状況であった。この地図には他にも同様の、細分化された土地が散在していることも見てとれる。これらの土地も大縄地である。しかも我善坊町とおなじく谷にあたっている。

大縄地は武蔵野台地の崖地や窪地に多い。与力同心は身分は低いものの、実質的には彼らが働かなければ、幕府の経営は立ち行かない。そこで江戸城に出勤できる、徒歩一時間半ほどの範囲に彼らを住まわせなければならない。しかし陽当たりの良い高台は、まずは大名旗本の知行地とした。このため与力同心といった下級武士は、窪地や崖地、湿気の多い土地に一括して住まわされたのである。

静寛院宮が住んだ土地のすぐ下にあった大縄地は、我善坊谷という谷であり、町名は我善坊町。また北側の土地は、ここも現在では六本木と町名は変わり、アークヒルズなる超高層ビルが建っているが、もともとは麻布谷町。

麻布谷町は落語「井戸の茶碗」の舞台になっている。この噺は谷町に住む正直者の屑屋が、裏長屋に住む年配の浪人から、先祖伝来の仏像を二百文で買うことからはじまる。それを白金の細川家の若侍に三百文で売る。この仏像の台座がはがれて、小判五十両が現れる。この金を巡って、屑屋も浪人も若侍も三人そろって正直で頑固であり、「受け取れ」「受け取らない」でもめる。最後はめでたく終わる人情話だが、この落語は江戸末期、それぞれの人物たちが身分によって尾根と谷のある地形に合わせて住んでいたことをよく伝えている。

細川家の中屋敷は白金台町。市兵衛町と同じく尾根にあたっている。一帯には坂が多い。麻布谷町に住む屑屋は麻布から白金のあいだが商売の範囲だった。浪人の住む裏長屋は、その中間の辺りだったろう。つまり高台には大名旗本が暮らし、谷町には貧しい町人が、その中間に浪人などが暮らしていた。

大縄地に住む与力同心もまた収入は少ない。そこで大縄地の一部は次第に新興の寺や、浪人の儒者や剣術使いに

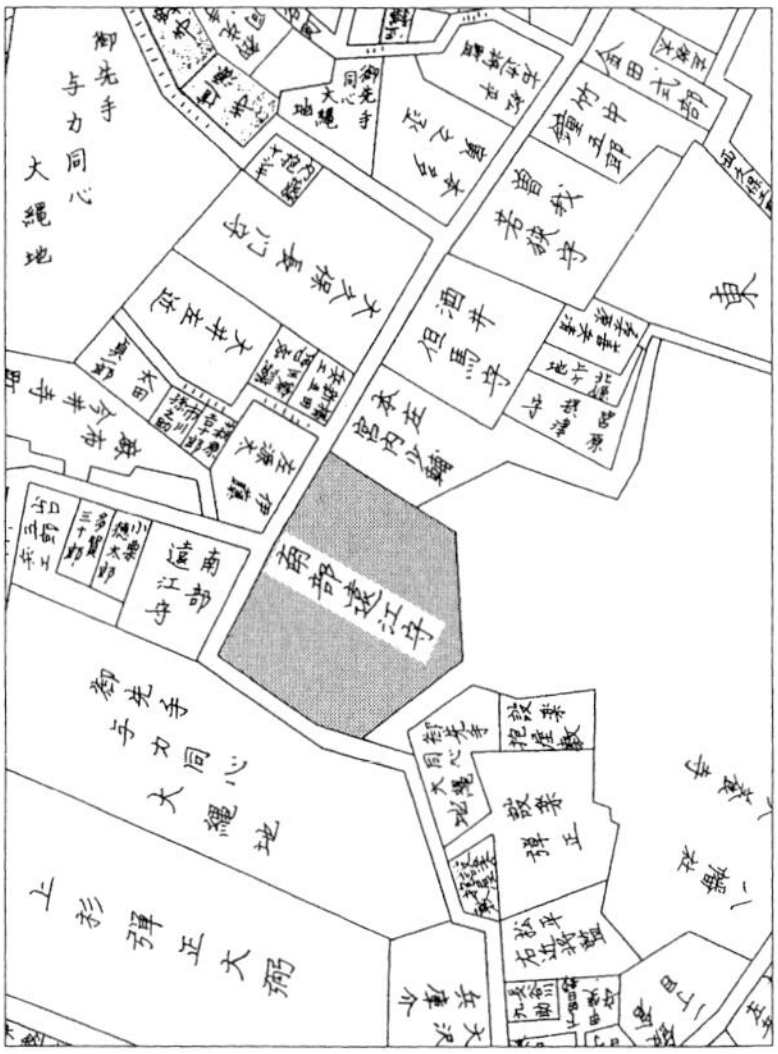

図 5-1　文久 2 年，南部遠江守邸時代（東京都港区立三田図書館（編）『東京都港区近代沿革図集麻布・六本木』1971 年）

図 5-2　明治 9 年，静寛院宮邸時代（図 5-1 に同じ）

貸し出され、下級武士は収入を得たのである。江戸は三百年の間に次第に人口をふやしていったが、しかし町民地、寺社地、武家地は明確に区分され、管理も異なる。鉄道も車もない時代だから、都市域が現在のように拡大し続けることもない。にもかかわらず増大する人口を吸収し得たのは、江戸のなかに大縄地が散在していたためであった。

こうしてみれば、静寛院宮がわずか三年暮らした麻布市兵衛町の地は、もともとは薄倖な土地ではなかった。高台の陽当たりの好い場所だからこそ、皇室賜邸地となったのである。にもかかわらずこの土地が「薄倖の土地」と思えてくるのも、明治以降の政治の変遷が、この土地の所有者の運命を翻弄したからである。ここに『東京の「地霊」』の著者のユニークな眼が光っている。

著者は東京の地形を無視しているわけではない。第二章「『暗殺の土地』が辿った百年の道のり」は、明治一一年に大久保利通が暗殺された千代田区紀尾井町を俎上に載せている。大久保が暗殺され、その脇の中教院の土地、その西半分が大久保の哀悼碑を設置した清水谷公園となるのだが、著者が注目するのは、中教院の残った土地である。この土地は行政裁判所に、司法研修所へと変遷する。しかしここも中曽根康弘内閣の民間活力活用施策によって、昭和六〇年に静寛院宮の土地と同様に民間払い下げ第一号の土地となる。そして著者は次の感慨を記す。

「国有地の払下げは冷静な土地利用分析にもとづく計算のうえで決定されるのであろうが、その第一号の土地が、ふたつながら維新から明治にかけての悲劇の歴史と深く結びついたことは決して偶然ではないように思われるのである。／土地の歴史は、土地の性格、あえて言うならば土地の運の強さ弱さを決めてゆくように思われてくるのである」

見方を変えればしかし、民間の方は儲かるとなれば、「土地の運の強さ弱さ」などは関係なく、買い取って開発する。中曽根内閣が発足したのは一九八二年。翌八三年に民間活力導入という名目で国有地払い下げを行い、以後東京の地価は急騰してゆく。バブル景気である。それに併行して、大規模開発が東京各地で行われる。鈴木はこの事態を目のあたりにして『東京の［地霊］』を書きはじめたのである。

実はバブル期から近年にかけて大規模開発されている東京の土地にはかつての大縄地とその周辺地が多い。大縄地は谷、窪、沼、埋め立て地など水に関係する土地であり、その周辺は傾斜地が多いために以前は宅地として利用されてこなかった。大工の間に伝承された言葉がある。「尾先、谷口、堂の前」。これは尾根の先端、谷の出口、そして祠が祀られているような場所には家を建てるな、という戒めである。尾先は大雨が降れば崖崩れが起きやすく、谷口では鉄砲水が出る。祠のある場所は以前に何らかの災禍が起きた所だから、決して家を建ててはならなかった。し、当然地価は低い。だからといって大縄地だった土地も周辺の傾斜地も、崖地や窪地も人間生活に無価値だったというわけではない。むしろ江戸期から崖崩れや鉄砲水を防ぐために植林されてきた土地であり、東京に残された自然のある場所であった。しかし川を埋め立てたようにコンクリートで土地を底上げすることで大規模開発の場所としたのである。つまり、大規模開発は東京の斜面緑地を著しく消していったのである。その例が『東京の［地霊］』の第四章で扱われた御殿山だと言ってよい。

それればかりか、実際にかつて静寛院宮邸の南側、大縄地であった土地を歩いてみれば、事態はより明確になる。現在は二階屋が建て詰まっている場所だが、「住民の意思を無視した再開発反対」のビラが塀や家の壁に貼られていた。超高層計画が進んでいる。こうした土地もコンクリートで固められ、高層化する。換言すれば大縄地の立体化である。これはむろん一九八〇年代後半のバブルとはまた違った「変身」である。ではバブル期以後に何が起きたのか。

4　超高層ビル乱立の理由

現在、東京のいたるところで超高層ビルが乱立している。この現象の原因は、都が建築のさまざまな容積率緩和をおこなったためであり、その背景には、小泉政権による規制緩和施策がある。具体例で考えてみたい。

郵政民営化によって、郵政公社は六つの組織に分かれた。株を管理運営する日本郵政株式会社、郵便業務と収入印紙を売りさばく郵便事業株式会社などである。この民営化によって、日本郵政は日本各地に膨大な不動産をもつことになった。なぜなら各地の郵便局は、利便性からそれぞれの中心地に置かれてきたためだ。ここで問題化したのは、東京と大阪の建て替え問題である。いずれも都心中の都心にある。しかもいずれも吉田鉄郎設計のオフィスビルの傑作。この昭和初期のモダニズムを代表する建築を日本建築学会などは保存を訴えていたが、日本郵政は外部だけを残し、超高層ビル建設を発表したため、大半の部分は解体されると思われていた。ところが二〇〇七年二月末、鳩山総務相がこの計画に異議を唱えたために東京中央郵便局の建て替え計画は話題を集めることになった。

この問題は、日本郵政が東京中央郵便局を登録有形文化財とするように保存部分を拡大すると計画を変更し、大阪中央郵便局の建て替え計画も先送りにすると発表した。この提案を総務相は了承し、ことは決着した。

しかしことの経緯は、現在全国で進行中の都市開発の問題点をおのずと明らかにすることになった。日本郵政は超高層ビル建設での利益を説明したからである。外壁だけを保存し、超高層ビルを建設すれば、年間賃貸収入は三〇〇億円で毎年一〇〇億円の利益が上がる。現状保存ならば、使わない容積率を空中権として売っても一二〇〇億円。二つの方法を比べると、超高層ビルを造る方が得策だと説明した。

超高層ビルの建設主体はこれまで民間企業で利益説明はなかった。ところが日本郵政はもともと政府出資の企業であり、国税によって支えられていたから、なぜ超高層化をすすめるのか、説明責任があって金額が報告されたのである。この巨額の利益には驚いた人も多かったはずだ。

かくも収益を得るのは、大手町・丸の内・有楽町での建築の容積率を増やしたためである。都は二〇〇四年に、一〇〇〇パーセントだった、この地区の容積率を一三〇〇パーセントに変更し、他にも実にさまざまな容積率を増やす規定をつくった、外壁のみを保存する計画では超高層ビルの容積率は一六三〇パーセント。二〇〇四年以前に比べれば、六割三分増加したわけで、床面積がそれだけ増え、レンタルできる面積もそれだけ増えるわけだから計画を見直しても、局舎の全面保存はせず、超高層化は進める。

ここに超高層ビル乱立の秘密がある。

実は他の超高層ビルも容積率緩和に少なからず恩恵を受けている。各都心に広い土地をもつ一部の企業は、法が変わっただけで、まさに濡れ手で粟をつかむように巨額の賃貸料を得ているわけである。そこに投機ブームが重なった。市場主義は平等が原則だが、これでは利益格差は広がるばかりである。その結果、各地の町並みを作ってきた古い建築はまるでザムザのごとく、虫のごとく、ゴミのごとくに廃棄されてゆく。

さらにいえば、もともと東京には水に関係する地名、町名が多かった。江戸は江戸湊から発展した都市だったからである。洲、島、潮、谷、池、窪、沢、砂、岸、川、原など。あらゆる都市が海と川によって発達したように江戸もまた海を控え、数本の川のもとに拡大し続けてきたのである。地名や町名が水にまつわるのは必然で、関東大震災のとき、これらの地名の土地の揺れが大きく、被害が大きかったのも必然であった。この土地の記憶を町名地名改正で次々と消し去り、中央、丘、岡、台、平などの、あたかも陽当たりの好い、古くから開発されたかのような地名に「変身」させたのである。最近では超高層ビルやマンションを建設し、景観を変え、「〇〇ヒルズ」などの呼称で変身させている。

こうして東京の近代、いや戦後六十余年を顧みると、東京は「変身」を繰り返し、その果てにゲニウス・ロキさえも「変身」せざるを得ない地平に至っている。繰り返すが、『東京の［地霊］』の著者が見据えたのもこの事態だった。東京の各土地がそれぞれもっていた特性さえ大規模開発の結果、「単なる土地の物理的な形状に由来する可能性だけではなく、その土地のもつ文化的・歴史的・社会的な背景と性格を読み解く要素」も切れ切れになってしまったからである。

にもかかわらず、しかし私たちはそれぞれの土地の地霊をいまこそ見つめるべきだ。

5　ドゥエンデが拓く世界

かつてスペイン内乱時に三八歳の若さで虐殺された詩人ガルシア・ロルカは、スペインのアンダルシア地方に伝わる、ドゥエンデという土地の精霊について倦むことなく語った。

「ドゥエンデとは力であり、小手先の細工ではありません。また闘うことであり、思考をめぐらすことではありません」（堀内研二（訳）「ドゥエンデの理論とからくり」『フェデリコ・ガルシーア・ロルカ2』牧神社出版、一九七四年所収）。

ロルカの語るドゥエンデは「みんなが感じているが、いかなる哲学者といえども説明できない神秘的な力」である。ドゥエンデとはもともとドゥエーノ・デ・カーサを縮めて発音した言葉であり、原義は〈家の主〉である。いわば家の精霊なのだが、ロルカはドゥエンデを広く捉え直す。

「スペインにおいて、刃物、荷車の車輪、ナイフ、羊飼いの棘のようなあご髭、禿頭の月、蠅、湿気の漂う壁龕、がらくたもの、レースに身をくるんだ聖者の像、石炭、傷つけるような軒の線、望楼などには、死を感じさせる何ものかがあります。それは、私たち自身のあの世行きの思い出を硬直した風に乗せてくる精霊にのみ知覚できる暗示や声であります」。ドゥエンデは死の気配のなかに現れる。「死神の気配を感じなかったり、死神の家の中を歩き回れる見通しがつかなかったり、また、私たち誰もが持っている現在も将来も慰めを受けることがないであろう枝々を揺り動かせるという確信の得られない限りはあらわれません」。それゆえに創作家はものをつくりあげるとき、ドゥエンデと「壮絶な一騎打ち」をしなければならない。ドゥエンデはものの死、人間の死と共に現れ、その一瞬にものを、人を輝かす。だからロルカによれば、音楽であれ、美術であれ、演劇や舞踏であれ、あらゆる芸術にドゥエンデは宿るのである。

「あらゆる国において、死は終わりを意味します。死が訪れ、幕が下ります。スペインは違います。スペインでは幕が開くのです。多くの人たちは、死ぬ日がやってきて自分たちを白日の下に取り出してくれるまで壁の中で生活します。スペインでは、死者は世界中のいかなる場所よりも、死者として生き生きしています。それは床屋のカミソリのごとく横顔を傷つけます。」

ロルカの語るドゥエンデは人間に恩恵をもたらす精霊ではない。ものの死、人間の死を契機にして、ものと人間のいのちをあらためて新鮮に見つめ直させる精霊だ。ではドゥエンデはスペインだけの精霊だろうか。もう一度、ロルカの言葉を繰り返す。「ドゥエンデとは力であり、小手先の細工でありません。また闘うことであり、思考をめぐらすことではありません」。正岡子規にしても、田中正造にしても、南方熊楠にしても、逸見猶吉にしても、それぞれ土地の危機、土地に死の気配を感じたからこそ、川の神や森の神を語り、時代の放恣な流れと闘ったのではなかったか。そして『東京の［地霊］』の作者も。

私たちは東京のみならず日本各地で無定見な大規模開発が進むいまこそ、ドゥエンデを感じとらなければならない。

第5回　物語

物語と建築

鈴木博之

ゴシック・ロマンス

建築を主題にした小説には、怪奇に満ちた館が舞台になるものが比較的多いように思う。歴史的に見るなら、一九世紀英国のホレス・ウォルポールが著した『オトラント城奇譚』、彼にやや遅れる時期のウィリアム・ベックフォードの『ヴァセック』などが思い浮かぶし、エドガー・アラン・ポーの『アッシャー家の崩壊』もその系譜に連なるといえるであろう。

一般にこうした小説をゴシック・ロマンスと呼ぶ。時を隔てたある種異次元に通ずるような館がひとつの舞台を提供し、そこに怪異譚が繰り広げられる。わが国の小説では、小川未明の『薔薇と巫女』が印象に残っている。この小説のなかにおいても荒れ果てた館が登場するのだが、同時に赤い花の色彩などが効果的にふしぎな世界を形成していた記憶がある。

建築は空間の芸術であるといわれるけれど、じつはひとを取り込み、ひとをそのなかで動かし、ひとを奮い立たせたり狂わせたりもする装置であり、そこは濃密な時間が流れる場であるのではないか。そうであるからこそ、建築は時間の芸術だともいえるように思うのである。ゴシック・ロマンスとは、そうした建築のもつ時間性を小説のかたちで結晶させたものなのだ。

物語のなかにはうねうねと下ってゆく時間も流れているし、茫漠たる光景も広がっている。すなわち物語のなかには、時間と空間をともに見出すことができるのだ。わたくしが大好きな詩である入沢康夫の「帰還」のなかには、黄泉の国から現代都市の大空にまでいたる膨大な空間と、永遠とも思われる時間が封じ込められている。

建築もまた、そうした空間と時間を封じ込めた存在なのだ。建築はなまじ具体的な構造体を形成しているから、そこに込められた空間や時間は計測可能なものだけだと考えられがちである。すなわち、部屋の寸法であるとか、廊下の長さや敷地の広さがもたらす、必要な移動時間などである。しかし建築が封じ込めている時間や空間は、そうした計測可能なものばかりとは限らない。そこに、建築がもつ物語性が浮かび上がる。

建築はしばしば竣工したときからすぐに、多くの逸話や伝説に包まれていたものなのである。建築には物語がつきものだった。巨大な建築であれ、ささやかな建築であれ、建物には何かしら物語が宿るものだった。それは屋敷を普請した先代の当主の放蕩物語であったり、ある商店を隆盛に導いた、艱難辛苦の主人公の立身出世譚だったりする。建物には大きな物語も宿れば、小さな物語も宿る。トーマス・マンの小説『ブッテンブローク家』は、その意味ではある一族の物語であると同時に、建築の物語としても読めるものなのだ。このことは、マンに触発された北杜夫の小説『楡家のひとびと』についても、同様に当てはまる。

時間を捨象する建築

建築が物語性を身にまとうということは、建築が時間性をもつということであった。しかしながらある時期、建築は時間性を捨象するようになった。

建築が普遍性を主張するようになった時期、建築は時間を超越する存在を夢見たようなのである。近代建築運動の策源地のひとつといわれるドイツのバウハウスでの教育は、デザインを素材の研究からはじめ、構成法、加工法などに進んで、最終的に建築の設計にいたるカリキュラムをもっていた。分析を進めることによって、いわば「無から有を生じる」方法論が提起されたのである。こうした方法には、歴史的時間の観念がない。超時間的に、分析によって結論にいたるという考え方である。

それまでの建築教育、すなわち一九世紀における建築修業は、過去の作品を研究し、それを真似ることによって技術を習得してゆくものだった。建築家をこころざす若者は、すでに確立した事務所を構える建築家のもとに授業料を払って入門し、建物の実測の手伝いなどから建築を学びはじめ、徐々に手伝いの範囲を広げていって、やがて設計のほんの一部を任されるようになり、その範囲を広げながら建築の全体像を摑んでいったといわれる。

休日や仕事の合間には、近所の名建築を訪ねてスケッチや実測などして、名作の秘密を学ぶことも大切な修業だった。そのようなスケッチや実測図は、それ自体が作品ともなり得るものだった。スケッチ集を出版することによって建築家としての才能をアピールし、作家として自己を確立してゆく建築家も少なからず存在した。

しかしながらバウハウスに代表されるモダニズムの建築教育は、経験主義的な修業を否定する。合理主義的に、機能主義的に、分析と統合によって建築という総合芸術を実現しようとするのがモダニズムだった。バウハウスのカリキュラムが、デザインを素材の研究からはじめ、構成法、加工法などに進んで、最終的に建築の設計にいたるものだと述べたが、その裏に存在するこのカリキュラムの特徴のひとつは、そこに歴史教育がないということだ。

経験主義的建築修業は、過去の作品に学ぶ、つまりは歴史を学ぶことから成立していた。モダニズムはそれを否定する。無から有を生じさせることは可能だと考えるのがモダニズムである。合理的分析の積み重ねは、必ずや解に到達すると考えるのである。少なくとも、バウハウスの初代校長となったヴァルター・グロピウスはそう考えた。

グロピウスはやがて、ナチスドイツの台頭する時期になってアメリカに渡り、一九三八年、ハーヴァード大学の建築学部の教授となる。ここで彼は一九五二年まで教鞭をとり、アメリカにモダニズム建築の教育を根づかせてゆくことになる。彼が行ったことのひとつは、ヨーロッパから建築史家のジークフリート・ギーディオンを招いての特別講義である。ハーヴァード大学にはいくつもの特別講義の枠があるが、そのなかでも有名なものがチャールズ・エリオット・ノートン記念講義というものである。これは初代の美術史教授を記念して、彼の名を冠した特別講義である。ギーディオンはこの講義を担当してモダニズム建築の流れを説いた。

講義内容は一九四一年に『空間・時間・建築』というタイトルで出版された。この著作は現在にいたるまで名著の誉れ高く、近代建築の古典的教科書でありつづけている。

ギーディオンの建築観は、この著作のタイトルにもっともはっきりと現れているといってよかろう。すなわち、建築は空間と時間の芸術だというのである。ここでいう空間とは「スペース」であり、時間とは「タイム」である。空間も時間も普遍的ファクターとして措定されている。空間はニュートラルに果てしなく広がってゆくものであり、時間は歴史性を帯びた時の流れではなく、常に均質に流れる時間なのである。建築はそうした普遍的ファクターのなかで成立する存在なのだ。

建築は特定の場所に縛られぬところに普遍性を獲得し、特定の時代に縛られなくなるとき普遍性を獲得すると考えられた。時代や場所に縛られることなく、それを超越して成立するからこそ普遍性なのである。

モダニズムの建築は特定の場所を越えて成立することを目指して、「国際建築」を標榜した。また、特定の時代に縛られた歴史様式のリヴァイヴァルを否定して、「機械の美学」という言葉や「機能主義」という言葉が用いられた。「国際建築」「機械の美学」「機能主義」には、物語性はない。それらは物語の対極に位置している。モダニズムの建築はそうしたあり方によって普遍性を身にまとおうとしたのだった。

ハーヴァードでグロピウスが行ったもうひとつのこととして伝えられているのは、彼が建築教育から歴史を消去したという話である。彼は建築学科の図書室から、建築史の著作や歴史的建築についての著作を取り除いてしまったという。その結果、アメリカでもっとも充実しているのはハーヴァード大学ではなく、ニューヨークのコロンビア大学の建築図書室になった、という。この話の真偽のほどははっきりしないし、現在のハーヴァード大学の建築図書室が決して見劣りがするとも思わないが、こういうエピソードが生まれる素地は、モダニズムの美学のなかに存在している。

物語性の復活

建築が機能主義一辺倒から転換しはじめた一九七〇年代後半以降、建築にストーリー性を持ち込む動きが現れる。ポストモダニズムといわれる時代のことである。

装飾的要素が復権し、歴史的モチーフがふたたび用いられる時代が到来した。それが建築におけるポストモダニズム時代である。一九七〇年代後半の世界で、機能的建築表現の限界が感じられるようになり、歴史的モチーフの再利用や、ストーリー性のある造型が試みられるようになった。代表的建築家としては、アメリカ西海岸出身のチャールズ・ムーアを挙げることができよう。彼は西海岸にシーランチという集合住居を設計して名を知られるようになり、東海岸の名門イェール大学建築学部の主任を務めるなど、ひとつの時代を築いた。ムーアの代表作のひとつは、ニューオーリンズに設けられたイタリア広場である。

アメリカ南部のこの都市はフレンチ・クォーターで知られるように、フランス植民地時代の名残をとどめる多様性に富んだ都市である。イタリア広場はイタリア人地区に設けられた広場で、長靴の形をしたイタリアをかたどった池を設け、イタリアゆかりの古典主義建築のモチーフをポップな感覚で用いたりして話題となった。古典主義の浮き彫り装飾にムーアは自分の顔を用いたりした。悪ふざけとも思えるほどのデザインである。

ポストモダニズムとは、機能主義が終焉した時期の駄洒落の時代だったといえるかもしれない。しかしながらポストモダニズムは短命に終わる。わが国ではバブル経済の終焉とともに消えていった現象だと思われている。その理由は多岐に亘るであろうが、ポストモダニズムの表現が、瞬間芸のようなもので、あまりにも持続性を欠いていたことが大きな原因であろう。イタリア広場のような手法は、はじめて見るときには話題となるが、二度目、三度目となると急速に新鮮さを失い、インパクトを減ずる。

近代以後の建築が、物語性を得ることには明らかに限界がありそうである。

時を宿した館の数々

歴史的存在となっている近代以前の建築には、二重の意味で時間が宿っている。ひとつには、その建物には近代建築以前の時間的要素が宿っているからである。近代建築以前の歴史的様式には、歴史の流れのなかで形成された様式感覚という文化的蓄積と、その解釈が含まれている。ふたつめには、歴史的存在となった建築は、その建物が建てられてから現在にいたるまでの時間の流れが、建物のうえに降り積もる雪のように蓄積している。

図　旧朝倉邸

歴史的な建築には、近代建築以後の建物は獲得し難い時間性が宿っているのであり、物語性も宿るのである。ここ数年の間に、東京都内の幾つかの歴史的建物に接することができて、現代における建築の物語性を読むことができた。それらを眺めて見よう。

そのひとつは、現在は聖心女子大学のキャンパスとなっている広尾の旧久邇宮邸の建物である。久邇宮時代の建物が大学キャンパスのなかに残されて、いまも学生たちによって使われていることは、土地の歴史と建物の歴史が用途を超えて生き続けている例として貴重である。わたくしはこの建物の設計をした森山松之助という建築家を調べる過程でここに行き当たったのだった。

他の例として、国の重要文化財となった旧朝倉邸（図）という館がある。これは代官山ヒルサイドテラスを開発した朝倉家の旧本邸であり、国有財産となっていたものが、区の管理に移されて公開され活用されるにいたったものである。この建物は豪壮な館の風情を漂わす。こうした館が存続し、地域に開かれるよう、多くのかたがたが努力され、良い結果を生んだ事例である。

しかし、すべての建物が落ち着いたすがたで未来への道を歩んでいるとは限らない。明治期の和風御殿で、全体を銅版で覆われたすがたから銅（あかがね）御殿と呼ばれている建物がある。この建物は国の重要文化財に指定されているのだが、いま、そのすぐ脇に高層マンションが建てられようとしており、大きな問題になっている。また、旧馬場邸という和風御殿も、将来がやや不安である。この建物は国の公邸として使われているのだが、国有財産の用地を整備する機運のなかで改変を加えられそうである。

こうした魅力的な館の数々は、いまや急速にその数を減じているだけに、いまも残されている館だけでも、なんとか後世に伝えたいものである。こうした館がひっそりと佇む都市であれば、日本的ゴシック・ロマンスの伝統もどこかに伝えられるかもしれない。けれども都市のなかからは、物語性や謎めいた秘密などはどんどん消えうせてゆきつつある。ゴシック・ロマンスの舞台となるような、廃れ崩れたような館など、いまの都会には存在する余地はなく、あっという間に取り壊されて、跡地は二四時間駐車場になるのが落ちである。

機能主義だけが物語性を滅ぼすのではなく、経済優先主義もまた、都市から物語性を奪う。

第6回　記憶
建築保存の意義

藤森照信

1　保存運動の初期

筆者が最初に保存の問題に気づいたのは、一九七〇年前後だった。建築学会のシンポジウムの待ち時間に、当時は神戸市役所にいた坂本勝比古が、旧山邑家住宅（図6-1）について語っていた。フランク・ロイド・ライトの建築らしい、と。その後、いろいろ資料が出てきて、ライトが設計して、遠藤新が現場を見たということがわかるが、まだはっきりしない頃だった。その山邑家が取り壊しの危機にある、と坂本が、村松貞次郎、稲垣栄三、伊藤延男らに話していたのを大学院生だった筆者は横で聞いていた。そして、建築学会が要望書を出した（一九七四年、重要文化財指定）。当時、要望書を出すのは手続きが煩雑で、大変なことであった。それが、保存を意識した最初である。

それまでなぜ保存が、運動としても言説としてもなかったかというと、帝国ホテルライト館（図6-2）の保存運動の敗北により、本来ならば声を上げるべき福田晴虔や横山正らが一番の傷を負っていたからと推察している。

図6-1　旧山邑家住宅（国指定重要文化財，ヨドコウ迎賓館，フランク・ロイド・ライト設計）

図6-2　帝国ホテルライト館（ライト設計，新建築社写真部撮影）

図6-3　最高裁判所旧庁舎（エンデ－ベックマン設計，『司法の窓』第50号）

帝国ホテル問題の後、彼らはじっと沈黙し続けた。その点、坂本は打たれ強く、孤軍奮闘し、山邑家が学会で取り上げられるに至った。

その次が、鈴木博之の論文だった。毎日新聞の懸賞論文で一等に入ったもので、保存について、未来のためには過去が不可欠なのだ、ということを論じた初の論文である。その後、鈴木は『都市住宅』誌で保存の特集を組む。唐突な特集だった。誰も保存論や保存に関心がないわけだから、日本に事例などありはしない。そこで、鈴木はイギリスの事例を多く紹介しながら特集を組んだわけである。これは建築ジャーナリズムで、保存が特集として、論文として、取り上げられた初の例である。この特集は、「保存というものは実践するものであって論ずるものではない」と思っていた筆者の目には、奇妙なものに映った。

次に思い出すのは、最高裁判所旧庁舎（図6-3）である。ヘルマン・エンデとヴィルヘルム・ベックマン設計の建築物で、空襲にあったが、赤煉瓦の外壁は残っており、朝日新聞の記者から「君たちは保存の声は上げないのか」と言われたが、上げなかった。後に法務省の営繕関係者から聞いたところによれば、もし、建築史研究者が声を上げれば、それを大きく報道して残す予定だったという。結局そのとき声が上がらなかったので、同じくエンデ－ベックマン設計の旧司法省（法務省）本館を残することになった。三権の一つである最高裁判所の玄関ホールのインテリアは、妻木頼黄が日光東照宮を模範に造っていた。筆者はそれを図面では知っていたが、まさか実現はしていないと思っていた。しかし、後で写真を見たら、間違いなく実現していたのだ。建築学会には、その日光東照宮風の矩計の図面が残っている。もしあれを復元できていたら……と、そこで初めて負い目のようなものを感じたものだ。その後、東京銀行（旧横浜正金銀行東京支店、長野宇平治設計）の問題が生じた。

東京銀行の取り壊しの計画が持ち上がり、村松が内部の人から何とかしてほしいと乞われたのである。そこで、筆者が鈴木に声をかけて、堀勇良、長谷川堯、藤岡洋保、河東義之、前野まさるらが集まって、鈴木と筆者と堀の三人で記者クラブへ行って、保存の要望書を渡した。筆者と鈴木は東京銀行の前でビラを撒いたりもした。その前後、旧東京音楽学校（東京藝術大学音楽学部）奏楽堂（山口半六・久留正道設計）の問題があって、これは東京藝術大学の前野を中心に活動した。もう一つ、東京藝術大学の林忠恕設計の教育博物館書庫（都内最古の煉瓦建築）の問題もあった。前野を中心に、関野克を巻き込んで、上野全体の保存問題を考える会の活動もあった。そのあたりが、筆者の記憶する保存運動の初期である。そうした動きの中で、じわじわと鈴木の論文の重要さがわかってきた。鈴木は運動の支柱ではなかったが、理論の支柱だった。

2　伊東忠太の見逃した木造建築の価値

建築保存自体はもちろん明治時代半ば、伊東忠太や関野貞から始まるわけだが、なぜか保存論はない。保存論を初めて書いたのが鈴木博之なのである。伊東が法隆寺を発見したところから建築史と保存は始まるが、だいぶ間をおいて鈴木の論文が日本の保存論のスタートになるわけである。

論というものは、基本的には寝ているものだ。世間の一般的な考えや学会の一般的な考え、そういうものが重力としてあり、その重力に従って眠っているわけである。明治時代半ばに建築家たちが保存を始めたときには、もう保存は当たり前だった。これは美術史家たちの功績であるが、アーネスト・フェノロサ、岡倉天心たちが保存の動きをすでに始めていた。建築史は後からついていくが、そのときはもう保存論は必要なかった。伊東以前に美術史家たちは法隆寺の仏像の価値を発見し、保存に取りかかっている。改めて語る必要のないことを、人は語りようがないのだ。それが、重力の中で石のように寝ている状態である。

論を立てる、立論というのは、寝ている石を重力に逆らって立てることであり、何らかの一般的に考えられている状況や思想、目的に対する不満があって初めて、わざわざ論を立てる必要が生まれる。論は一つだけでは立たず（そこが石とは違うのだが）、対立する状況や敵の存在が欠かせない。世間の無知が敵になる場合もあるし、すでに出された論が敵になる場合もあるが、二つないと論は成立しない。三つ立ってくると混乱し、五つ六つ立ってくるとただの現実になる。世間の無知を相手に一つ立てる、創造者とはそういうものだ。鈴木の保存論は創造であった。新しすぎて、筆者には奇妙に映ったほどである。

鈴木以前に、なぜ保存の論が立っていなかったのか。最初の責任は伊東にある。法隆寺を発見し、保存したのだ。でも、なぜ彼は保存を論として立てられなかったのか。その問題をフェノロサや天心の先行性とは別の面から考えてみたい。

伊東は法隆寺の建築を発見し、伊東によって法隆寺建築は、当時の人々の頭の中に、あるいは言葉の中に初めて誕生するわけである。伊東はこの時、法隆寺はパルテノンの血縁である、法隆寺の胴張りはパルテノンのエンタシスからきた、と主張する。伊東はあるねらいを持っていたはずだ。

それまで日本、さらにアジアの木造建築、あるいは非ヨーロッパ圏の建築は、根本的にヨーロッパより劣ったものであると思われていた。例えば、ジョサイア・コンドルが工部大学校の第一回生たちに、日本住宅の将来はどうなるかという卒業論文を書かせたところ、辰野金吾ほか学生たちはみな、「木造は終わる」ことを前提に論じた。木造は煉瓦や石造よりも根本的に劣っているというのが、当時の一般的な見方であった。この見方は、驚くことに第二次大戦のあとまで続く。敗戦のすぐ後の建築学会では、「木造廃止」を決議したことが記録されている。幸いなことに学会の決議は強制力がなかったので、木造は生きのびたが、廃止の一番の理由は、やはり火事と地震である。木造の欠陥を、明治の人たちは強く感じていた。

伊東は、エンタシスを理由に法隆寺とパルテノンは血縁だとの仮説を立てた。それを実証すべく、三年間かけて日本からギリシャまで歩く。ロバに乗って。それも一人で。途中で大谷探検隊に遭遇し、大谷光瑞が見込んで伊東をバックアップするようになる。しかし、結局、法隆寺とパルテノンのエンタシスをつなぐ証拠は見つからなかった。普通なら絶望的である。

そのあと、法隆寺論争が起きる。関野は伊東より一歳下の建築史家だが、その関野が、日本史学の喜田貞吉や文献史学の研究者たちと闘う。文献を証拠に法隆寺は一度焼けていると言われると、関野はスタイルや基準寸法からして焼けてないと言って、議論をするわけである。その最中に新聞記者が伊東に「法隆寺再建非再建についてどう思うか」と聞く。伊東は当時の日本建築史の最高権威で、法隆寺の発見者だからのインタビューである。伊東は「どちらでもいい」と答えた。あきれるような人なのだ。

伊東は、この三年間の大旅行で大事な発見をする。全ての石造建築は、インドでも、中国でも、それからアフガニスタンでも、もちろんギリシャでも、起源は木造だった、と。木造建築は、文明が発達すると次第に石造に変わる。これは正しかろう。当時、アジアの建築の研究については、ジェイムズ・ファーガソンがインドまで行っており、中国は伝聞程度であった。それを伊東が三年もかけて反対側からずっと歩いて行って、木造は文明の進化とともに石造に変わることを発見する。

ここから建築進化論を唱え、木造を石造に進化させようとするわけである。木造を石造に進化させる実験を、大谷をパトロンに旧真宗信徒生命保険会社（西本願寺伝道院、図6-4）の設計で行う。当時インドで、インドデザインとヴィクトリアンを混ぜるようなことをコンドルの師のロジャー・スミスが試みているのだが、それと同様のことを和風を混ぜて行う。煉瓦造りの建物の中で、木造のディテールを、屋根を中心にいっぱい試みる。

木造を石造に進化させる、この理論に従って伊東は創作をするわけだが、この時点で別の論が生まれる可能性があった、と筆者は思っている。進化論を出さないで、木造と石造を全く別のものだと考え、木造建築は石造建築とは全く別の価値を持つ、という主張がありえたのではないだろうか。

伊東がもし設計をしない人だったらどうだろう。建築進化論という創作のための論を立てなかった可能性がある。優れた理論家だったから、木造は石造に進化したりせず、それ自身で十分石造と張り合う価値があるのだ、という論を立てたに違いない。しかし、伊東はそうはせず、木造を石造へと進化させるべく創作に行ってしまった。

伊東が法隆寺建築論を書いた一八九三（明治二六）年の六年後、武田五一が茶室論を書いた。結局、武田は茶室などの仕事を自分ではせずに、藤井厚二を京都大学に呼んでやらせることになる。藤井の設計のもとは武田の一八九九年の茶室論である。武田は茶室論を書いた後、イギリスに留学する。そこで、当時のロンドンが、辰野金吾先生みたいなものばかり建てていて、がっかりする。葉書が筆者の研究室にあるが、とにかく退屈でしょうがないと書き送っている。そんな時、武田はマッキントッシュを見て心が晴れる。自分の茶室への着眼と同じような傾向の人がイギリスにいると。それで武田はアール・ヌーヴォーの日本への紹介者になる。武田の茶室論が一八九九年。日本の木造建築が世界のモダンデザインの進展に不可欠な働きをするのは、一九〇〇年代。ライトやマッキントッシュ、ブルーノ・タウト、ミース・ファン・デル・ローエも、みな日本の木造建築の刺激を受けた。日本建築の美的な特性は、木造という条件から生まれるのである。

建築進化論から茶室論まで六年。世界的に日本建築がライトなどを通して注目されるまでわずか数年。

図6-4　旧真宗信徒生命保険会社（東京生命保険相互会社（編）『東京生命百年史』東京生命保険，1995年）

伊東が当時の世界の先端と同じ意識を持っていたら、石造なんて遅れたものと言ったはずである。日本の木造こそが未来への扉であるということを、武田と組んで、アール・ヌーヴォーなどをにらみながら論ずることができたはずである。それを聞いて、ライトらが「おおそうか」ということもあっただろう。ここで伊東は一つ大事な論が生まれるチャンスを見逃したわけである。

世界最古とかいずれ石造に進化するとかではなく、木造には石造と違うすばらしい価値があるから日本の伝統は大切なのだ、という保存論が生まれる可能性があった。しかし、現実には生まれなかった。伊東が生まなかったのは仕方ないとしても、感覚的にはわかっていた武田や藤井もそういう理論を生まなかったのは残念でならない。

3　モダニズムの建築家が排除した〝生活〟

伊東以降の建築保存をリードしたのは、藤島亥治郎である。藤島は、保存論を生む可能性を二つ持っていた。藤島は、日本で初めて民家の保存を手がける。大阪府の吉村家住宅である。藤島が保存の最高責任者だった伊東忠太に訴えて、それまでずっと国家的な大建築を文化財にしてきた中で、初めて民家に着目して、国の文化財にする。もちろん民家の価値は、今和次郎が大正期に、柳田国男の下で最初に発見したものである。

藤島はここで、庶民のものの価値は法隆寺と対等だ、という論を立てる可能性があった。柳田や柳宗悦だったらそうしただろう。あるいは、今なら、どう保存するかというときに、生活用具から何から現状をすべて残せ、と言っただろう。今は形はもちろん、中の生活の道具や家具や、そもそも人が暮らしているということに関心の強い人だった。

民家の保存の理想は、政府がくじ引きなどで決めた家を居抜きのまま窒素ガスを封入し、百年後に研究者が行って、その封を解くことだ。そうすると、百年前がそのまま残っているわけである。

藤島は、そうした生活や暮らしを重視した保存論を立てようと思えば立てられた時期の人で、保存論としては画期的な論が成立しえたわけだが、そうはならなかった。もう一つは、町並みである。藤島は、ずっと中山道の宿を調べており、学生だった堀内清治、磯崎新を使って町並み調査をした。民家や町並みという太田博太郎がはじめる研究や保存は、藤島が先駆的にやっていたわけだが、しかし保存の論はなかった。

明治の建築家たちは無言の前提として、欧米列強と並びたいと思っていた。それが明治の精神である。明治政府は、欧米列強と並ぶための精神的・文化的なバックボーンを求めていたため、法隆寺ほか国家的伝統建築を保存していく。非国家的な民家や町並みはほとんど問題にならなかった。

しかし戦後、状況が変わる。どう変わったかというと、平和で民主的な社会を作るために歴史的な遺産が必要である、と文化財保護法に記されている。戦前の「国家のため」から、戦後は「市民のため」に。

ここで初めて文化財という言葉が現れる。これは文化財保護法を起草した関野克が作った言葉である。明治以来の政府の概念と違う言葉を作りたかったようだ。「財」という字は、戦後、経済学で使われていた。つまり、工場が何か作るときの基本的な物資をさす。経済学用語としては、戦後の復興の中で生産財とか消費財という言葉はどんどん出ていて、新しい感覚だった。それを使って、文化財ということにした、と関野克は筆者に語った。それまでの、法隆寺とかはお宝のようなものに見えていたが、それをもっと即物的にしたかったのである。

具体的な政策としては、大日本帝国のために文化財にされていたものの解除という、戦犯の追放が行われた。戦前は国の文化財だった神社のいくつかが、戦後は市の文化財に格下げされた。水増しした価値で指定されていた神社が追放されて、その一方、民家を文化財にすることが文化政策として行われた。実際には、太田が研究を指導し、関野が政策を立てた。太田、関野は研究的には民俗学的な調査、ものでいうと民具、家具、そういうものを捨てた。生活面の保存の可能性は藤島の段階でも注目されなかったし、関野、太田の段階でも捨てられてしまうのである。そこで、民家の保存は周知のように、建築だけで行われ、生活面では行われない。もちろん具体的方法など難しい面はいろいろあるが、それを論ずればよかったわけで、太田、関野も一つ保存論を立てるチャンスがあった。しかし、伊東と同じように、関野、太田も論を立てなかった。

今和次郎は、建築家として育てられていない。芸大の図案科を出ていて、卒業設計も設計ではなく図案で取っている。今は、使う人の立場で建築を見ていたのだろう。そこで、民家の生活道具や肥溜めを、考現学的に書き留めていった。一方、民家や町並みに注目した藤島・関野・太田の三人は、おそらく作る人の立場で、つまり建築家の眼で民家の魅力を見たにちがいない。彼らは、建築家として教育されている。特に関野はずっと設計が好きで、日本工作文化連盟（バウハウスを理想に、堀口捨己を会長に、前川國男らが入り、一番下が丹下健三だった）の創立会員である。作る人の立場から見ると、生活は邪魔なのだ。建築家がせっかく作ったものが生活の過程でぐちゃぐちゃになっていく、というふうに見えてしまう。そういう建築家の立場はいまでも変わらない。

加えて、民家の重要文化財の第一号が吉村家だったのを思い出してほしい。あれは、モダニズム的建築である。壁面の柱と梁の美しい分割はまるでデ・スティルのようだ。彼らがモダニズムの眼で見ていたことについてはいくつも証拠がある。例えば、登呂遺跡。先ほど、戦後の文化財は市民のためのものであるということを関野が文化財保護法で方向づけたと述べたが、登呂遺跡も関野が復元し、市民が国の中心になるんだという路線の実例として使われた。登呂の復元住居は、驚くべきことに、ほとんどの歴史の教科書に載った。復元住居の茅葺きの接地面は、やや切れ上がって刈り込まれている。これはうそである。鉄は大変貴重な特権的材料だった。民家の茅のために鉄のハサミを使ったわけがない。接地面はそのままでよいのだ。刈り込みは、関野が登呂で第一号で、次に堀口捨己が尖石遺跡の復元住居で行う。これは、モダニズムの美学に従っている。おまけにアムステルダム派である。彼らは、民家の中にモダニズムを見る。復元といい文化財指定といい、モダニズムの眼でやっていく。モダニズムは本当は生活が嫌いなのだ。モダニズムは口紅から機関車まですべてをデザインしたがるが、別の視点からいうと、あとで入ってくる使用者が置くものは許さぬということだ。

結局、伊東忠太は保存論ではなくて創作論にずれてしまい、関野たちはモダニズムの眼で見て、生活を排除して保存をやってきた。彼らはみな論を立てるチャンスはあったにもかかわらず、結局立てなかった。作る人の感性と論理で見ていたというのが一番の理由ではないかと思っている。

4　近代建築の保存

では、鈴木博之はなぜ、論を立てることができたのかについて考えてみたい。いまはもうモダニズム建築も問題になり始めているが、少し前まで問題になっていたのは近代の建築、具体的には西洋館であった。これは、難しい問題をいくつもはらんでいた。

一つは、近過去の遺産であるという問題。歴史としてはあまりに新しい。明治の西洋館で最初に文化財指定されたのは、日本銀行である。関野克は歴史家だったので、古い順に指定しようと思っていたそうだ。すると、最初に出てくるのが擬洋風建築である。関野は立石清重設計の旧開智学校（図6-5）を保存したかった。当時の文化財指定の最高責任者は内田祥三で、現物を見ないと絶対に判を押さない。内田に「開智学校を保存したい」と言ったら、「辰野先生より先に大工のものを重要文化財にするとは何事だ」と真顔で言われたそうである。そこで、仕方なく日本銀行を先にして、次に開智学校にしようとした。しかし、内田がなかなか見に行ってくれず、やむなく、松本城の竣工検査の帰り道に車を開智学校に回した。それ以降、擬洋風建築が文明開化の遺物として大事にされるようになる。

もう一つの問題は、大過去の中の近過去をどうするか、また都市の中枢部に歴史的建造物がある場合にどうするか。例えば、京都の中京郵便局は、三橋四郎が作った辰野金吾崩しの赤レンガの

図6-5　旧開智学校（旧開智学校蔵）

建物だが、明らかに京都の伝統的町並みを崩している。これをどうするかという悩ましい問題が出てくる。当然のことながら、保存は大過去のほうが大事である。古くなればなるほど大事になる。さらに加えて、こうした歴史的な建造物が、都市の中枢部にある場合、経済的理由で、建て替えようという圧力が強い。帝国ホテルや東京銀行も同じである。

こうした問題を考え始めて、初めて鈴木の論文の重要さが、はたとわかった。先述したが、未来のために過去が必要だということを鈴木は言ったわけである。過去と未来ということは、現在の問題なのだ。帝国ホテルも東京銀行も。確かに大過去のなかの近過去という点では矛盾があった。しかし、もっと先の時代から考えれば、大過去と近過去は実は両方あってもいいという論理が出てくる。むしろ、両方あった上でどうするかを考えるべきだと。都市の中枢をどんどん新しくしていくというのは社会の強い動向である。鈴木はそれに対して、本当に新しい都市環境をつくるためには、新しい中に古いものが置かれていることが絶対に必要なのだ、都市というものはもともとそういうものなのだ、と述べた。いまは当たり前の考え方だが、鈴木が初めて主張したことである。

日本の近代建築の保存問題に対して、鈴木はきちんと理論を立てた。どうして立てることができたのかというと、そうするしかなかったからであろう。伊東忠太はフェノロサや岡倉天心の保存論に従えばよかったし、藤島亥治郎のバックにはモダニズム建築の隆盛があった。関野克、太田博太郎も戦後の国民国家路線を歩けばよかった。しかし、われわれの世代はそうは行かなかった。経済的理由で次々と西洋館が壊されていく時、保存をリードする美術史家や思想家がいるわけではないし、建築界は古い西洋館など敵のように思っている。社会もいまとちがって、西洋館や都市の歴史遺産への関心はない。そうした四面楚歌の中で、自分たちの立脚点は自分で探すしかなかった。それを鈴木がやってくれたのだと、いまにして思う。幸い鈴木には、四面楚歌だとかえって立論能力が湧き上がるような意固地なところがある。伊東忠太、関野貞、藤島亥治郎、太田博太郎、関野克、村松貞次郎、稲垣栄三、とわれわれの世代は七人の先行する東大の先生を持っているが、鈴木博之が初めて論を立てることができた。その保存論に従って現在の保存は展開されている。

5　保存論の今後の課題

最後に、鈴木以降の問題について少し触れたい。設計に終わりがないように、保存にも終わりがない。保存論には二つ課題があるが、一つは純粋に理論的な問題である。国家のためにどうするかという時代があって、戦後は市民のためにどうするか、となり、現在は個人のための保存について考えなければならない段階にきているのではないだろうか。登録文化財は、すでにそこに踏み込んでいる。例えば旅館の門など、登録文化財として申請している人たちは市民のためというよりは、自分のためにやっている可能性がある。制度になるかどうかわからないが、筆者はマイ世界遺産などを考えている。そうした要望にどう対応するか。保存の究極は個人のためだと思う。

もう一つ、鈴木の保存論は常に実践とともにあったが、保存運動をせずに保存研究をする人がいる。論は実践と関係なく成立するものではあるが、溺れる人を目の前にして、救助の方法を議論しているような感じがしてしようがない。

第6回　記憶

建築保存は都市のお荷物か

鈴木博之

経済成長と再開発

戦後経済の発展のなかで、都心の建物が消えてゆく速度が速くなっていった。わたくしが建築を学びはじめ、歴史的価値をもった建築物の運命に関心をもちはじめた時期と、それは重なっている。

一九六四年、東京竹橋に建っていたリーダーズ・ダイジェスト東京支社が取り壊された。この年は東京オリンピックが開催された年であり、日本が第二次世界大戦の敗戦からよみがえり、世界に伍して成長をはじめてゆく画期をなす年であった。リーダーズ・ダイジェスト東京支社は、アントニン・レーモンドの設計による戦後の建築である。水平性を感じさせる建物であったと、うっすら記憶にある。そもそも皇居に近い堀端のようなこの場所に建物を建てることができたのは、アメリカ系の企業だからであり、進駐軍の後押しがあったからなのだと聞いたことがある。

リーダーズ・ダイジェストの建物の後には、パレスサイド・ビルが建てられた。林昌二が担当して、日建設計がこのビルを計画したものである。戦後のオフィスビルの傑作といわれるパレスサイド・ビルは、リーダーズ・ダイジェスト東京支社という、これまた戦後建築の名作といわれた建物が消滅した場所を再開発したものなのである。

リーダーズ・ダイジェスト東京支社が消えた年、新宿にあったもうひとつの戦後の木造近代建築、紀伊國屋書店が取り壊されている。これは新しい鉄筋コンクリート造の紀伊國屋書店に生まれ変わって現在にいたっている。設計は両方とも前川國男である。こういう場合は、同じ建築家が造りかえるのだから、破壊や消滅だという非難は生じ難い。けれども、戦後木造建築の興味深い建築空間が消え去ったことは事実である。

わたくしはこの建物も、かすかに覚えている。むかし親につれられてこの書店に来たのだろうと思う。けれど建物が壊された年には、わたくしは一九歳になっていたのだから、しっかり覚えていてしかるべきなのだが、生活圏に新宿は入っていなかったし、人は都市のなかで同じルートの上しか移動しないものなのだ。ひとりでは、この書店に行ったことがなかったのかもしれない。幼稚だったのか、単に馬鹿だったのか、よくわからない。したがってこの建物についても、わたくしのなかにあるのはぼんやりとした記憶にすぎないけれど、それはやはり開放的で広々した、いまから思えばモダニズムの空間だったのだ。

建築保存運動

リーダーズ・ダイジェスト東京支社が取り壊されてから三年後、一九六七年に帝国ホテルが取り壊され、さらにその翌年に三菱一号館が取り壊されている。ともに東京の中心部に建つ、重要な建築遺産であった。

帝国ホテルはフランク・ロイド・ライトの傑作であり、母国以外に建てられたライトの建築のなかでは、規模の大きさ、建築構成の完成度の高さで、圧倒的に群を抜く存在だった。

帝国ホテルに関しては、東京大学建築学科の教員たちが熱心な保存運動を繰り広げていた。稲垣栄三助教授（当時）と、助手であった福田晴虔や下山真司らも、新聞や『朝日ジャーナル』誌上に論陣を張った。最終的にこのホテルは、ロビーの一部分を愛知県犬山市の明治村に再現するかたちで決着した。

これは帝国ホテルが保存されたといえる結末だったのか、疑問が残る。ホテル前面とロビーの一部というあまりに部分的な再現であったし、部材の大半は新規につくられたものだったからである。この決着には、当時の佐藤栄作首相が訪米した際の、日米での合意があったともいわれる。

その後、明治村に保管されていた、大谷石製のオリジナルの水盤型の装飾がニューヨークのメトロポリタン美術館

図　三菱一号館立面図（ジョサイア・コンドル設計，三菱地所株式会社提供）

に寄贈され、現在はニューヨークに置かれている。この経緯の詳細をわたくしは知らないが、かたちの再現を取った日本と、風化してみすぼらしくなっていても、オリジナルの部材を取ったアメリカの態度の違いが、気になる。

帝国ホテルの保存問題を追うように、三菱一号館（図）が取り壊される。これはあっという間に取り壊されてしまい、批判の声が上がった。この建物はわが国初のオフィスビルであるとともに、日本のオフィス街の発祥を画する記念的な建物であり、明治建築のなかの法隆寺のようなものだという評価があった。東京大学建築学科の太田博太郎教授（当時）は「明治は遠くなりにけり、せめて建築を残そう」という文章で、穏やかな怒りを込めて、批判を繰り広げた。

帝国ホテルも三菱一号館も、東京の都心部が高度利用に向かって歩みだす時期に消え去っている。三菱一号館が消えた年には、わが国初の超高層ビルである霞ヶ関ビルが竣工し、高さ制限を脱した、容積率による新しい都市空間秩序がスタートしている。歴史的建物は、都市の未来にとってはお荷物だと考えられていた。

だが同時に、帝国ホテル保存運動と、三菱一号館取り壊しへの反対運動は、戦後の近代遺産保存運動の出発点ともなった動きだった。いま、三菱一号館は同じ街区に再現された。

旧東京銀行本店

一九七六年に日本橋の東京銀行本店が取り壊された。この建物は長野宇平治の設計による古典主義的な作品であった。建っている場所は日本銀行本店の南側真向かいである。つまり、日本銀行本店と向かい合って建つ建物だった。さらに詳しくいうなら、日本銀行本店の東側部分、すなわち増築部分と向かい合って建っていたのである。

日本銀行本店が、辰野金吾の設計による古典主義的建築であることはよく知られている。その増築部分は東京銀行本店と同じく、長野宇平治の設計したものだった。日本銀行増築部分の設計に当たって長野は、辰野金吾のデザインに敬意を払って、ほとんど同じデザインモチーフを使うかたちで設計をしている。増築部分は、質の高い、そして本館部分と一体となったデザインを示しているのである。

このことを考えるなら、彼が日本銀行増築部分の向かい側に東京銀行本店を設計することになったとき、日本銀行との調和を考えたであろうことは、想像に難くない。実際、東京銀行本店の建物は格調の高い古典主義デザインを示していた。

さらにこの場所を眺めるなら、日本銀行本店の東側には三井本館、三井本館の南側には、三越本店が建っているのである。三井本館はアメリカのトローブリッジ・リビングストン事務所が設計したアメリカン・ボザール風の古典主義系デザインのオフィスビルであり、三越本店は横河民輔の事務所が設計した、これまた古典主義デザインのデパートである。

東京銀行本店の建つ場所は、日本銀行本店、三井本館、三越本店が街路を接する古典主義的建築による希有な街角なのである。江戸時代には金座があり、また駿河町の通りには江戸初期から越後屋（後の三井と三越）が店を構える江戸屈指の商業中心地であった。だからこそ、その都市的ポテンシャルは江戸が東京になっても、変わらなかったのである。

ちなみに、三井本館と三越本店の間が駿河町の通りであり、この通りが銀座通りからつづいて神田駅にいたる中央通りよりも、目抜きの通りだった。その現れに、三越本店におかれている天女像は、中央通りに面して立つのではなく、三井本館に向かって、駿河町の通りに顔を向けているのである。

東京銀行本店の保存を訴える動きは、東大生産技術研究所の村松貞次郎教授（当時）を中心に、若い研究者や建築家たちがつくり出した。建築家の東孝光が建物の外周部全体を残して、内部を高くする案を描いて所有者に示したし、建物の周りで保存を訴えるビラを配ったりしたが、結局建物は全面的に再開発されてしまった。しかし、ここには、その後近代建築史の研究や保存運動を通じて一緒に活動するひとびとの多くが顔を揃えていた。

保存は成功しなかったが、このとき、継承されるべき建物は、そのデザインの特質によって評価されるだけでなく、それが存在する立地、都市的コンテクストからも評価されるべきであることを実感した。

二一世紀に入ってからの都市での保存

旧東京銀行本店の保存問題以降、多くの建物の保存を訴える立場に立った。日本銀行福島支店、東京裁判の場であり、三島由紀夫の自決の場でもあった旧陸軍士官学校、東京藝術大学の奏楽堂などについての訴えかけは、反響を呼んだものもあれば黙殺されたものもあった。建物が残されたケースもあり、なにひとつ残らなかったケースもある。

日本銀行福島支店の場合は、地元の方々が中心で、絵本もつくられた。建物の意味を問いかける絵本としては、日本ではじめてのものではなかったかと思う。しかし結局建物は消えてしまった。旧陸軍士官学校の保存は、建築家の磯崎新と、たった二人きりで要望を出した。建築と歴史との関係から、その存在意義を問い、保存を訴えたのだが、ほぼ黙殺された。奏楽堂の保存については、音楽家の方々が熱心だった。なかでも黛敏郎と芥川也寸志という文化的なスタンスにおいては少し違う作曲家二人が熱心に協議し、訴えかけていたのが印象に残った。建物は場所をとなりの上野公園に移し、規模をやや縮小して現存している。

このようなケースを体験するなかで、都市に歴史的な建物が存在してこそ、その都市は厚みのある、息のつける都市になるのだという確信が生まれた。けれども現実には、都市は経済空間化しつづけ、都市のあらゆる場所は潜在的に開発予定地と位置づけられるようになってしまった。

建物を残すことは、都市の活力を殺ぎ、経済成長を阻害し、収益性を大いに損なう行為だと考えられ、保存論者は開発側から蛇蝎のごとくに嫌われた。それでも公共の財産である建築物に関しては、文化的価値を訴えることによってその保存が図られるようになってきた。公共建築は公共の資金によって建てられたわれわれ全員の資産であり、その継承については発言の権利をもっている。この立場からの訴えによって、公共建築が残されるケースが増えていった。

そこでの技術的成果は、免震工法の適用であった。それまで歴史的建築を保存しようとすると、柱や梁や壁を増やして耐震性能を向上させる、いわゆる耐震補強が行われるのが一般的であった。しかしながらこの工法を用いると、壁や柱が厚くなったり太くなったりするし、新しい壁がつくられてしまったりする。その点、建物全体をゴムのクッションに載せてしまうような免震化工法は、建物自体にそれほど大きな改変を加えずにすむ。したがって歴史的な建物を原型を損なうことなく残し、安全性を確保するには都合のよい技術なのである。

歴史的な建物を免震化して活用しつづける試みは、国立西洋美術館の免震化から始まった。一九九五年の阪神淡路の震災後の公共建築の安全性見直しのなかで開始された検討は、最終的に免震工法の採用を決定した。このときには前例のない工法に対する予算措置、さらにはそこでの安全性についての細部の詰めなどで、大変多くの苦労が重ねられた。この検討委員会に参加できたことは、わたくしにとって、大きな収穫となった。

これにつづいて行われた首相官邸を公邸として使いつづけ、新たな官邸を同じ敷地内に建てる事業では、旧官邸の免震化による安全性確保は、ある意味で所与の前提となっていた。ひとつの技術が採用されると、次からそれは標準的手法になってゆくのである。

また、もうひとつの手法に、街区全体のなかでの容積の配分と割り増しによる保存がある。これは日本橋の三井本館、丸の内の明治生命館の保存活用に用いられた考え方である。これらの建物は、ふたつとも国の重要文化財の指定を受けた建物であり、ともに脇に新しい超高層ビルを建設し、そこに開発可能な容積を積み上げるというかたちで、比較的低層建築である歴史的遺産を残しても、経済的な不利が生じないように考えられている。この手法を整備する際には、歴史的建造物をどのような存在と考えるか、監督官庁とかなりの議論を行った記憶がある。

しかしこの手法も、街区全体を総合的に再開発しない限り、なかなかうまくデザインできない。大局的な都市計画の視点に立って建築の保存が考えられなければ、都心に建つ大規模な近代の建築遺産は、残らないのである。

それでも現在、都心の近代建築を残すための筋道だけは見えてきた。大きくその要素は三つある。

ひとつは建築遺産の社会的価値と意義の主張である。公共建築の場合はそれらが国民すべての遺産であることを訴えられる。そしてどのような建築も、社会性をもった存在であることを訴えることはできるのである。

次に助けとなるのは、技術的可能性の拡大である。耐震補強、免震化など、保存のための技術は近年飛躍的に進歩した。こうした技術によって、保存の形態は拡大したし、説得力も増した。安全性に問題があるから取り壊すという主張に対しては、自信を持って説得できるところまで、現在の技術はきている。

そして三番目の要素が、都市計画的手法の適用である。できるだけ広い範囲の地区を対象範囲にして計画を立案してゆくことによって、容積の移転、空地のバランスなどがうまく実現できるようになる。

少しずつ、保存は都市のお荷物ではなくなりつつあるのだ。

第Ⅲ部　近代の多面性

第7回　伝統

日本人職人の西洋建築技術への対応

初田　亨

1　職人の技術水準

わが国への西洋建築技術の導入は、比較的円滑になされたといえるが、それを可能にした背景に、高度な伝統的建築技術を持った棟梁・職人達がいたことを無視することはできない。

幕末から明治にかけての、諸外国の職人に対して、日本人の職人の技術水準を客観的に示す資料はないが、当時日本に来た外国人の記述などから推測することはできる。

大森貝塚の発見などで知られるエドワード・S・モースは、明治初期の日本人大工と指物師について、「わたしは、アメリカで日常働いている大工については、かなりの知識を持っているつもりだが、両者を公平に比較してみると、日本の大工のほうが、その技術に関するかぎり、はるかに優秀だ、と自信をもっていえる」（『日本の住まい・内と外』上田篤・加藤晃規・柳美代子（訳）、鹿島出版会、一九七九年）と語っている。また、一八五九年に日本にきた、ヘボン式ローマ字で知られるジェームス・C・ヘボンも、「職人の腕は立派です。わたしどもの欲しいものは何でも作れるし値段も高くありません」(『ヘボン書簡集』高谷道夫(編訳)、岩波書店、一九六五年)と語っている。そして、一八七一年に福井松平藩の藩校、明新館の洋学教師となったウィリアム・E・グリフィスも、福井の指物師が新聞に載った机の絵を雛型にして、それと寸分違わぬ物を作った点を指摘している(坂本勝比古『明治の異人館』朝日新聞社、一九六五年)。

もちろん、幕末から明治にかけて日本にきた外国人の中には、必ずしも日本の職人の技術を評価しない人もいる。幕末に日本を訪れ、『THE FAR EAST』の刊行などで知られる、ジョン・R・ブラックがそのひとりである。彼は、明治初期にイギリス人リチャード・H・ブラントンの指導で灯台の建設を行った際の職人の様子について、「大工は自分の道具で、彼等流の仕事をやらせると、巧みで、大して問題はなかった。ところが石工・鉛管工、その他の職人となると、全くの初歩から教え込まねばならなかった」(『ヤング・ジャパン』ねず・まさし他(訳)、平凡社、一九七〇年)と述べている。

石工・鉛管工がイギリス人の思うままにならなかった点は、これらの職種が、木造建築を中心としたそれまでの日本の建築工事において、それほど重要な役割を果たす職種ではなかったことなどを考えると、やむを得ないことであったと思われる。しかし、ここにおいても、大工についてはある程度評価されている。これらの外国人の発言などからすれば、建築関係のすべての職種とまではいかないまでも、大工・指物師などについては、今までに経験したことのない洋風建築の工事を行う場合でも、絵図面や説明などから、建物などの姿を、立体的に頭の中に思い描くことのできる能力を備えていたと考えてよいだろう。

この外、当時の外国人の発言などで確かめることはできないが、洋風建築の建設に欠くことのできない左官技術についても、室町時代末期から江戸時代初期には、日本人の職人の技術が、かなり高い水準に達していた、との指摘が多くの人によってなされている(鈴木忠五郎『左官技術』彰国社、一九七一年、山田幸一『壁』法政大学出版局、一九八一年、などに詳しい。特に、山田幸一によれば塗り壁に用いる糊料について、「糊料の使用法は、苆の場合とは異なり、わが国特有の現象であって、少なくとも西欧諸国の伝統にはない。しかし糊料を使用すれば施工

図7-1　幕末の横浜とヘボン邸（"THE FIRST BRIDGE, YOKOHAMA" *THE FAR EAST*）
右側の寺院風の大きな屋根を持つ建物がヘボン邸.

上の向上することは明瞭な物理的事実であって、そのため明治開国期に西洋館を建てた際にも、お雇い外国人の指導で諸事洋風の技術に従ったにもかかわらず、こと漆喰壁に関しては糊料を使用するわが国固有の方法によっている」との指摘があり、いかにわが国の左官の技術水準が高かったかがうかがえる）。実際、洋風建築に見られる大壁の壁面や、軒・天井などの蛇腹、メダイヨンなどの浮き彫りも、城郭建築や土蔵造り、さらに漆喰彫刻の技法をもって行えば、日本の職人の技術によって十分に対応できたと考えられる。

　幕末から明治初期にかけては、外国人居留地などで外国人建築家や技術者が指導しない建物でも、施主と職人との直接的な話し合いによって、数多くの建築物が作られている。先のヘボンも、一八六二年に横浜の外国人居留地三九番に家屋を建設しているが（図7-1）、ここでは、ヘボンのつくった計画案と仕様書に基づいて、「ガラスや鍵・蝶番・釘留ラスを含まないで、一三五〇ドル」で大工と直接、工事契約を結んでいる（前掲『ヘボン書簡集』）。

　そして、静岡では藩のお雇い外国人教師として日本に来た、エドワード・W・クラークの住宅を一八七二年に建設している。ここでは、石造二階建の建物がつくられたが、クラークの示す絵と寸法とによって、大工たちが完璧に近い小模型をこしらえ、工事を進めたという。棟梁が建設に先立ってほぼ完璧に近い模型を作ってきたということは、棟梁がクラークの示す略図と説明のみで、従来の伝統的な建築物とは

図7-2　外国人旅館（“THE YEDO HOTEL” *THE FAR EAST*）

まったく異なる洋風建築の立体的な姿を、具体的に頭の中に思い描くことができたことを示している。そして具体的な工事に際しては、クラークが「製作工程まで立ち入つて指示していない」（渡辺保忠「静岡におけるE・W・CLARKの住宅とその影響について」（『日本建築学会論文報告集』一九五九年））らしい点も明らかにされている。ヘボンやクラークの住宅では、施主の示す略図や説明から、実際に建物を建設する技術的な翻訳は、日本人職人がすべて行っていたと考えてよいだろう。

また、たとえ外国人建築家や技術者が建設工事に加わった場合でも、当時建設された洋風建築の中には、実際の工事にあたって、日本人職人の腕をかなり期待していたと考えられる例もみられる。

江戸開市にともない、江戸にくる外国人の宿泊・交易場として、江戸幕府（後には明治政府）の責任において建設された外国人旅館（俗に「築地ホテル館」と呼ばれた建物、図7-2）がその例にあたる。この建物は、設計者にアメリカ人建築家、リチャード・P・ブリジェンスが選ばれ、施工には設計料および工事を負担するかわりに、旅館の経営権を与えるという条件で、清水喜助（二代目）が引き受けている。ここでは建築家・ブリジェンスの指導があったにもかかわらず、実際の工事用には清水喜助が関わって図面を作成していたようで、尺貫法で寸法が記入された絵図面「築地外国人旅館三階并二階繪圖面」（図7-3）が残されている。ブリジェンスも工事

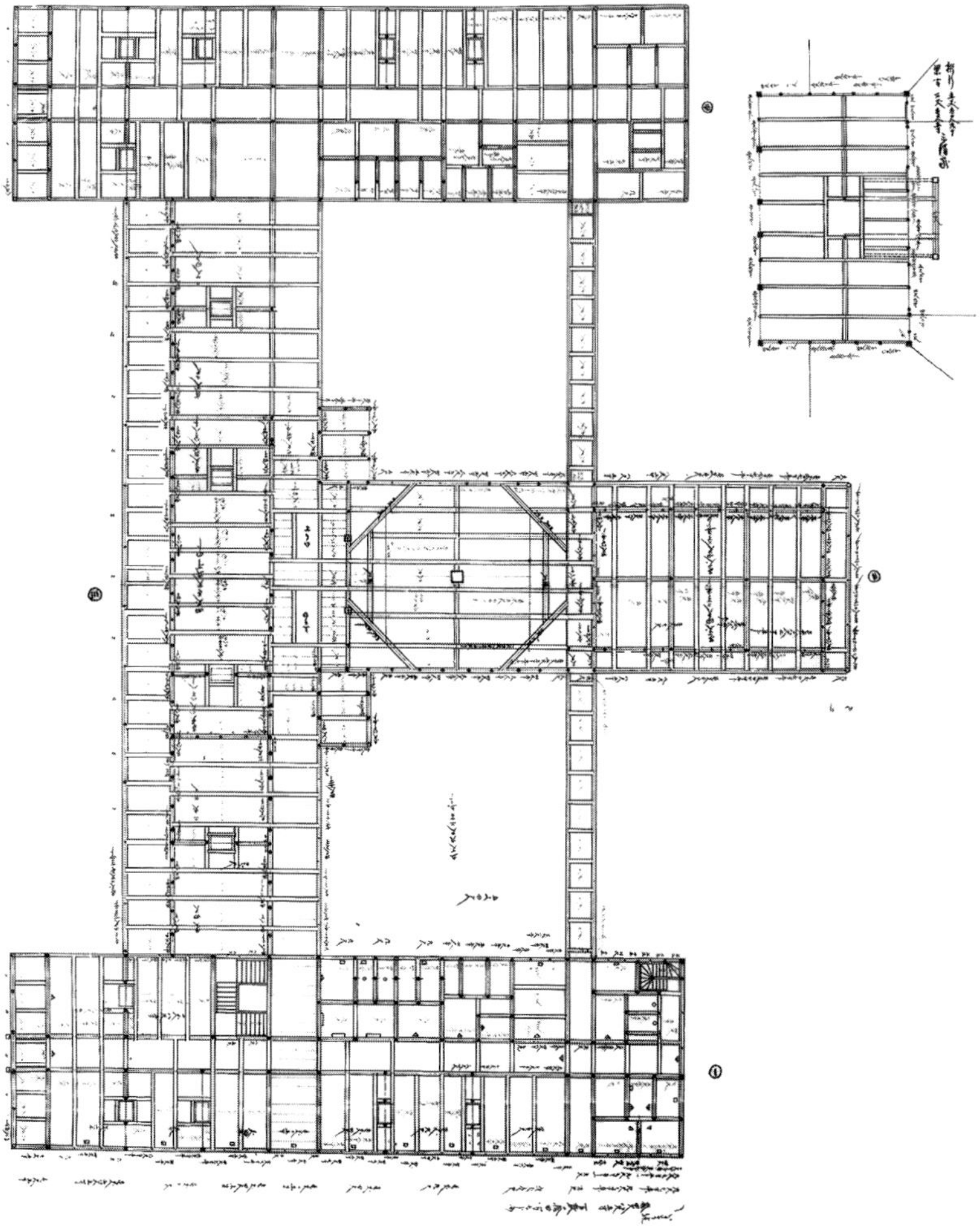

図7-3「築地外国人旅館三階并二階繪圖面」（清水建設株式会社蔵）

監理をつとめていたが、土曜日の昼一二時から月曜日の朝一〇時まで、横浜から江戸に出てきて行うというもので、具体的な工事は、清水喜助に委ねられ、期待されていた部分が多くあったと考えられる。なお、清水喜助はブリジェンスに一〇〇〇ドルの設計料を支払っている（初田亨「外国人旅館（築地ホテル館）の建築について」（日本建築学会『日本建築学会論文報告集』一九八三年九月））。

もちろん、外国人技師によってかなり細かな部分まで、建設工事の指導が行われていた例がない訳ではない。一八六五年から工事を始めた、横須賀製鉄所がそのよい例であろう。ここではフランス人造船技師レオンス・ヴェルニーを首長に、外国人技術者は多い時で四五名にも達しており、彼らによる日本人職人への技術の伝達は、「工手は総本体工事仏工事の業を見習ひ、己が意見を出す可からず。（中略）日本人職人はその初め少人数を用ひ、馴る〻に従ひ其数を増し、甲熟して乙へ伝へ、乙馴れて丙に教わるを可とす」（フランス公使館書記官メルメ・デ・カションによる口訳筆記。日本科学史学会（編）『日本科学技術史体系　建築技術』第一法規出版、一九六四年所収）のように、徹底したものであった。しかし、幕末から明治初期には、このように細かな点まで指導が行われる例は、幕府や諸藩、および明治政府などの工事には見られたものの、民間の建設工事においてはほとんどなかったと思われる。民間においては、外国人建築家および技術者の指導があった場合でも、外国人旅館のような例が大半であったと考えられるし、多くは、ヘボン邸や静岡のクラーク邸のように、外国人建築家や技術者が関わることなく、施主から直接指示された略図や説明に基づいて、日本人職人がすべて建設していたと思われる。そして建設工事では、特に大きな支障が生じることはなかったようである。これらのことは、当時の日本人職人の技術水準が、ある程度の高さを持つものであったことを示している。

2　尺貫法への換算

外国人の示す略図や説明、あるいは図面などに基づいて日本人の職人が工事を行うには、尺度の違いが大きな問題の一つになる。

幕末から明治にかけて、日本に入ってきたヨーロッパの主な尺度については、フランス系のメートル寸法と、イギリス系のフィート寸法とがある。これら在来の日本の尺度と異なる寸法を用いてつくられた建物の図面によって工事を行う場合については、横須賀製鉄所、および、トーマス・ウォートルスの設計により一八七一年に大阪に建

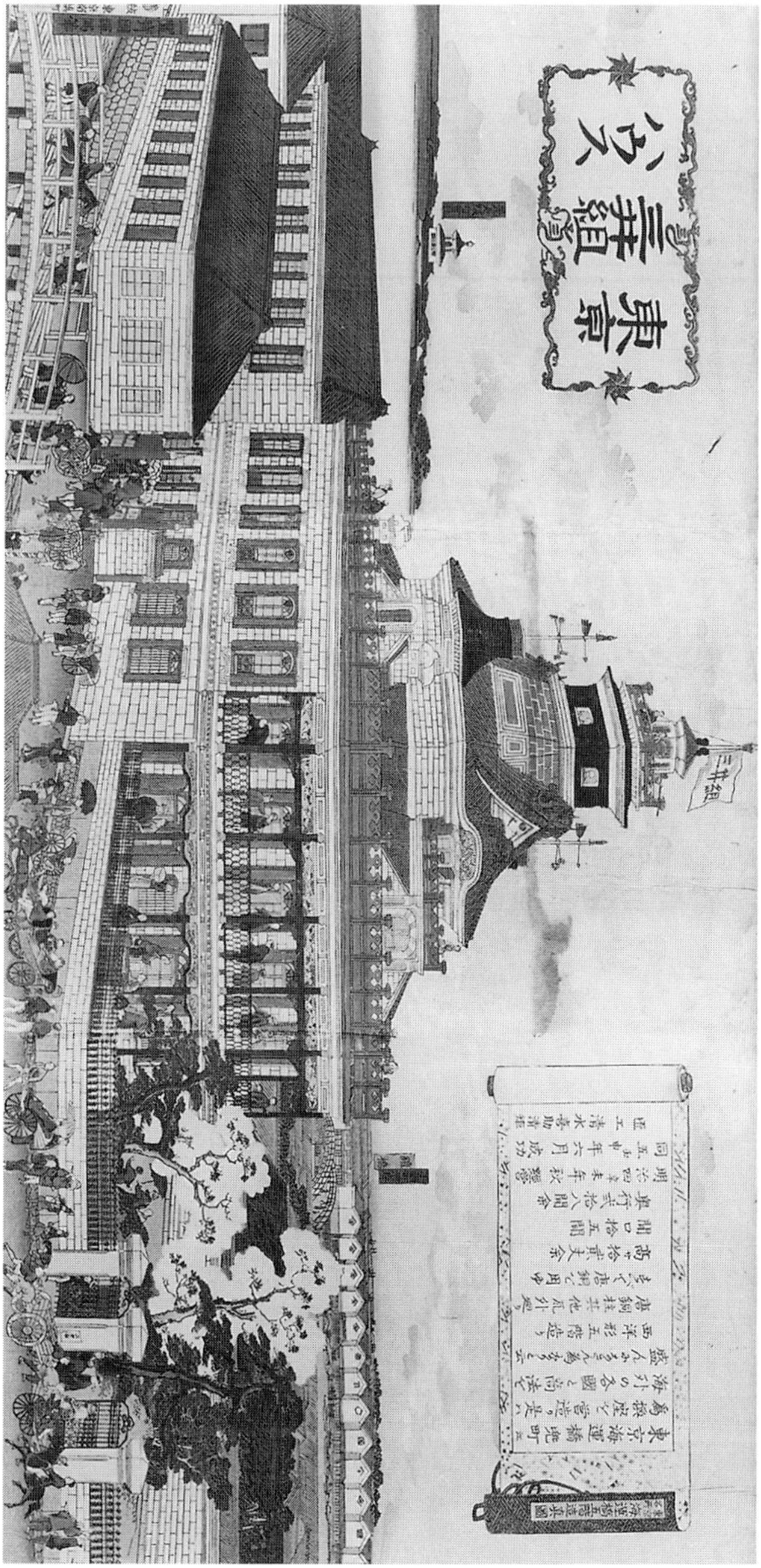

図 7-4　二代歌川国輝「東京名所海運橋五階造真圖」(1873 年，清水建設株式会社蔵)

設された、造幣局応接所（現・泉布観《せんぷかん》）などの、具体的な例を通した考察が行われている。

村松貞次郎によれば、横須賀製鉄所はメートル法によって設計されていたが、幕府が指定した六名のうちの一人、江戸深川中木場の、蔵田清右衛門の代人・堤磯右衛門が残した手記には、「書中のメートル法寸法およびそれの間・尺への換算」（前掲『日本科学技術史体系　建築技術』）が行われていたことが記されていることを指摘している。そして林野全孝（「造幣局の沿革と建築遺構」『建築史研究』一九六一年一月）は、フィートと尺について造幣局応接所の建物の工事について、「泉布観の小屋組は純然たる和小屋で（中略）大工が尺を基準として施工していたことが解った。しかし、一八七一～二年の首長報告書では、建物の長さは全て『ヒート』《（ママ）》を用いており、さきの公会堂〈桜宮公会堂、旧・造幣寮鋳造所〉玄関柱間と同様、フィートと尺は、一フィートが〇・三〇三mで一尺が〇・三〇四八mであるから、ほとんど差がないから、外人はフィートで設計し、実際の施工は尺で行なったと思われる」と述べている。

横須賀製鉄所の例では、メートルを尺貫法に換算しており、造幣局応接所の例では、フィートをそのまま尺に置きかえて実際の工事を行っていたのである。

ほかに、フィートを尺に置きかえて実際に工事を行ったと考えられる例に、一八七一年に建設工事を着工した神戸の三井組の建物をあげることもできる（この建物の建設について、三井銀行八十年史編纂委員会（編）『三井銀行八十年史』（一八五七年）は、「東京では、かつて商法司・通商司の置かれていた海運橋ぎわに、清水喜助の設計施工によって、西洋風五階建の思い切った豪華建築〈海運橋三井組為替座御用所＝筆者注（図7-4）〉に着工したし、神戸にも弁天の浜に洋風ハウスの新築に着手した。いずれも為替座拝命の翌月、すなわち明治四年（一八七一）七月のことである」と記している）。神戸の三井組の建物（図7-5）については、和紙に赤や青の色を用いて着色された二〇枚の絵図面が残されている〈初田亨「明治初期の為替座三井組神戸分店の建物について」『日本建築学会大会学術講演梗概集』一九八七年〉。これらの絵図面を見ていくと、建物の寸法の記入のしかたに特徴があることがわかる。絵図面に記入された寸法には尺貫法が用いられているが、ここでは、ほとんどの絵図面に「間」

図 7-5 「神戸元福原三井組新貨幣取扱所取建地絵図第四号正面構百分壹之圖」(財団法人三井文庫蔵)

の単位が使用されておらず、建物の寸法を示す単位として、「尺」とそれ以下の単位が使用されているのである。絵図面のなかで一つだけ間の単位が使用されているものに建物の配置を示す図がある。しかしここでも、「間」の単位が使用されている例は、敷地の大きさや敷地境界と建物の距離を示す寸法に限られており、建物の大きさを示す寸法については、「尺」とその下の単位である「寸」および「分」が使用されている。

そして、さらに興味深いことに、客溜りの展開を描いたと思われる絵図面(図7-6)には、尺とフィートを示すらしい単位が併用されているのである。ここでは、高さ関係を示す寸法が尺貫法で記入されているにもかかわらず、部屋や出入口の幅を示す寸法については、稚拙な算用数字と共に、フィートを示すと思われる「F」の記号が使用されている。また詳細図をみると、尺貫法で記入された

図7-6 「神戸元福原三井組新貨幣取扱所取建地絵図第九号」(財団法人三井文庫蔵)

絵図面の下部に単位は記入されていないが、一つの物差しが描かれている。この物差しの寸法と絵図面の中に記入された寸法を比べると、物差しの寸法が尺よりもすこし長いことがわかる。一フィートが約三〇・四八センチメートル、一尺が約三〇・三センチメートルと、ほぼ同じ長さであるが、フィートのほうがわずかに長いことから判断すると、この物差しは、フィートの単位を表していると考えることができる。

以上のことは、これらの絵図面が日本人によって描かれたものであるにもかかわらず、その下図に、フィート単位で描かれた図があったらしいことを想像させる。おそらく、フィート単位を用いるイギリス系の人物が描いた建物のスケッチを下図として、実際に工事を行う日本人の棟梁が絵図面を作成していたのであろう。そして、建物に記入された尺貫法の寸法に端数が見当たらない点を考えれば、棟梁が下図から絵図面を作成する際、一フィートをそのまま一尺に置き換えて図を作成していた可能性が強いこともうかがえる。

神戸の三井組の建物の絵図面では、尺貫法が用いられつつも、間の単位は使用されず、尺の単位のみが使用されているが、同じ様な点は、先に述べた外国人旅館の場合にも見られる。

外国人旅館の建築では、尺貫法の単位が記入された床伏せ図（前掲図7-3）が残されているが、ここでは、尺とその一〇倍の単位である丈の単位が使用されているものの、神戸の三井組の場合と同様に、間の単位が使用されていない。建物の平面に間の単位を使用しないことが、そのままフィートを尺に置き換えた理由にはならないが、外国人旅館の工事を行った同じ清水喜助によって設計・施工され、その数年後の一九七二年に完成した海運橋（三井組）為替座御用所の平面図では、間の単位が使用されている。これらのことからすれば、外国人旅館の床伏せ図が、尺と丈を基準として間の単位が使用されなかった原因は、おそらく、この絵図面を作成するもとになった、ブリジェンスによる建物の設計がフィートを単位として描かれており、その寸法を、そのまま尺に置き換えて日本人職人が図面を作成していたことから生じたものと考えられる。尺の六倍にあたる間の単位を使用せずに、一〇倍の丈の単位を使用していれば、ブリジェンスが尺貫法でつくられた図面を見ても、フィートで描かれたものと同じように図面を読むことができたに違いない。そして、尺貫法で図面が描かれている限り、日本人職人にとっても、実際の建設工事に支障は生じなかったであろう。

以上の例から判断すれば、フィートで計画された建物であっても、工事に際してフィートをそのまま尺に置き換えて建設するという方法は、当時かなり広く行われていた可能性があることをもうかがわせる。いずれにしても、西洋と日本との尺度の違いは、メートルの寸法を換算したり、フィートの寸法を尺に置き換えるといった面倒な手間を必要としたものの、工事に支障を与えるような大きな混乱を生じさせることはなかったと判断できよう。

3　新たな職種への対応

洋風建築の建設には、伝統的な職人にはない新しい職種も必要とされた。これらの新たな職種に対しては、ごく特殊なものについては、基礎的な内容から技術の全てを養成しなければならなかったと思われるが、在来の類似の職種の職人が対応していった例も多く見られる。『東京府統計書』（一八八七年一〇月発行）には、一八八六年から在来の伝統的な職種に加えて、「煉瓦積」と「ペンキ塗」の新しい職種が載せられており（なお、ペンキ職や家具職については、中国人技術者も横浜で長い間活躍しており、伊藤三千雄『外国人居留地域とその建築に関する研究』一九七五年、私家版によれば、「中国人が、大正の震災の頃まで、勢力をもっていたことが、横浜では伝えられている」との指摘がある）、この頃には、すでに二つの職種が社会的に広く認められていたと考えられる。

ペンキ塗り職人

わが国におけるペンキ塗りの最初は、一八五四年にマシュー・C・ペリーとの折衝の為、急遽、神奈川宿の本覚寺内に作られた談判所が嚆矢と伝えられている。談判所のペンキ塗りを行ったのは、江戸・京橋に居住していた渋塗り職人の町田辰五郎である。彼は当初ペンキ塗りを模して色朔粉で下塗りと中塗りをほどこし、さらに桐油・荏油を用いて艶出しを行っていたが、これを見かねた米国の役人からペンキとこれを溶く油をもらい、さらに軍艦の乗組員の塗工からペンキ塗りの手法を教えてもらい、ペンキ塗りをしたという。その後、町田は各国の公使館からペンキの材料購入の特許を得、やがて横浜に移り住み、ペンキ塗りの業務を拡張している（伊藤敦好（修編）『大澤塗装部八十五年史』大沢常松、一九五四年）。

ここで注目される点は、渋塗り職人の町田が、伝統的な材料と技術とをもって、西洋のペンキ塗り仕上げに似たものを作ろうと、ひとりで工夫していた点である。彼にとっては、材料の違いは認めつつも、多少の工夫を加えれば、渋塗りの技術をもってペンキ塗りと同じようなものが作れると考えていたのであろう。そして実際に町田は、材料と多少の技術的な手ほどきを受けただけで、ペンキ塗装をこなすことができたらしいのである。

町田は渋塗り職人からペンキ塗り職人に転向しているが、一八五三年に江戸・本所で生まれ、後に大沢塗装部を設立した大沢源太郎は、塗師職人からペンキ塗り職人になっている。彼は、江戸で嫁入り道具やはさみ箱、重箱などを主に塗っていた塗師屋に奉公した後、一八六九年に横浜に出て塗師屋のもとに入り、ペンキ塗りの技術を覚えている（前掲『大澤塗装部八十五年史』）。

町田辰五郎や大沢源太郎の例は、当時の日本の渋塗り職人か塗師職人であれば、容易にペンキ塗りの技術を会得することができたらしいことを示している。もちろんこれらの過程で、日本人職人に対して、伝統的な技術を超えた、創意工夫が要求されたであろうことは当然考えられるが、職人たちは、それらをさほど苦にすることもなく乗り越えていったようである。

なお、一八八六年の『東京府統計書』によれば、「ペンキ塗渋職」とペンキ塗りと渋塗り職とが同一項目に記されている。このことは、一八八六年頃には、渋塗り職人が自分の仕事のひとつとして、ペンキ塗りを行う場合が多かったらしいことを示しているといえよう。おそらく、ペンキ塗り職人になった人の数も、渋塗り職人から転向する人のほうが多かったのであろう。

煉瓦積み職人

煉瓦積みに関しては、当初は左官職人が煉瓦を積む仕事を行い、やがて、煉瓦積み職人として独立した職種となっている。清水組の下請け職人として、昭和初期に煉瓦業を営んでいた大隅常次郎は、古老より聞いた話と自分の幼い頃の思い出から、煉瓦積み職人について、左官職人が煉瓦を積み始めたことを、「最初煉瓦の輸入された当時、職人等は、外国から土で焼いた赤い豆腐の様なものが来たから積んで見様、なんでも鏝で『モルタル』と云うものを使ふのだそうだから左官が良いだろうと云ふので（中略）煉瓦積を学んだ結果、専門の煉瓦職と云うものが出来、左官からなつた人は元の左官の職に還り、煉瓦職は左官職より分離独立した煉瓦職と云ふものが生れた」（大隅常次郎「煉瓦業ニ就テ」。一九三五年頃に、清水組配下の一〇種類の職種（鳶、煉瓦業、畳、建具職、石工、家根業、植木職、井戸、経師、寄木張）の職人が記した文書のうちの一つで、渋沢敬三が清水組（現・清水建設）を通して集めたものと思われる。澁澤青淵記念財團龍門社蔵。なお、この史料を活字にしたものに、伊藤ていじ（監修）『清水組諸職人差出帳』清水建設、一九七八年がある）と語っている。

なお、一八八六年の『東京府統計書』には、「煉瓦積職」として、煉瓦積み職人の独立した項目がつくられ、掲載されている。おそらく、この頃には独立した職人として、社会からも認められるようになっていたのであろう。

煉瓦の生産

煉瓦の生産についても、当初は質的に十分なものでなく、脆い品質のものしか作れないなどの問題点はあったものの、各地の瓦屋がいち早く焼成を始めた事実が数多く知られている。

明治初期の銀座煉瓦街の建設の時には、政府によって工事の布告が出されると間もなく、本所、深川方面の瓦製造業者が煉瓦の製造に転換し、一時期は一三〇をこえるほどの業者が出現したという（東京都（編纂）『銀座煉瓦街の建設――市区改正の端緒』一九五五年）。同じような例は、北陸地方でもみられる。石川、富山、福井の各県など、北陸地方の建設工事に使用する煉瓦を生産していた富山県石動地方も、江戸時代からの瓦の生産地で、明治以降は北陸地方の煉瓦の屈指の生産地になっている（小矢部市『小矢部市史』一九七一年）。

図7-7　樋口窯業（喜多方）の登り窯

また、明治から大正にかけて建設された福島県喜多方地方の煉瓦蔵や、加納鉱山の坑道、磐越西線のトンネルなどに使用された煉瓦は、地元の喜多方で生産されたものであるが、ここでも煉瓦は瓦と一緒に焼かれている。

喜多方で最初に煉瓦を焼いたのは樋口一郎である（図7-7）。彼は一八六四年に新潟で生まれ、一九四三年に満七九歳で亡くなっている。彼が喜多方で煉瓦を焼くようになったのは、冬場の出稼ぎの時に喜多方にやってきて、そこで煉瓦によい土を発見したことに始まっている。樋口が喜多方に工場を設立したのは、一八九〇年である。彼がどこで煉瓦を焼く技術を習得したのかは不明であるが、彼は一五歳頃から新潟県北蒲原郡で瓦職人の丁稚奉公をしていた（孫にあたる樋口憲一氏の話による）。

これらの例からも、日本においては、煉瓦の生産が瓦の生産と結びついた形で進められてきたらしいことがわかる。

また、煉瓦で注目されることのひとつは、全国各地に釉薬のかけられた煉瓦が多く見られる点である。釉薬のかけられた煉瓦の例には、喜多方の煉瓦や、富山県高岡地方の土蔵造りの建物（店舗）に用いられた石動の煉瓦のほか、全国各地にその例が見られる。おそらく、釉薬のかけられた煉瓦は、雪国で行われてきた瓦に釉薬をかける方法から、職人によって独自に考案されたものと思われるが、この点においても、日本では煉瓦と瓦の生産技術が密接なつながりを持っていたらしい点を指摘できる。

タイル生産とタイル職人

そして、時代は下るが、タイル製造も美術工芸品、食器、煉瓦、土管などの製造業者から転換しており、左官職人によって施工されていたという（日本のタイル文化編集委員会（編）『日本のタイル文化』淡陶、一九七六年）。また、先の煉瓦業・大隈常次郎によれば、タイル工事が増えた時には、職人の賃金も高かったため、煉瓦積み職人のうち、「若手の上手なものは、競つて煉瓦工よりタイル工に転向した」（前掲「煉瓦業ニ就テ」）ともいう。鏝でモルタルを使うといった技術の類似性から、左官職人が煉瓦積みを始め、やがて煉瓦積み職人が誕生し、その後、煉瓦積み職人からタイル貼りの職人が、独立した業種として生れてきたのである。

以上のように、わが国への洋風建築の導入に際しては、在来の類似の職種の職人や生産者によって、新しい職種をこなしている例を知ることができる。

幕末から明治初期にかけての、日本人職人の技術水準がかなり高いものであった点については、当時来日した外国人の発言や具体的な建築工事の例などを通して見てきたが、さらに、それまでの伝統的建築には見られない技術を取り扱う、新しい職種の職人についても、類似の伝統的な技術を持った職人が対応してきた例を見ることができた。これらの例は、当時、わずかな限られた職人のみが新しい状況に対応できたのではなく、ごく普通の職人でも対応できる能力を持っていたことを示している。新しい職種に対応することは、職人たちに、これまで持っていた職人技術をこえた創意工夫を要求することにもなったと思われるが、当時の職人たちは、それをもさほど苦にすることなく、成し遂げてきたのである。このことによっても、当時の日本人職人の技術水準の高さの一端をうかがうことができる。

幕末から明治にかけての、わが国への西洋建築導入は、比較的円滑になされたと判断できるが、その背景には、このような高い技術水準を持っていた、職人たちの世界があったのである。

第7回　伝統

象徴と自然庭園の近代

鈴木博之

近代表現の特殊性

近代は世界をひとつにすると考えられつづけてきた。普遍性とは時間・空間を越えて成立する概念であるから、地球上どこにおいても成立する概念である。したがって世界中どこでも普遍的なるものはひとつに収斂する。グローバリズムとはそうした出発点をもつ考え方であろう。そしてこの近代的普遍性信仰はほとんどあらゆるジャンルに及んでゆくように思う。そのひとつが庭園である。

わが国の庭園は石を立てることを基本として、そこに象徴的意味を込めてきた。俗にいう鶴亀の庭とか、三尊石、須弥山石など、みな石を基本にした象徴である。石のみではなく水もまた、海を象徴するものとして無限の広がりをたたえることを理想とした。しばしば心字池などと称して複雑なかたちの池を作るのは、一ヶ所から池の全貌が眺められないようにする工夫である。池はどこから見ても、かならず陰に隠れてしまって見えない部分を含むのがよい。そうすることによって池は想像上では無限の広がりをもつことになり、庭園に世界を飲み込むことが可能になるのである。借景や縮景といった手法も、庭園のなかに無限の広がりを持ち込むための工夫である。広大な庭園はさらに広大になり、小さな庭園のなかにも無限を宿らせることが可能になる。

しかしながら近代の和風庭園は、石を立てることによって象徴性を獲得するという伝統的な文化を捨て去ってゆく。近代和風庭園は明快な開放性、自然を庭の基本として素直に据える「自然主義的庭園」となってゆくのである。近代以前の庭園は、それに比較すれば「象徴主義的庭園」であった。禅宗の庭園も浄土庭園も象徴主義的である点においては、同一の範疇に属するといってもよいのである。

近代の「自然主義的庭園」は、石を石として置き、植栽を植栽として植える。そこに等身大の庭園が生まれるのである。そこに生まれるものは、素直な広闊な庭園、のびやかな自然である。名石と呼ばれるものを配することもあるが、いわゆる役石として象徴的な意味を持ち込むわけではない。造形的バランスをもたらす要素、物理的なマッス（量塊）にちかいものとして石は配される。そこでは、すべては見たままに解釈されれば良いのである。こうした近代の「自然主義的庭園」を生み出した庭師は七代目小川治兵衛であろう。彼は山県有朋の知遇を得て、京都に彼のための小別邸、無鄰庵の庭園をつくる。

それは琵琶湖疎水の水を引き入れた庭園で、水は海として表現されるのではなく、さらさらと流れる動きの要素として配される。石は低く伏せられていて、象徴的構成をとることはない。植栽もそうした石に寄り添うように低く刈り込まれる。敷地周辺には喬木も植え込まれるが、そこにはヤマモモやモミといった、それまでの庭園ではまず見られなかった樹種が持ち込まれる。踏み石のなかに伽藍石と呼ばれる、寺院の礎石だった石が持ち込まれるが、それは象徴というより歴史の連想をさそう、エピソディックな石の用い方である。庭園は浄土や彼岸や悟りを見るものではなく、日常のなかに広がる気持ちのよい、素直な場所となった。

山県有朋は無鄰庵の後、東京に本邸椿山荘、小田原に晩年の別邸、古稀庵などを営み、広闊な庭園を自らつくり出していった。これらの庭園は小川治兵衛の手になるものではないが、山県は自ら庭師を督励して彼なりの近代和風の「自然主義的庭園」を創造していった。山県は庭に柿を植えることを好んだが、これも伝統的庭園の樹種ではない。

「自然主義的庭園」は、どのような基盤の上に成立していったのだろうか。おそらくは、そこに近代の精神基盤が見えるはずである。「象徴主義的庭園」は、それを解釈するために、かならず象徴読解のための世界観的前提を必要とする。単純にいうなら、浄土庭園を理解し想像するためには浄土思想という世界観をもつことが前提となるし、禅宗の石庭を理解するには、おそらく禅の境地に達していなければならないのである。そうした世界を理解することが庭園理解のための「世界観的前提」だ。

それに対して「自然主義的庭園」は、世界観的前提を必要としない。あるいは、世界観的前提が成立しなくなったとき、庭園は「象徴主義的庭園」から「自然主義的庭園」へと移り変わったのだといえよう。明治以降の新興勢力は、過去の知識人のような世界観的前提をもたなかった。彼らは自らの感性に合わせて庭園を変えた。そこに新しい時代の表現が生まれたのである。

図　二段重ねの若草山と東大寺南大門の見える，依水園の庭

地勢と庭園

最近、友人たちと奈良の依水園という庭園を訪れた（図）。前園と後園にわかれていて、前園は江戸時代につくられた庭だが、後園は明治時代のもので、奈良の大仏殿の西隣の地に営まれた近代和風庭園である。典型的な近代和風庭園というわけだ。

後園の部分は、明治三〇年（一八九七）ごろから、ここに居住していた関藤次郎によって作庭された。作庭は裏千家十二世又妙斎宗室、施工は京都の庭師林源兵衛だという。いまのような、前園と後園を合わせたかたちの庭園にしたのは、昭和一四年（一九三九）にこの邸地と庭園を購入した実業家、中村家だという。

庭園を歩きはじめて、一緒に歩いていた友人一同唖然とした。友人というのはみな建築家であって、造形的感覚は鋭い。わたくしにとってはみな、畏友である。

彼らが「あれは何だ」と叫ぶ方を見ると、異様な建物が庭の向こうに見えている。屋根の一部と軒の妻側にかかる懸魚が目に入るのだが、異様に高い建物のようである。そこで驚くと同時に、ただちにみな、それが東大寺の南大門を真横から見ているものだと気づいたのだ。「あれは何だ」という声は、東大寺南大門を真横から見るとこんな形をしているのかという驚きによるものであり、また、南大門を真横から見る庭園とは、何を意図した庭園なのだという驚きによるものなのだった。

南大門は常識を超えた高さの建物だから、上部だけが見える。それは、まるで天上に浮かぶ建築のように思われる。それがこの庭園の狙いなのか。東大寺西隣に庭地を構えることの異様さを、南大門を借景にするというかたちで、この庭園のあるじは、示したかったのだろうか。

庭園全体は大きな池を中心に据えた、いわゆる池泉回遊式庭園とでもいうのであろう。順路もしつらえられているので、左回りに歩きはじめる。やがて唐突に小さな水車小屋が現れて、水車の回るすがたを目にする。そこで池の一部を渡るのだが、そこの飛び石が恐ろしく小さい。踏み外すと、ずぶぬれになりそうな沢渡りである。ようやくのことで池を横切り、ぐるりと池を一回りしてくると、改めて庭の中央に設けられた築山が目に入ってくる。一種の芝山になっていて、これは庭園の彼方に、借景として眺められる若草山を一回り小さくして庭に据えたものだと知られる。けれどもまるで二段重ねになった若草山が見られる庭というのは、いったい何なんだという疑問も湧く。

そこに東大寺南大門が不思議な角度で、ちらりと現れるのは、シュールレアリスティックですらある。東大寺南大門は俊乗坊重源の手になる大仏様と呼ばれるスタイルの建築だが、このスタイルは以前、天竺様と呼ばれていた。天竺とはインドのことだろうから、庭園の上方にちらりと現れる天竺様の南大門は、天から降臨した仏の座を連想させようとするデザインなのかもしれない。

いずれにしても、二段重ねの若草山に、ちらりと現れる天竺から降臨したかのような南大門を配するデザインは、形而上学的なものと見えながらも、じつはそうではなく、日常的感覚の延長に組み立てられる驚きを基礎とした、広義には「自然主義的庭園」といってよい作庭法であろう。

「あれは何だ」と叫ぶのが、ここでの正しい庭園観賞法だったのだと、改めて理解するのである。

近代における象徴の死

池には中の島が設けられていて、そこに渡る石は、石臼を並べたものだ。池の手前には、先にも述べた伽藍石がいくつも据えてある。いずれも大きいし、背も高い。小川治兵衛が試みた手法と共通する部分が多いようだが、何とも不思議でもある。「象徴主義的庭園」を訪れると、この庭の構成や石は、どう解釈すればいいのだと不安になるのだが、この庭園では、エピソディックな石が据えられているけれど、どうも目に見えた通りの意味しかないのではないかと、逆に不安になる。

池の手前には柳生堂、氷心亭といった建物が建っている。さらには後ろには前園に面して三秀亭という数寄屋もあり、ここでは庭を眺めながら抹茶などをいただける。友人一同、ゆっくりとお茶をいただくことにする。抹茶と饅頭を、緋毛氈に座っていただく。はなしは庭のことになる。

みな、この庭園を初めて訪れた者ばかりだ。

庭に象徴的意味を込める作庭法は、共有される世界観を前提としなければ成立しない。たとえそれが限られた狭い範囲の教養人のあいだのものであるにせよ、象徴形式は、それを読み取ることのできる集団が存在しなければ、存在できない。「象徴主義的庭園」が衰亡して、「自然主義的庭園」の時代になるのは、建築から装飾を消滅させ、歴史様式に基づくリヴァイヴァリズムを終焉させた近代化の、庭園における並行現象である。

この数寄屋で抹茶をすすりながら、部屋の障子に映る枝の影を見て、「あれは小津安二郎の世界か、はたまたジョン・キーツの心象か」などと、友人のひとりが訳のわからぬことを口走る。これは「自然主義的庭園」の風景を「象徴主義的」に解釈したものではあるが、だからといってここに「象徴主義的庭園」のファクターがデザインされている訳ではない。友人の眼と発想には象徴主義的なところがあるけれど、それはあくまでも建築家的で詩的な眼であり発想であるので、庭園にそれが内在している訳ではない。

唐突にここで庭園と彫刻に活動の場をもったふたりの芸術家、イサム・ノグチと流政之を比較しておきたい。ふたりとも日本的な感性を基礎としながらも、近代彫刻の新しい地平を切り開き、さらには庭園やランドスケープ・デザインにまでその活動領域を拡大していったという点で、多くの共通部分をもつ。うっかりするとどちらがどちらかわからなくなってしまうほどだ。

けれども「象徴主義的」という発想の尺度からこのふたりを比較するとき、イサム・ノグチにはより抽象性が強く、流政之は時折具体的な意味に接続する言葉を用いた、「象徴的」な作品を作るように思う。これはどのようなことを意味するのであろうか。

おそらくイサム・ノグチの抽象性の高さは彼の作品世界の自立性の高さ、いいかえれば近代性の高さを示すものではないか。それに対して流政之の「象徴性」への傾斜は、彼の作品が、過去の文化がもっていた歴史的世界観をある程度前提とした、折衷的性格をもつものであることを示しているように思われる。どちらが優れている、どちらが純粋であるといった問題ではないが、年長であったノグチの方がより近代に生き、流政之の方が過去との狭間を意識しているように思われる。

こうしたあり方は、現代に生まれる庭園には、さまざまなかたちで同じように現れているに違いない。われわれは何らかの象徴的意味を前提としたがっているのか、それともあくまでも自立的な構成のなかにすべてを自足させようとするのか、という問題である。

庭園においてすべての要素を自立的に自足させようとするなら、樹木も抽象形に整え、石も水も幾何学的にコントロールされた方向にデザインされるかもしれない。現にあらゆる庭園にストライプのパターンを持ち込むランドスケープ・デザイナーもいる。幾何学式庭園といわれる近世のフランス庭園よりも、一層抽象的で無機質化した庭園を目指す可能性がそこにはある。

象徴的意味を庭園に込めようとする場合にも、過去の文化的象徴体系をちりばめるだけではなく、抽象化された象徴性、いわば抽象概念の象徴を庭園にもちこむ方法も考えられる。そこでは過去の文化的世界を前提とするのではなく、抽象的に構成される象徴が求められる。

また、無論、あたらしい自然主義的庭園の方向もある。過剰な意味を込めずに、自然を自然として庭園化することによって、いまの時代にもてはやされる地球環境のモデルを示そうとする方向である。ビオトープなどもこうした庭園ならざる庭園の例としてよいであろう。トンボが育ち、蛍が舞う場所もまた、近代の庭園世界なのである。そしてそれは、二段重ねの若草山や、天から降臨したかのような、天竺ゆかりの南大門が見える庭園の延長上に位置するように思われるのである。

第8回　都市

都市の近代／近代の都市

伊藤　毅

1　はじめに——都市の近代

鈴木博之の都市論を通して近代の多面性を探ろうとする本章では、二つの目標を設定し叙述を進めることにしたい。

まずは鈴木の都市論の中身を明らかにすること。都市地主論や地霊論でよく知られるように、鈴木の都市論は他の凡百の都市論と較べて大きく異なり、かなりユニークなものである。そのユニークさはどのような内容をもち、どのように形成され展開したか。その変遷をできるだけテキストに即して追跡することを試みたい。

二つ目の目標は都市、とりわけ日本の都市が経験した近代とは何であったかという問題を鈴木の目を通して考えることである。「近代の都市」という場合、古代—中世—近世—近代という時代区分があらかじめ与えられていて、そのなかの近代都市という枠組みから逃れることは難しい。アジアの端っこで特異な近代化を遂げた日本にとって、「近代の都市」をみることは西欧化を物差しとしてその距離を測ることになりかねない。そうではなくて、「都市の近代」、つまり日本の都市のなかで個性的に醸成された近代性の特質を探ること、これはひとり鈴木だけの問題でなく、広く日本人研究者(研究者にかぎらず)ひとりひとりが考えるべき重要なテーマであろう。

2　都市へのまなざし／東京論の四類型

一九八〇年代の東京論

建築史の分野が東京の近代都市史になした貢献はかなり大きかった。早くに長谷川堯の『都市廻廊——あるいは建築の中世主義』(相模書房、一九七五年)が、明治から大正にかけての東京を舞台とする都市と建築にかかわる先駆的な論考を発表していたが、本格的な東京論が登場するのは一九八〇年以降のことである。

すなわち、初田亨の『都市の明治——路上からの建築史』(筑摩書房、一九八一年)、藤森照信の『明治の東京計画』(岩波書店、一九八二年)、陣内秀信の『東京の空間人類学』(筑摩書房、一九八五年)はいずれも一九八〇年代前半に出版され、センセーショナルな話題を呼んだ。初田の書は『商店建築』の連載(一九八〇年一月—一二月)をまとめたものであったし、藤森は学位論文(一九八〇年度東京大学学位論文「明治期における都市計画の歴史的研究」)をもとにして大幅に加筆修正を行ったものである。陣内の研究は一九七〇年代後半から法政大学の学生たちと継続的に行ってきた東京のフィールドワークをベースにしたものであり、それぞれ成立経緯も問題意識も異なるが、東京が七〇年代の低成長の時代から八〇年代に入って大きく経済発展を遂げようとする、まさにそのダイナミックな時代変化の潮目に乗るようにして、これらの研究はかなり専門的な内容であったにもかかわらず、広い読者層を獲得することになる(初田、藤森、陣内の当時の研究状況は、「東京論その後」『建築史学』第四七号、二〇〇六年九月参照)。

一方、少壮気鋭の社会学者であり、建築学にも強い興味を示していた吉見俊哉は、修士論文の一部を「現代都市の意味空間――浅草・銀座・新宿・渋谷」（『思想』一九八五年二月）として発表していた。この論文をはじめて目にした時の衝撃はいまでも忘れることができない。一九一〇年代から二〇年代の浅草と銀座、六〇年代から七〇年代の新宿と渋谷、この異なるタイプの盛り場の推移が示す驚くべき同型性の発見自体、きわめて斬新であったが、その背後の社会史的な意味合いや人々の生きられた場としての都市の緻密な分析には驚かされた。これがのちに吉見の処女作として出版され、大きな評判を呼ぶことになる『都市のドラマトゥルギー――東京・盛り場の社会史』（弘文堂、一九八七年）のもとになったのである。

日本近代史家の成田龍一は、既往の近代東京研究を首都（帝都）―都市、祝祭―日常の直交する二軸によって分割される四象限で説明し、藤森の研究は首都―祝祭の象限、陣内は日常―都市の象限、吉見は祝祭―都市の象限のなかに分類されている（「帝都東京」『岩波講座日本通史16　近代1』岩波書店、一九九四年）。この整理はなかなか便利であるが、鈴木の東京論は分類不能だったのか、ここからは省かれている。

一九八〇年代、鈴木は目立った東京論をまだ一般には公表していない。鈴木の最初のまとまった東京論である『東京の「地霊《ゲニウス＝ロキ》」』（文藝春秋）が世に問われたのが一九九〇年であるから、上記の八〇年代の東京論ブームを横目に見ながら、新たな東京論を構想していたかのようにみえる。しかし事実は違っていて、鈴木がまとめた一九八二年科学研究費報告書『東京における住宅地開発の比較文化史的研究』にはすでに鈴木都市論の骨格が提示されており、鈴木の東京論もまた八〇年代の産物なのである。この報告書は私家版であったから、学界の限られた範囲にしか流通していなかっただけである。

東京論の四類型

さてこうして一九八〇年代に出揃った東京論を眺めると、不思議なことにそれぞれが意識的に棲み分けているかのごとく、都市へのまなざしや方法上の違いを強調している点がみえてくる。わたくしは著者たちへの礼を失することを承知のうえで、これを①実証派、②テーマ派、③フィールド派、④物語派という四つの類型で捉えたいと思う。

初田の研究は明治初期の市井の人々がつくりあげた擬洋風建築、勧工場と明治期の繁華街の形成など未開拓の分野の地道な資料収集がベースになっている。初田は三井文庫所蔵の資料など近世史の専門家しかみないような資料や未発掘の図面・写真など一次資料にもとづいた手堅い実証研究を行ったのであり、あとがきにはそうした自負が控え目ながらも述べられている。初田の研究は①実証派論文にふさわしい。

②のテーマ派は、実証性もさることながら、論文の構造が美しくデザインされていて、テーマ設定に大きな比重が置かれているタイプを指す。上記の東京論のなかでは吉見の論文がそれに相当し、彼の『都市のドラマトゥルギー』の目次は見事なディレクトリー構造をもち、浅草・銀座から新宿・渋谷へというテーマが全体を貫いている。

③のフィールド派は具体的な都市空間そのものを対象としてとにかく歩き回り実測して都市の仕組みや魅力を発見していくことを身上とする。一九六〇年代後半に流行したデザイン・サーベイは建築の学生をバナキュラーな都市や集落へと駆り立てた。また一九七五年の伝統的建造物群保存地区制度成立後は、数多くの町並み調査が各大学で行われた。陣内の東京研究はこうした流れのなかで、さらに彼のイタリア留学で学んだティポロジアの方法やヨーロッパとの比較史的視点も加味されて推し進められた。陣内の研究はまさにフィールド派といっていいのではなかろうか。

そして最後の④の物語派。ここに藤森と鈴木の東京論を入れてみたい。両者の研究は実証レベルも高いし、もちろん独自のテーマが打ち立てられてもいる。そして町歩きのプロでもあるからフィールド派であることも否定できない。しかし何よりも藤森と鈴木の東京論には「物語」としての魅力が横溢している。藤森の『明治の東京計画』は銀座煉瓦街計画や日比谷官庁集中計画など明治期の代表的な都市計画が一次資料にもとづいて明らかにされた画期的な業績であるが、それぞれの計画を舞台に登場する井上馨や大隈重信、山県有朋などの明治の元勲のやりとりは、藤森の手にかかると波瀾万丈の悲喜劇のごとくである。鈴木の東京論は藤森とは異なる物語を紡ぎ出した。それは都市計画ではなくて、個別の土地にまつわる物語である。以下、鈴木の都市論の中身に入っていこう。

3　見える都市／見えない都市

隠れた名作

鈴木博之の都市論といえば、『東京の〔地霊《ゲニウス=ロキ》〕』と『都市へ』（中央公論新社、一九九九年）の二書がその代表作として取り上げられる。たしかに前者は東京のさまざまな場所の個性的なケースヒストリーを書き連ねた独創的な作品であったし、後者はそれまでの鈴木の日本近代都市史の総決算ともいうべき内容をもつので、この二書が鈴木都市論の代表作という評価は間違いないところである。一方、発表された時期からみると両者の間に位置し、内容的にもケースヒストリーが全体的な鈴木都市論へと止揚されてゆく中間点となる、『見える都市／見えない都市――まちづくり・建築・モニュメント』（岩波書店、一九九六年）の存在は意外に忘れ去られているのではないか。わたくしは、この『見える都市／見えない都市』こそ、コンパクトではあるが鈴木都市論の真髄を示す、隠れた名作だと密かに思っている。ここでは本書の内容を概観することによって、鈴木の都市論の骨格をみることにしよう。

『見える都市／見えない都市』は全一〇巻からなる「岩波近代日本の美術」の第三巻として書き下ろされたものであって、このシリーズの基本的なコンセプトは「美術に刻まれた『日本の近代』が見える」である。美術史家のみならず美術史の隣接分野で活躍する先端的な研究者が一堂に会した意欲的なシリーズであるが、このなかでもひときわ異彩を放っているのが鈴木のこの書である。というのはそれ以外の九冊はイメージとしての戦争、浮世絵・洋画の裸体像、写真と絵画、夢と幻想、絵のなかの暮らし、山水画と風景画、日常のデザイン、美術史と美術批評というように、なんらかのかたちで美術史と関連が深いものが取り上げられているが、鈴木の書はもちろんモニュメントとしての建築は登場するものの、全体としては土地や場所に焦点を絞った鈴木特有の都市論になっているからである。本シリーズの趣旨からして、鈴木に期待されていたのは近代日本の建築表現をテーマとしたものであったのではないかと想像するが、鈴木はあえてそこから都市へとテーマを拡大させ、「見える」「見えない」の両義性をもつ都市へと切り込んでゆく。本書には、そういうチャレンジングな緊張感が全体に漲っている。

四つの土地譚

本書は六章からなっている。1「地主と都市の近代」、2「邸宅と住宅地」、3「都市の表現」、4「技術の意匠と町づくりへの転化」、5「都市のモニュメント」、6「場所のイメージ」、が各章のタイトルである。1と2で基本的な鈴木の都市への考え方が示され、土地所有や地主の動向という不可視の領域で都市の基層部分がかたちづくられた点が述べられる。そして3〜5では可視的な表現である都市の空間や技術・意匠・町づくり・モニュメントに触れたのち、ふたたび不可視の世界である6の場所のイメージへと舞い戻って、終わる。「見える／見えない」はこうした章構造を反映したタイトルであることがわかる。

1は何度読んでも感心させられる章で、まず江戸が東京へ変わる混乱期に東京の将来を見抜いてまだ二束三文にしかならなかった土地への投機の重要性を説いていた大村益次郎、林学者の本多静六の山林投資と蓄財が取り上げられる。ここから展開される以下のストーリーは見事というほかない。

三島由紀夫の遺作となった『豊饒の海』はこの本多静六をモデルにしたと考えられるらしい。三島の本姓は平岡であり、父・平岡梓は農林官僚であった。林学者、本多の存在は彼の身近にあった。さらに円地文子の『女坂』に登場する主人公、白川行友は警察官僚として三島通庸の下で活躍した母方の祖父がモデルになっている。円地と同世代にあたる白川行友の孫は東京大学法学部を出て山林局長を務めたエリート官僚。社会的・知的バックグランドを共有する三島と円地はどこかでつながっているという。

二つ目のストーリーは築地小劇場の誕生にまつわる話である。小劇場建設のための築地の土地を提供した地主、籾山半三郎、そして籾山家に婿入りした仁三郎は俳人でもあり籾山書店を経営する。籾山書店は夏目漱石、森鷗外、永井荷風などの当時の文豪の作品を数多く手がけ、とくに永井荷風と深い関係にあった。籾山書店もまた築地に立地し、籾山という地主を媒介として演劇と文学が下町から発信されることになる。

三つ目のストーリーは鈴木が偶然谷中墓地で見つけた広部清兵衛の墓碑銘。この碑文を書いた人物が築地小劇場の創始者であった土方与志の祖父にあたる元久であるというのも偶然であるが、先の永井荷風が麻布に建てた洋風住宅「偏奇館」の土地の所有者がこの広部清兵衛だという。偶然の連鎖は予想を超えた範囲に広がっている。

そして最後の土地譚では、バウハウスの日本への移植に貢献した建築家の山脇巌、テキスタイルデザイナーの山脇道子の夫妻が登場する。妻の実家である山脇家もまた京橋・深川に広大な地所を所有する地主であった。道子の父、善五郎は建築家の土浦亀城に設計を依頼して、銀座にモダンデザインの徳田ビルを建て、娘夫妻をここに住まわせたという。こうした新興都市地主にはモダンな思想に好意的な層が少なからずあった。

矢継ぎ早に展開される四つの話はやや込み入っているが、都市の基層にはさまざまな関係の糸が張り巡らされていて、可視化されることはない。とくに都市地主の存在が東京の近代化の重要な側面を規定したという事実がこの章から見事に浮かび上がってくる。

土地所有と場所性

2の「邸宅と住宅地」には鈴木の都市論で繰り返し登場する東京の近代地主の類型論が示されている。この内容の基本的な骨格は冒頭で触れたように、すでに一九八二年科学研究費報告書『東京における住宅地開発の比較文化史的研究』で出されていたが、その後の知見が加わってたいへん読み応えのある章となっている。1が個別の土地のケースヒストリーであったとすると、2は江戸から東京に至る大きな歴史のなかで土地がどのように変化していったか、都市地主の全体的な動向の類型など、東京の近代都市としての構造が明らかにされる。武家地の維新後の変遷について、ふたたび土方元久が登場し、広大な武家住宅の状況が具体的に描かれる。そして武家住宅から官員住宅への移行、拝借邸の払い下げ、皇族賜邸地の成立、新興資本家の大土地所有へと分析が進む。ここで取り上げられた内容は既往研究がほとんど注目してこなかったものであり、鈴木の提示した論点がいかに独創的であったかをよく示している。皇族賜邸地を都市史の観点からみるような視線はなかったし、新興資本家が①集中型大土地所有者、②集積型大土地所有者、③小規模型土地所有者の三類型に整理されたことによって、その後の近代東京都市史研究の視界が一挙にひらけたのである。この章では東京との比較の意味で阪神を中心に活動した住友家の家づくりについて触れられているのも注目される。

6の「場所のイメージ」は近代的空間が場所性を喪ってきたことは事実だが、そこには何か目に見えない土地のもつ力が根強く存在していることを、地名を通して考えようとする。都市の地霊論を展開し始めていた鈴木にとって、土地のケースヒストリーとは別の方法で場所性に接近する試みである。具体的には当時バブル経済に乗って次々と集合住宅が建設されていた東京港区を対象として、集合住宅につけられた地名の分布や特性を探るというフィールドワークである。こういう網を打つような調査をあまり好まない鈴木にしては珍しい作業だと思ったところ、実はこれは東京大学工学部建築学科で行われた学生演習課題を下敷きにしたものであって、その成果の一部は「東京都港区内の集合住宅に見られる都市の地名イメージの分析」(『東京大学文学部文化交流施設研究紀要』第八号、一九八七年)に発表されたものであったことがわかる。

マンションにつけられる地名はストレートに地元の地名が登場する場合が多いが、あまりイメージのよくない場所では近傍のブランド性の高い地名を強引につけるケースもある。あるいは旧地名のもつ伝統的イメージを喚起するために、わざわざ古い地名を使ったりもする。地名以外に公園や駅名、近くの大学名などもよく登場する。このようにして、総計八三二件の集合住宅名が分析された結果、①ブランド型(高輪・三田)、②伝統プライド型(南麻布・白金)、③地元型(芝)、④自己否定型(芝浦)の四類型が抽出された。地名というのは決して場所の記号ではなく、長い都市の歴史のなかで呼び習わされ定着していった場所の固有名である。そして地名がもつイメージの喚起力は場所の性格を反映したものに違いない。この章の分析は鈴木の一連の都市論のなかでは異色のものであってその後この方法で他の地区を分析した形跡はないが、実に説得力あるかたちでまとめられている。

このほか、4で取り上げられている京都における琵琶湖疎水とパワーカナル、小川治兵衛の作庭、5の近代東京の銅像や描かれた都市風景などもその後の鈴木の都市論に必ず顔をだすトピックである。

本書は鈴木の都市論の過去の蓄積と執筆当時進行中の考察、今後展開すべきテーマの芽などが、短いテキストのなかでひしめき合って共存するような魅力を湛えている。そして全編を通して通奏低音のように流れているのが、都市の「図」と「地」の問題である。ゲシュタルト心理学における図と地を都市に応用すると、目に見える都市計画や都市景観、各時代につくられる建築は図であるのに対して、土地の所有や来歴、地名のもつイメージなどは都市の地とみなされる。鈴木の冷静な目はつねにこの両者をバランスよくみているが、都市の地の方に熱い共感を寄せていることは明らかであろう。「見える都市／見えない都市」という本書のタイトルは言い換えると「都市の図／都市の地」ということになる。鈴木の都市論の傑作としてその後登場する『都市へ』は、本書の延長上にある作品といって過言でない。そのような意味でもここでやや詳しく紹介した『見える都市／見えない都市』はもっと再評価されていい、鈴木都市論珠玉の一篇であろうと思うのである。

4　田園の憂鬱／都市のかなしみ

郊外住宅地と田園都市

鈴木の都市論はどのようにしてかたちづくられていったのだろうか。その系譜を辿っていくと、いくつかの源流があることがわかる。

ひとつは郊外住宅地と田園都市の問題。ヴィクトリアン・ゴシックの崩壊過程の研究を進めていく一方で、英国の郊外住宅地と二〇世紀初頭にエベネザー・ハワードによって提唱され実現化された田園都市に早くから注目していた。

『ジェントルマンの文化――建築から見た英国』（日本経済新聞社、一九八二年）の「セミ・ディタッチド・ハウス」の章では、テラスハウス（terrace house）が都市住宅、独立住宅が田園住宅だとするとセミ・ディタッチド・ハウス（semi-detached house）は都市と田園の接点として成立したことが述べられ、郊外住宅地に特有の住宅形式であるとされる。さらに郊外住宅地は近代の都市が生み出した一種独特の地区であり、「家族が生活することのみを専らの目的とした専用住居という形態は、住居の全分野の広がりの中にあって、むしろ特殊例」であるとする。その先駆として大きな意味をもつものが、ロンドンの郊外につくられたベッドフォード・パークであることが指摘されている。鈴木によると、一九世紀の大都市郊外の住宅地開発と二〇世紀の田園都市の成立はひとつながりの現象として理解すべきものであるという。住むことのみに特化した住宅地が近代固有のものであるという事実はそれまで十分に意識されなかったもので、鈴木の独創的かつ重要な指摘である。

こうした郊外住宅地への独自の視点からの注目は、二〇世紀に登場する田園都市についてもより深い理解へとわれわれを導いてくれる。すなわち鈴木によると、田園都市の理念は「一九世紀の全体を通じてさまざまな分野に見られた中世をモデルとする発想の集大成という性格が色濃く見出されるものであった。所領地住宅地（Estate Village）や工業住宅地（Industrial Village）の実例のうえに、都市の経営の方式が計画され、提言されていったのが田園都市である」（「工業化時代の中世――『田園都市』の底流」、草光俊雄・近藤和彦・斎藤修・松村高夫責任編集『英国をみる――歴史と社会』リブロポート、一九九一年、所収）。

田園都市は生産機能を備えた職住一体型の都市であり、自己完結的な性格をもつが、その淵源は中世モデルの小都市に遡るのに対して、その後一般化し世界各地に普及してゆく田園郊外（Garden Suburb）は単に生産機能をもたないという点だけでなく、中世モデルとは完全に縁を切った近代固有の産物であるところに最大の違いが存する。この指摘は「都市の近代」を考えるうえで、きわめて示唆的な内容を含んでいる。すなわち前近代がなんらかのかたちで歴史的過去を参照することを忘れなかったのと対比的に、近代は過去の呪縛からいかに逃れるかが重要な課題であった。田園郊外は見かけこそ田園都市と似た穏やかで牧歌的な中世を彷彿とさせる風景を現出しているが、そこには大都市へ向かう鉄道その他の近代的インフラがきちんと整備されていて、都市で活躍するホワイト・カラー層にターゲットを絞った商品としての土地や住宅が広告・販売される。田園都市がかろうじてとどめていた中世的な香りはきれいさっぱりと脱臭されているのである。

地霊論

鈴木都市論のもうひとつの源流はいうまでもなく、地霊＝ゲニウス・ロキ論である。地霊への言及はすでに「土地神」（『都市住宅』一三五号、一九七九年一月）という短いテキストのなかにあらわれるが、『建築の七つの力』（鹿島出版会、一九八四年）にも「地霊の力」として登場し、それが一九八八―八九年に博報堂のＰＲ雑誌『広告』に一二回にわたって連載された「東京地霊譚」につながっていく。鈴木都市論の代表作である『東京の「地霊《ゲニウス＝ロキ》」』はこの連載をまとめたものである。

都市を全体的・俯瞰的に見るのでなく、個別的・即地的な土地の履歴から読み解いていくという方法は、場合によっては地方郷土史などでは行われていたかもしれない。地名辞典などはある意味で個別の土地の歴史の集大成といえなくもない。鈴木の地霊論のユニークな点は、個別の土地や場所の歴史こそが都市史の本質であると開き直って、そのスタンスを変えなかったことにある。「細部に神は宿る」は処女作である『建築の世紀末』（晶文社、一九七七年）以来鈴木の一貫した思想であって、その都市バージョンが土地譚ということになる。その点で先に紹介した『見える都市／見えない都市』は、鈴木の土地譚の良質なストーリーがはじめて具体的に紹介された貴重なテキストなのである。そして地霊論が都市地主論ときわめて親和的な関係にあることはいうまでもない。

都市へ

『見える都市／見えない都市』の三年後に全編書き下ろしというタフな時間を経て上梓された『日本の近代10　都市へ』（中央公論新社、一九九九年）は、時期的にも近世近代移行期から戦後、現在に至るまでの時間が取り扱われているし、東京だけでなく京都・大阪の近代都市史が取り上げられ、近代の三都論が述べられていることなどから、鈴木都市論のもっとも包括的な作品に仕上がった。

『日本の近代』というシリーズ本の一冊であり、この書に期待されていたのは一般読者層への全体的な近代都市史叙述であったろうから、本書は最初から包括的内容にならざるをえない宿命をもっていた。包括的であることは、鈴木都市論のもっとも特徴的な方法である、土地や場所のケースヒストリーを積み重ねて書いていくやり方をある程度断念しなければならないことを意味する。もちろん本書のそこかしこに鈴木のいままで研究してきた成果が盛り込まれているものの、書の性格上他の研究成果も広く摂取し教科書的な叙述をしなければならない部分もでてくる。そして全体としては総合的な内容を備えるに至ったが、その一方で鈴木独特の切れ味の鋭さがややにぶったかのようにみえる。ただ「地」の歴史というこだわりがここでもしっかりと継承されていることは強調しておきたい。

田園の憂鬱／都市のかなしみ

鈴木都市論のひとつの到達点は『都市のかなしみ——建築百年のかたち』(中央公論新社、二〇〇三年)であろうと思う。この書は二〇〇〇—〇一年の二年間『中央公論』に連載された「建築百年のかたち」をベースとしてその他の雑誌に発表された文章を七つのセクションに分けて編まれたものであり、話題や論点も多岐にわたるが、およそ四半世紀に及ぶ鈴木の都市・建築の「近代」を巡る旅の小括になっている。

もし「近代」が「西欧化」を指標にして測られるのであれば、「われわれはここ一〇〇年の間、近代化を遂げてきたというよりも、『近代』をやってきたというのに近い」。「(日本の近代建築が)一元的なグローバリズムに搦め取られないようにするには、ふたつの認識が必要だろう。ひとつはジャンルや種別に優劣をつけないという態度である。(中略)二番目に必要なことは、その興味深さを決めるのは個人だと認識することだ」。日本が「『近代』をやってきた」という指摘は残酷ではあるが、けだし至言というべきであろう。しかしこうした捻れた近代をやってきた日本がまた新たなグローバリズムに搦め取られかねない危険性に対して本書は繰り返し警鐘を鳴らす。そして頼るべきは最終的に「個人」であると。

それは都市についても同じことがいえて、「都市を抽象的な空間の集積から免れさせ、具体的な場所という肉体をもった実体にしているものこそ、歴史性であり、文化なのだ。文化を空間に置くことによって、空間は場所となる」。近代化＝グローバリズム＝空間の対抗軸として歴史・文化＝個人・肉体＝場所が屹立する。そしてひとりで町歩きすることを好む鈴木は、「どれほどファッショナブルな街であろうとも、街には生きている哀しみのようなものがある。それのない、まっさらのピカピカの街は、歩きたいとも思わない。ふかい哀しみをもった街の息吹に身を晒しながら歩くことが好きなのだ」。都市のもつ「哀しみ」の中身について具体的に論じた箇所はないが、これはあえて説明するまでもなかろう。都市の風情に深みと襞を刻んでいるのは歴史と文化にほかならないからだ。

国木田独歩の『武蔵野』（一八九八年）に次のような一節がある。

「必ずしも道玄坂といわず、また白金《しろかね》といわず、つまり東京市街の一端、あるいは甲州街道となり、あるいは青《お》梅《う》道《め》となり、あるいは中原道《なかはらみち》となり、あるいは世田ケ谷街道となりて、郊外の林地《りんち》田圃《でんぽ》に突入する処の、市街ともつかず宿駅《しゅくえき》ともつかず、一種の生活と一種の自然とを配合して一種の光景を呈しいる場処を描写することが、頗《すこぶ》る自分の詩興《しきょう》を喚《よ》び起すも妙ではないか。なぜかような場処が我らの感を惹《ひ》くだろうか。自分は一言にして答えることが出来る。即ちかような町外《まちはず》れの光景は何となく人をして社会というものの縮図でも見るような思《おもい》をなさしむるからであろう。言葉を換えて言えば、田舎の人にも都会の人にも感興を起こさしむるような物語、小さな物語、しかも哀れの深い物語、あるいは抱腹《ほうふく》するような物語が二つ三つ其処《そこ》らの軒先《のきさき》に隠れていそうに思われるからであろう。さらにその特点を言えば、大都会の生活の名残《なごり》と田舎の生活の余波《よは》とが此処《ここ》で落合って、緩《ゆるや》かにうずを巻いているようにも思われる。」（岩波文庫『武蔵野』二〇〇六年改版）

国木田の視線と鈴木のそれとの近似性は明らかである。まだかろうじて田園の風景を残しつつも東京市街の拡大に次第に呑み込まれようとしていた武蔵野を見つめる目は、鈴木の『都市のかなしみ』における東京の場末のさびれた商店街をみる眼差しとそっくりである。鈴木の博覧強記ぶりはつとに有名であるが、とりわけ文学への造詣が深い。鈴木のテキストのあちこちに引用される文学作品の幅の広さをみれば明らかだろう。都市を物語として読み解いていく方法は文学者の視線に共通するものがある。

『武蔵野』のおよそ二〇年後の一九一九年、佐藤春夫は『田園の憂鬱』という小品を発表した。都会の喧噪を逃れて田園生活を行ってはみたものの、思うように創作活動が進まない青年作家の倦怠と憂鬱を抒情的に描いた作品であるが、ここに登場する田園は佐藤がかつて住んだことがある横浜上麻生道路沿いの鉄村付近であって、当時東京を遙かに離れた田園地帯であった。

都会の生活は猥雑で騒がしい。かといって都会から隔絶した田園は刺激がなくて退屈だ。こうした都市と田園の対位法は、近代に入るとより複雑な様相を呈していく。鈴木都市論の郊外住宅地・田園都市からスタートして、地霊論をへて、都市のかなしみに至る経路は、「都市の近代」を鈴木自身の目を通してトレースし直す作業であったはずである。

5　おわりに——孤高の都市論

山の手と下町

鏑木清方の『明治の東京』に次のような一節がある。

「近頃ではだいぶ様子も変って来たけれど、昔に溯《さかのぼ》れば溯るほど、東京生れのものの間には、山の手と下町との居住者に、融和しがたい感情の墻壁《しょうへき》が横たわっていた。山の手生活者は下町住《ずま》いのものを『町の人たち』と卑《いや》しめ、下町人は山の手の人を『のて』と嘲《あざけ》った。『のて』はいうまでもなく『山の手』を好意的でなく約《つづ》めていって、その語にはまたうちつけに『やぼ』という心が表示されている。（中略）明治維新の後、山の手だってそう武家上りばかり住んでいたわけではなかったけれど、そこには旧幕時代と違った新しい支配階級、官員さんが武士に代って住むようになった。官員にも都会人がまるでいないのではないが、多くは昔の江戸の人が『勤番者《きんばんもの》』だの『新五《しんご》左《ざ》』だのと侮蔑《ぶべつ》した田舎者《いなかもの》の成上りで、高位顕官といえども、その趣味性に到っては、生地《きじ》の田夫野人《でんぶやじん》に過ぎない……」（『随筆集　明治の東京』山田肇（編）、岩波書店、一九八九年）

下町育ちの鏑木にとって山の手の生活はまったくの別世界であった。使う言葉も違えば、価値観も異なっていたのだ。鏑木は山の手に対して強い反感を示してはいないが、下町育ちらしく『明治の東京』に登場する場所は築地や銀座、浜町であるし、話題にあがるのは下町言葉や芝居、内職など、もっぱら下町文化に関わるものである。「今から見れば東京も狭かったが、その狭い東京をまた更に狭く暮らすのがその頃の東京人の生活であっ」て、山の手にはほとんど行かないので詳しいことは知らないというのが正直なところであった。

一方、山の手は山の手で幕臣の出か薩長土肥などの藩の出かでは大きな違いがあって、両者には曰く言い難い対抗意識が根強く残存していた。長谷川堯が見事に抉り出した、日本橋の設計から推測される妻木頼黄（幕臣家）の意図と辰野金吾（佐賀藩士家）の関係、江戸以来の水の都と明治以降の陸化する東京の姿は、山の手―下町とはまた別の近代東京の対立構図であった（「日本橋の表と裏」前掲『都市廻廊』所収）。

江戸と東京

磯田光一は近代文学史の舞台としての東京という観点から、「明治政府が薩長の二藩を中心とする藩閥政府であったことは、文学史的にもかなり大きな意味をもつものであった」とし、明治の文学者で薩長の出身者が皆無であることに注目している（『思想としての東京』国文社、一九七八年）。「薩長政権」と「東京」と「近代」はほぼ同義語であって、永井荷風も谷崎潤一郎も久保田万太郎も江戸文化圏から出てきた「方言」の保守者であり、「標準語」への反発という点で共通するものがあった。

鈴木博之と松山巖の対談で次のようなやりとりがある（『日本の近代10』付録四、一九九九年二月）。

松山「江戸時代の末期から、幕府が崩れて、それから官軍が入ってくるあたりのことを実に詳しく書いておられるでしょう。これには鈴木さんの家がもともと御家人だったという……。」

鈴木「怨みつらみが入っている（笑）。」

松山「『官軍はほとんど東京を植民地化する』とか、かなり激烈なことを書いておられますね（笑）。」

鈴木「実際そうだと思っています。たしかに江戸の町というのは、木戸は閉まるし、社会構造は雁字搦めになっているし、けっして理想的な都市とはいえません。けれども、近代が都市に自由をもたらしたとして、なにが本当に豊かになったのか。結局、近代は近世の都市を食い潰す、あるいは歴史を消し去ることしかしなかった。（後略）」

松山が指摘しているように、鈴木博之の家系は幕臣の出自をもち、幕末の『江戸切絵図』にもその名前が確認できる。鈴木の都市論にいわゆる江戸下町文化の代表である日本橋・銀座などの町人地や民衆の賑わう盛り場がほとんど顔を見せないこと。また藩閥政府が断行した欧化政策の一環としての都市計画には批判的であり、山の手のお屋敷町や地主の土地所有を通して浮かび上がる個別の場所の歴史に強い関心を示すことは、それなりの理由があると考えた方がよい。

ジェントルマンの文化

このことは鈴木が英国建築史を専門分野として選んだこととも関係しているだろう。礼節とプライドを重んずる英国ジェントルマンの行動規範の土壌のひとつは騎士道的エートスにあって、ある意味で武士道と一脈通ずる部分がある（たとえば、トレヴァー・レゲット『紳士道と武士道――コモンセンスの思想、サムライの伝統』大藏雄之助（訳）、麗澤大学出版会、二〇〇三年など）。また英国ジェントルマンはウィリアム一世のノルマン・コンクエスト以前から在地に定住していた領主層を起源としており、ノルマン朝以降成立する貴族層とは異なるジェントリー層を形成した。彼らは地方に広大な地所（エステート）を所有する大地主として君臨し、高い見識と深い教養に裏打ちされたさまざまな活動や考え方は英国文化の代名詞になった。そして鈴木は先に引用したように、建築史の立場からみたユニークな英国のジェントルマン文化論である『ジェントルマンの文化』のなかで、文化の保護者としてのジェントルマン層のもつ美質への共感を率直に吐露している。

大規模土地所有を行い、田園で静かな生活を送る、カントリー・ジェントルマン（郷紳）という存在形態はしたがって英国のひとつの居住スタイルのイデアとして根強く引き継がれていったが、そうした伝統があってこそエベネザー・ハワードの提唱する田園都市がほかならぬ英国で誕生し、その後もニュータウンというかたちをとりながら定着していったのである。

都市と地主

一方で、ロンドンなどの大都市もまた地主によるエステート所有とその開発によって近代化を遂げていた（鈴木博之『ロンドン――地主と都市デザイン』筑摩書房、一九九六年）。ロンドンの土地の多くはいまなお大地主によって所有されており、王室も大地主という点では同格である。そしてこの土地所有はヘンリー八世がロンドン西部の広大な土地を手中に収めた中世以来、連綿と続いてきたものである。鈴木によると、近代以降のロンドンの都市空間の変化はこうしたエステートごとの開発の集積として理解されるのである。数あるロンドンのエステートのなかでもとりわけ早い時期に開発されたのが、一七世紀、第四代ベッドフォード伯爵フランシス・ラッセルの時、ベッドフォード・エステートのなかに計画されたコヴェント・ガーデンである。イニゴ・ジョーンズという建築家が設計した広場とマーケットを中心とする複合的な住宅地区は、ロンドン最大のマーケットとなり、その後ロイヤル・オペラハウスで有名になるなど、ロンドン屈指の観光名所になっている。このような個別のエステート開発が近代ロンドンをかたちづくったというわけである。

単独者の目

英国建築史の研究からスタートした鈴木博之にとって、その都市論は独自の展開をみせることになり、田園都市、郊外住宅地、地主の土地所有、個別の土地が歩んだ物語などはすべてが強い関係の糸によってつながれている。こうしたテーマへの強い関心は、英国と日本との比較史的な観点がなければ決して生まれてこなかっただろう。鈴木都市論でつねに露わにされるリアリズム（たとえば都市の下町ロマンでなく、実際に不動産を所有する地主や建築主への着目）や背後に流れるかなしみ（成立過程よりは崩壊過程への共感）は、仮に鈴木都市論を先に述べたように「物語派」として位置づけることができるとすれば、大団円で終わる単純なストーリーでは味わえない、優れた物語が本来的にもつ深さと複雑さ、残響する余韻を感じ取ることができる。ここにチームを結成して「見える都市」を対象に行うフィールド調査と対極的な、単独者の目で「見えない都市」をじっと見つめる孤高の鈴木都市論の最大の魅力が宿っている。

第8回　都市

都市の所有者たち

鈴木博之

都市史と土地史

都市の変化を辿る研究分野に、都市史があるが、この分野の可能性は大変大きい。都市に居住するひとの数は増え、近代以降のひとびとの生活は都市を基盤にしているといってよいからである。われわれは都市に生まれ、都市に生き、都市に死ぬ。

しかしながら近代以降の都市の研究の多くは、都市史というより都市計画史によって占められていた。都市計画史とは、文字通り都市計画の歴史である。近代都市は都市計画によってつくられ、開発され、さらには再開発されているから、都市の歴史を辿るには、どのような都市計画がなされてきたかを辿ればよいということになりそうである。東京の歴史を考えてみるなら、明治以降の市区改正計画、官庁集中計画、それに銀座煉瓦街計画、そして震災復興計画、さらには戦災復興計画と、いくつもの都市計画事業があり、それらを辿ってゆけば都市の変貌と発展が位置づけられるような気になる。事実、こうした都市計画史によって都市の歴史を語る態度は少なくなかった。

だが、都市は都市計画によってのみ、形づくられるのではない。大きな都市計画とは関わらない、小規模な私的開発や、遺産相続による土地の分割などが、結局は都市のすがたを変えてゆくのではないか。そうした微細な変化の集積を見過ごしてはならないだろう。都市は計画によってのみ変わるのではないのだ。

都市の歴史が、都市計画を通じて語られることが多かったのは、都市の歴史の語り手たちが都市計画に携わる側のひとびとだったということもあろう。都市を計画する立場の官僚や研究者が都市を語ると、その視点はしばしば「計画」の側からのものになりがちである。都市を計画する目で、現実の都市の変化を辿るのが、むしろこれまでの都市史の主流だった。しかし、当然のことではあるが、現実の都市は無数の私的行為の総和として、変化してゆく。それをどうとらえるかが、むしろ問題なのだ。

現実の都市の変化は、それぞれの敷地における建設行為や開発行為の集積によって起きる。とすれば、個々の敷地の変化をとらえる方が、よりよく都市の歴史に接近できるのではないか。だがしかし、都市のなかのすべての敷地の変化をとらえることなどできないし、もしすべての変化をとらえたとしても、それらが何を語っているのかを読み取ることは不可能だろう。どうすればよいのか。

わたくしは、土地の所有者に着目する方法をとった。土地の所有者をいくつかのタイプに分けることによって、彼らの土地経営には共通性があることを見出せることに気づいたのである。

土地所有者には、大きなまとまった土地をもつ「集中型大土地所有者」と、比較的小さな土地を各所に数多くもつ「集積型大土地所有者」があり、そのほか比較的小規模な土地をもつ「小規模土地所有者」がいる。彼らの土地経営は、次の図式に表せる。

「集中型大土地所有者」→大規模再開発・町づくり
「集積型大土地所有者」→借地経営・地主
「小規模土地所有者」→借家経営・家主

こうした土地経営については、これまでいくつかの著書のなかで整理したので、ここでは繰り返さない。また、むろんこれ以外に、自分の家だけをもつ「持ち家層」があるが、こうした階層も、相続が発生したりすると土地を処分したり、分割したり、開発したりして「小規模土地所有者」としての行動をとる例が多い。

都市は、こうした土地所有者の土地経営の総和として変化するのである。都市の歴史は土地の歴史なのだ。だが、都市を所有する者たちは、決して資産運用のみの動機から都市を動かすのではない。そこには都市を所有するひとびとが都市に込めた、彼らの全人格が込められるのである。都市計画のような国家意思による都市表現ではなく、私的全体性をもった個人所有者たちの夢の表現がそこには潜んでいるのである。

都市地主としての久米と本多

近代化のプロセスを辿り始めた日本の都市のなかで、知識人たちは都市の土地に着目してゆく。一般論としても、幕末の動乱を終えてしばらくすると、土地の価値は上昇すると考えられるようになっていった。たとえば一八七七年の西南戦争直後、この戦で莫大な利益を上げた岩崎家（三菱）は、東京の土地をかなり購入している。資産を土地に固定することで、安定的な財閥への道を歩んでゆくのである。

同じように、土地の重要性を見抜き、資産を土地に投資する知識人が現れる。維新直後の岩倉使節団の一員として外遊し、この使節団の公式記録である『米欧回覧実記』を著した久米邦武（一八三九―一九三一）は、その賞与を土地購入に充て、目黒から恵比寿にかけて、広大な土地を購入した。歴史家として実証主義を標榜し、「太平記は史学に益なし」であるとか「神道ハ祭天ノ古俗」といった論文によって新しい史学を示そうとした久米は、職を追われることとなる。土地の購入はそうした将来を見越してのことではなかったが、「自らの信念に殉ずるには恒産がなければならぬ」とは考えていたようである。彼の息子である桂一郎は画家として大成し、その仕事は目黒にある久米美術館に見ることができる。久米家は東京の土地をもつことによって、自己の道を全うすることができたのである。

土地によって自己の安定を求めた知識人は、久米邦武だけではない。わが国の林学のパイオニア、本多静六（一八六六―一九五二）は土地経営の指導者、蓄財家としても有名であった。林学者としては日比谷公園の整備や各地の公園計画に名を残したが、本多は若い頃から収入の四分の一は貯蓄するという倹約生活をつづけた。こうしてある程度の金を貯めて、本業の林学の知識をいかして、山林地主のコンサルタントのようなことを始める。山林から材木を切り出す計画を立てて、計画的に産出すれば利益が上がる。はじめはその利益のなかから成功報酬をとるという方法で収入を得ていたが、やがて自ら山林を購入するようになる。林学者なのだから、どのへんの山が開発されそうか見通しが立つ。それに基づいて投資するのだから割が良かった。こうして本多は資産家としても有名になってゆく。

さらに本多は都市の土地にも目を付ける。都市の周辺部も、やがては都市化してゆくであろう。こう見通しを立てた本多は、宅地開発が進むのは南向きの斜面からであると判断して、近郊の南斜面の土地を買った。予想は当たって、彼の買った土地は他に比べて早くから宅地化される。こうして本多は都市地主としても名を馳せるようになるのである。

本多の土地投資は、専門である林学の応用問題のように見えなくもない。また、山林の将来性については、彼の立場にあればかなりのことが予想できたのではないかと思われるから、一種のインサイダー取引をしたのではないかとさえ思えてくる。しかしながら本多は自らの資産を奨学資金として寄付し、社会に還元した。彼は単に私腹を肥やす生き方をしたのではなかった。埼玉県菖蒲町には本多静六記念室があり、彼の業績を顕彰している。

ここで思い出されるのが、三島由紀夫の絶筆となった大作『豊饒の海』四部作に登場する法律家本多繁邦のすがたである。第一巻の主人公の友人として登場し、最終巻にいたるまで物語の証人として登場しつづけるこの人物は、本多静六をモデルにしていると思われるのである。法律家として大阪控訴院判事となった本多は、のちに弁護士となる。彼は山林を巡る訴訟を抱えていたが、物語の終わり近くになってこの山林が市場価値をもつようになり、成功報酬として本多のもとにも大きな収入がもたらされるようになるのである。こうした資産家としての本多繁邦のすがたは、あきらかに本多静六に由来する人物像である。三島の父親である平岡梓は農林官僚であったから、林学者であった本多静六の存在は近しいものがあったであろう。本多静六は、三島の世界にふさわしい、知識を富に変えた人物像でもあった。

都市はそれを所有する者たちによって、決定されてゆくのである。

日本薬学会長井記念館と「神田の家」

近代化のなかで力を得た知識人が、その力を土地に替える例をもうひとつ求めるなら、日本の薬学のパイオニア長井長義（一八四五―一九二九）をあげることができるであろう。彼はドイツに留学して薬学を学び、世界のトップレベルの薬学者となった日本人である。その業績としては、喘息の治療薬であるエフェドリンの精製などがあげられる。彼はその資産を渋谷近くの土地に投資し、都市の大土地所有者となった。そこには住宅が建てられ、一種の郊外住宅地開発がなされたという。渋谷駅から南東の位置にある金王神社近くに、その住宅地は広がっていた。新帰朝者による開発らしい、しゃれた洋風の住宅が建設され、ハイカラな生活がそこには展開されていた。

現在、この近くに日本薬学会長井記念館が建っている。この建物の建つ土地は日本薬学会の初代会頭を務めた長井長義の遺族が寄贈したものであるので、この会館に長井の名が付けられていることも理解される。

本多静六や久米邦武と同じように、近代化を進める日本の知識人として多くの活動を行い、土地に資産を投資して生活の基盤の安定を築いたのが、長井長義であった。そして彼もまた、その資産の一部を社会に対して還元するという行動をとっている。ここには知識が力となり、富ともなる時代にあって、知識人がどのように行動したかを示す実例がある。

都市を所有する者たちが、都市そして社会に対して自らのできる貢献を行っているのである。

こうした明治の知識人の軌跡を追っているときに、もうひとつの事例を知る機会をもつことができた。それはある建物の移築事業であった。この建物は数奇な運命を辿って、ゆかりある都心の地にそのすがたをよみがえらせることになった。建物の所有者は遠藤家という、江戸時代から続く材木商である。東京神田の鎌倉河岸に店を構えていた遠藤家は、関東大震災で被災した後、昭和初年に店舗と住宅の建物を新築した。

材木商の建物だけに、材料は吟味されている。入り口近くは地味に抑えてあるが、一階の杉材の柱を使った座敷、二階の尾州檜の柱の座敷、天井に交互に用いた霧島の杉材と屋久杉の見事さなど、見どころは多い。入り口から右手の部屋は、船底天井をもつ和室で、欄間や建具の金物に粋で精緻ないかにも江戸好みといった美しさがある。二階座

図　「神田の家」（2009 年再移築）

敷の床まわりは、やはり昭和の建物らしく、モダンなセンスにも満ちている。

この建物が建てられていた場所は、鎌倉橋と神田橋のあいだ、河岸を背にもって北向きに通りに面していた。荷揚げに便利な河岸があるので、このあたりには材木商も多かったという。材木などの商売はゆっくりとした時間の流れのなかで行われるので、この界隈はあまり人通りもない静かな道だったという。そこで、猫でも歩いていそうだというところからか、「ネコヤ新道」という名があったと聞いた。この場所に行ってみると、かつての河岸は無論消えているが、水辺の環境はいまも残っていて、水越しに経団連のビルが見える。今も昔も都心の一等地であり続けている場所であることが知られる。

しかしながら、ちょうど東京オリンピックを迎える時期の東京の変貌とともに、震災後に建てられた遠藤家の建物は府中市に移されることになった。すでに河岸から木材を揚げる時代ではなくなっていたし、府中市に新たに設けた材木置き場の地所に、屋敷も移すことにしたのである。

そうして府中市に移っていた建物が、この度都心の千代田区立宮本公園に移築された。神田明神のとなりである。亡くなった遠藤家の先代が神田明神の氏子総代を務めるなど、ゆかりも深かったのでこの地に移築する計画が進められたという。

この仕事は、すべて遠藤家の負担で行われたという。こうして移築された家は「神田の家」（図）と名づけられて、折々に江戸・東京の文化を示す設《しつら》いを行ったり、伝統行事のあり方を展示したりする場となるという。そこに現れるのは、江戸以来の大店がもつ懐の深さと、戦前までは東京に流れていたであろう、上品で粋な文化である。都市のなかに都市の記憶をとどめる事業が、いまもなお、さまざまなかたちで行われつづけていることを知る。

都市の変貌は著しいけれど、その変貌にはさまざまな歴史的背景があるように思われる。都市のあらゆる土地（場所）が市場価値のみによって計量され、市場価値のみによって取引され、そのことによって都市から固有の場所性や歴史性、記憶などが失われてゆくと指摘されて久しい。そうした変貌は残念ながら事実であろうが、それだけではないことにも気づきたい。都市のなかにはそれを所有したひとびとの意思や希望、夢や信頼もまた込められているのである。

都市のなかにそうしたひとびとの夢を見出すことは、都市の現実がまんざら捨てたものではないと教えてくれるであろう。

第9回　技術

技術の世紀末

難波和彦

1　建築史の一九世紀とポストモダニズム

『建築の世紀末』(鈴木博之、晶文社、一九七七年)において論じられているのは、一八世紀から一九世紀末にかけてのイギリスとフランスの建築史である。二一世紀になった今日においても、「世紀末」という言葉は、二〇世紀末よりも一九世紀末を想起させる。それだけ一九世紀末は特異な時代だったと言ってよい。しかしながら、大学で学ぶ一般的な建築史においては、一九世紀はそれほど重要な時代とは見なされていない。建築様式の変遷によって記述される西洋建築史では、一九世紀は近世に位置づけられているが、この時代は様式の展開が行き詰まり、新しい様式が生み出されることはなく、過去の様式を模倣するリヴァイヴァリズムが短期間の間に次々と転換していった時代として記述されている。英国の建築史家ニコラウス・ペヴスナーは一九世紀の建築について「建築家が自信を失った時代」とまで言っている。一方いわゆる近代建築史においては、一九世紀は、二〇世紀初頭のモダニズム建築運動への準備段階、あるいはモダニズム運動が克服しようとした様式建築の最後の時代として位置づけられている。いずれにしても一九世紀は明確な輪郭を持たない過渡的な時代として捉えられている。大学で使われている西洋建築史や近代建築史の教科書を見ても、一九世紀の建築は両書にまたがって掲載されている。『建築の世紀末』が焦点を当てているのは、まさにそのような一九世紀の建築である。

『建築の世紀末』が書かれたのは一九七〇年代である。モダニズム建築は、第二次大戦後に世界中に広まったが、一九六〇年代後半から一九七〇年代にかけて、硬直化したモダニズム建築に対する反省が叫ばれるようになった。それがポストモダニズム運動である。現在ではポストモダニズムは建築だけでなく、広く社会・思想全体の潮流を意味するようになっているが、最初にポストモダニズムが唱えられたのは建築においてである。建築のポストモダニズムには二つの側面があった。ひとつは、モダニズムの初期段階にまで立ち戻り、モダニズムが本来持っていた多面性と潜在的な可能性を見直そうとする動きである。これはロシア・アヴァンギャルドの再発見や、ヨーロッパとは異なる展開を見せたアメリカにおけるモダニズム建築の発掘などへと向かった。もうひとつは、モダニズム建築が否定しようとした過去の歴史様式や装飾芸術に向かう動きである。これはモダニズム以前の建築の可能性を現代の視点から再発見し、モダニズム運動自体を歴史的に位置づける方向に向かった。言うまでもなく『建築の世紀末』は、この立場から書かれている。前者はモダニズムの可能性をポジティブに捉え、後者はネガティブに捉えている。その点では、両者の立場は対立している。事実一九七〇年代には、両者の立場はまったく相容れないと見なされ、相互に激烈な議論が交わされた。しかしながら両者には決定的な共通点があることも忘れてはならない。両者ともモダニズム運動を歴史的に捉えている点である。モダニズム運動は歴史を否定しようとした。これに対して、ポストモダニズムは、歴史を否定しようとするモダニズム運動それ自体が、歴史的な事象であることを明らかにした。ポストモダニズムとは、すべてを歴史的に捉える思想だといっても過言ではない。

2　産業革命と技術の視点

『建築の世紀末』で描かれているのは、一八世紀から一九世紀にかけて、建築家という職能が社会的に成立していった歴史である。具体的に言うならば、権力者や貴族といったパトロンとの個人的なつながりを断たれ、社会の中で徐々に孤立していく建築家が、自らの根拠を模索しながら、集団的に結びつき、ひとつの職能として自立していく歴史である。この時代には、次々と新しい思想や主義が生起するが、そこで意識化され主張されている思想や主義の内容こそが、それが失われていく危機感の表れにほかならない。これが同書の隠されたモチーフだと言ってよい。第一章では一八世紀に生まれた新古典主義建築が紹介されている。新古典主義は、ギリシア建築の考古学的な調査から誕生した様式だが、これについて著者はこう書いている。

「ギリシアの発見は、新しい理想の確立にはならず、理想の対立、はっきり言うならば理想の混迷をひき起こした。この理想の混迷は、一九世紀の末まで、一〇〇年以上にわたる建築の試行錯誤のはじまりでもあった。」

つまり一九世紀を通じて、建築家は建築における新しい理想を追い求め続けたが、そのことこそが理想の混迷の表れなのである。本書では、さまざまな理想の追求と挫折をめぐって各章が展開されている。すなわち、パトロンの衰退（個人的様式）、考古学的精確さの追求（リヴァイヴァリズム）、宗教的理念の希求（カトリックとゴシック）、中世への憧憬（職能と共同体）、構造的合理性（ゴシック建築の解釈）、手づくりと集団（アーツ&クラフツ運動）、美学的倫理性（アール・ヌーヴォー）、様式と装飾（世界観の喪失）、科学的客観性（機能主義）などである。これらはすべて理想の追求と挫折の記録である。

一九世紀の建築に見られる「理想の混迷」をもたらした要因は一体何だろうか。さまざまな要因が考えられるが、

図9-1　クリスタルパレス（Chris Wikinson, *Supersheds*, Butterworth Architecture, 1991）

最も大きな要因が、技術の発展に支えられた工業生産力と経済力の拡大であったことは明らかである。一七世紀の英国に端を発する産業革命は、一八、一九世紀を通じて技術の急激な発展をもたらし、英国の経済力を爆発的に増大させ、一九世紀までには、世界に冠たる大英帝国を成立させた。工業生産力の拡大と経済力の増大は、工場を所有する資本家、工場を建設し運営する技術者、資本を持たない工場で働く労働者など、それまでにない新たな市民階級を生み出した。さらに経済の発展は人口の集中する大都市を生み出し、それまでの農村の共同体とはまったく異なる都市社会を生み出した。大都市には工場だけでなく、人びとの移動のための建物、人びとが集まって住む住宅、かれらの生活を支える多様な機能を持った建物が建設された。都市の拡大は建築家の数を増大させ、社会的な職能として成立させる一方で、社会の急激な変化は建築家が依って立つ理想を揺るがし、理想の混迷をもたらしたのである。マルクス主義的な観点から言うなら、『建築の世紀末』に描かれているのは、技術の発展と経済力の増大という「下部構造」の変化がもたらした、建築家の思想や感性という「上部構造の変化」と言ってもよいだろう。

『建築の世紀末』に描かれているのは、社会構造の急速な変化に対して、建築家という職能が成立していった歴史である。その背景には、技術の発展と経済力の拡大、大都市の発生と新しい建築類型の出現があった。建築家はそのような社会の急速な変化に対応しなければならなかった。であるならば、技術の視点から『建築の世紀末』を読み解くことも可能ではないだろうか。たとえば一八世紀に出現した建築材料である鋳鉄は、木材、石、レンガで作られていたそれまでの建物を一変させた。初めて鋳鉄を建築に使ったのは、建築家ではなく技術者（エンジニア）だった。鋳鉄は工場や駅舎といった新しく出現した建築類型にだけ使用され、工場や駅舎は建築家ではなくエンジニアによって設計された。ほとんどの建築家は、そのような新しい建物には見向きもしないか、建築としては認めようとしなかった。鋳鉄は建築家が設計する建物にはほとんど使われないか、使われる場合は、自由な形に鋳造できる鋳鉄の性質を利用して、伝統的な仕上げのイミテーションとして使用されるだけだった。しかしながら伝統的な材料とはまったく異なる鋳鉄と、それによって建てられた新しい建築類型に出会って、建築家の感性は大きく揺さぶられたはずである。典型的な例として、クリスタル・パレス（水晶宮）を挙げることができるだろう。クリスタル・パレス（図9-1）は一八五一年にロンドンで開催された世界初の万国博覧会の会場として設計され、近代建築史を画するエポック・メイキングな建物として記憶されている。この建物は、当時の人びとには広く受け入れられたが、多くの建築家は否定的に受け取った。この建築で実現した透明で軽快な空間は、それまでの建築観とはあまりにもかけ離れていた。この建物が建築家の不安を煽り立てたことは間違いない。その意味で、クリスタル・パレスは建築家の「理想の混迷」とはっきり結びついている。エッフェル塔（一八八九年、図9-2）につい

図9-2　エッフェル塔（『大系世界の美術19　近代美術2』学習研究社，1973年）

図9-3　パンテオン（『世界建築全集8』平凡社，1962年）

ても同様である。しかしながら『建築の世紀末』においては、これらの建物は第三章「理想の混迷」において僅かに触れられているだけである。これは明らかに意識的に選び取られた戦略だろう。ならば『建築の世紀末』を技術の視点から読み直してみることも一興ではないだろうか。

3　合理主義と機能主義

『建築の世紀末』第一章は、ギリシア建築の考古学的調査がもたらした新古典主義様式がテーマである。新古典主義様式は、建築の構成を論理的な一貫性に求めようとした。論理的一貫性を追求する思想を一般的には合理主義という。近代建築には似たような言葉で機能主義がある。合理主義と機能主義は同じような意味で使われることがあるが、本来はまったく異なる思想である。機能主義は建築の用途や性能を追求するが、合理主義は論理的な一貫性を追求する。合理主義的であることは、その建築が機能的であるかどうかという問題とは関係がない。合理主義的な建築は、むしろ機能的でない場合が多い。合理主義の典型であるミース・ファン・デル・ローエの建築は、完全に機能を捨てている。一九世紀末のボザールの建築家たちは、自分たちが追求する建築を合理主義建築として捉えていた。ボザールを目の敵にしていたル・コルビュジエは、それに対抗する意味で、機能主義という言葉を使った。実際には、近代建築は機能主義よりも合理主義を追求したので、両者の意味が混同されるようになったのである。後にル・コルビュジエは「機能的でない建築など自己矛盾である」と主張して、混乱をますます拡大した。一八世紀末に始まる考古学的な調査は、実際のところ、ギリシア建築の構造的な機能性を明らかにしたのだが、新古典主義はそれを論理的な一貫性として解釈した。つまり新古典主義建築においても、すでに機能主義と合理主義の混同があったのである。この混同は、マルク・アントワーヌ・ロージエの「原始の小屋」に現実と理念の矛盾として投影され、ジャック・ジェルマン・スフロのパンテオン（一七八〇年、図9-3）において決定的な矛盾となって噴出した。『建築の世紀末』において、この矛盾は「考古学的実証を通じての建築の源泉への遡行」と「論理的かつ哲学的思弁を通じての建築の原型探究」と記されている。これは機能主義と合理主義の矛盾として、近代建築にも引き継がれている。とはいえ、これは思考を空間として現実化しようとする建築が孕む、宿命的な矛盾なのかもしれない。

構法と表現

近代建築の原理のひとつに「材料、構法、構造を正直に表現すべきである」というテーゼがある。大学の授業や設計製図課題において、われわれはこの原理を厳しく叩き込まれた。この原理を当然のこととして受けとめていた私は、初めてヨーロッパを訪れ、古い建築や近代建築を見て回ったとき、カルチャーショックを受けたことをありありと想い出す。ギリシア神殿の柱は大理石で造られているが、大部分は一枚岩ではなく、輪切りにした大理石を積み上げていた。一本の柱を細切れにする建設法が、ギリシア時代からまかり通っていることを知ってビックリした。もっと驚いたのは、ルネサンスのパラッツォのほとんどが、レンガの組積造であり、表面に張り付いたオーダーや石組が、漆喰塗りの模様だったことである。ルネサンス後期のアンドレア・パラーディオの建築では、レンガの組積模様をそのまま見せたオーダーもあり、表現と構法が完全に分離していた。ル・コルビュジエのサヴォワ邸を訪れたときも、展示された建設中の写真を見て、白色の平滑な外壁面がブロック積みの上に漆喰を塗った仕上げであることを知って震撼したことを憶えている。要するに、近代建築の巨匠であるル・コルビュジエを含めて、ほとんどの建築が近代建築の原理から外れ、構法と表現が乖離していたのである。そのような状況を知ることによって初めて、ウィリアム・バターフィールドの建築がいかに倫理的であるかが理解できる。彼の建築で多用されている赤と黒の横縞模様は、中世イタリアの大理石の横縞模様を模したものと言われているが、それは英国の伝統的な構法であるレンガの組積造によって、赤と黒のレンガを使い分けることによって表現したものなのだ（オール・セインツ教会、図9-4）。バターフィールドの建築では構法と表現が一致している。彼の建築に込められた美学的倫理は、そのまま近代建築初期の名作、ヘンドリクス・P・ベルラーへのアムステルダム株式取引所へとつながっている。

美学と倫理

バターフィールド以上に建築における倫理性を追求した建築家がオーガスタス・W・N・ピュージンである。一九世紀は急速な世俗化の進行にともなって、宗教の影響力が失われていった時代である。そうした時代において、ピュージンの建築思想に込められた美学と倫理は、時代錯誤的なまでに徹底している。というか、むしろ世俗化の泥沼の中でこそ、ピュージンは徹底して反世俗的な建築思想を主張できたのだと言ってもよい。ピュージンの建築においては、カトリックという宗教（思想）とゴシックという建築様式（表現）が緊密に結びついている。『対比』にまとめられたピュージンのゴシック建築の解釈と、そこから引き出された一連の構造的・構法的・形態的な建築規則は、宗教的な意味を取り去れば、そのまま近代建築の技術的規則としても十分に通用する。しかし宗教的な意味を抜きにしてピュージンの建築は成立しない。『建築の世紀末』にはこう書かれている。

図9-4　オール・セインツ教会

「ピュージンにとって、理性によって建築を哲学的に抽出することはまったく無意味であった。ピュージンの建築像は、社会の中で生み出され歴史的形成過程を経た思想と、分ち難く結びついていた。」

社会の堕落と建築の堕落を平行現象として捉えるピュージンの建築観は、フランクフルト学派のテオドール・アドルノやヴァルター・ベンヤミンの美学思想に通じるものがある。歴史的なコンテクストを抜きにして建築を理解することはできない。これは『建築の世紀末』に込められた重要な主張のひとつだが、そこには隠された矛盾がある。歴史的コンテクストを理解する視点も、進行する歴史の中に置かれているからである。コンテクストの歴史性自体が、歴史によって相対化されている。ならばピュージンの思想を宗教性を抜きにして普遍的な主張として受けとめることも、僕たちが置かれた時代の歴史的な解釈と言えないだろうか。

構造合理主義

ピュージンとは異なり、ウジェーヌ・E・ヴィオレ・ル・デュクはずっと近代的である。合理主義思想の権化であるルネ・デカルトに倣って、彼はゴシック建築を徹底して合理的に解釈したからだ。『建築の世紀末』にはこう書かれている。

「ヴィオレ・ル・デュクの出現は、新古典主義の陥っていたディレンマを、ようやく統合することを可能にしたと見えた。彼は〈考古学的実証を通じての建築の源泉への遡行〉と、〈論理的かつ哲学的思弁を通じての建築の原理探究〉という新古典主義建築の分裂を、ゴシック建築の構造原理の解明によって克服したのだ、と見ることができよう。」

図 9-5　集会場案（Kenneth Frampton, *Studies in Tectonic Culture*, MIT Press, 1995）

ルネサンスや新古典主義の建築に比べれば、ゴシック建築が構造を忠実に表現しているように見えることは明らかである。ひたすら高さを追い求めたゴシック建築は、さまざまな構造的な試みを

図9-6　サント・ジュヌヴィエーヴ図書館（W. Hofmann & U. Kultermann, *Modern ARCHITECTURE IN COLOUR*, THAMES AND HUDSON, 1970）

生み出した。細やかな線の集合として構成されたゴシック建築は、線材で構成する当時の鋳鉄構造とも馴染み易かった。ヴィオレ・ル・デュクはゴシック建築研究の応用として、鋳鉄構造を用いた多数のプロジェクトを設計している（集会場案、図9-5）。彼の試みの延長上に、アンリ・ラブルーストのサント・ジュヌヴィエーヴ図書館（一八五〇年、図9-6）やフランス国立図書館（一八六八年、図9-7）があることは言うまでもないだろう。彼の生きた時代が、クリスタル・パレス（一八五一年）と同時代であったことを想起してもよい。その後の実証的な研究によって、ゴシック建築の構造が実際に合理的であるかどうかについては、かなり疑わしいことが明らかになった。しかしそのことによってヴィオレ・ル・デュクの建築思想の歴史的な意義が失われることはないだろう。なぜなら彼がゴシック建築において追求したのは、現実と論理をいかに結びつけるかという普遍的な問題であり、それは現代建築においても依然として追求され続けているテーマだからである。

4　モダニズムと非物質化

英国の美術史家ニコラウス・ペヴスナーは、近代建築史の名著『モダン・デザインの展開——モリスからグロピウスまで』（白石博三（訳）、みすず書房、一九五七年）において、ウィリアム・モリスが中心となって活動を展開したアーツ&クラフツ運動を、モダニズム・デザイン運動の出発点に位置づけている。中世社会における職人ギルドをモデルとしながら、装飾的なデザインを展開したアーツ&クラフツ運動が、なぜモダニズムの源泉と見なされるのだろうか。これを理解するには、モダニズム・デザイン運動が孕んでいた多面的な方向性を理解しなければならない。モダニズムは装飾を排し、抽象的で機能的なデザインを追求した。そしてそれを実現するために、建築を標準化し工業生産化しようとした。この点においては、アーツ&クラフツ運動は、モダニズム運動とは対極的な位置にある。しかしながらモダニズム運動にはもうひとつ重要な側面があった。資本家や一部の特権階級のためにデザインを提供するのではなく、良質なデザインをより多くの新興市民階級や労働者階級に浸透させることをめざした点である。モダニズムが装飾を排したのは、安価で機能的なデザインを追求するためであり、工業生産化をめざしたのは、安価で高品質なデザインを大量に供給するためだった。しかしモリスにとって、つくり手の喜びを喚起する装飾はデザインに不可欠な存在であると考えられていたし、彼が活動を展開した一九世紀中期においては、工業技術は未成熟で機械生産される製品の品質はきわめて低かった。当時の低品質な工業製品を受け入れることができなかったモリスは、手づくりによる職人的な工房システムによってデザインを普及させようとした。さらにモリスは職人的なデザイナーとして、ピュージンやジョン・ラスキンから受け継いだ重要な価値観を抱いていた。デザインには職人としての全人格的な「つくる喜び」が込められねばならないという倫理観である。モリスにとって装飾はその倫理観の表れにほかならなかった。モリスは当時の英国で勃興した社会主義運動にも積極的に参加している。モリスとカール・マルクスが同じロンドンの街に住み、同時代を生きていたこ

図 9-7　フランス国立図書館（Sigfried Giedion, *Space, time and architecture*, Harvard University Press, 1982）

とは意外に知られていない。マルクスは一八四九年にロンドンに亡命し、一八六七年に『資本論』の第一部を出版している。市民階級へのデザインの普及活動と、労働者階級のために社会の平等化を追求する社会主義運動が、モリスの中で一体に結びついていたことは容易に理解できる。しかしながら、工房システムによって提供されるデザインは、少量生産で高価な製品にならざるを得なかったため、一般の人びとは手に入れることはできなかった。最終的には手段が目標を裏切ることになったのである。中世的な職人組織に憧れ、装飾にこだわった点において、モリスとアーツ&クラフツ運動は、依然としてプレモダンな活動だったと言わざるを得ない。しかしモダニズムと共通な社会的・倫理的目標をめざした点においては、モダニズムの出発点に位置している。彼のデザイン観は後のバウハウスの活動に確実に受け継がれていく。

様式の払拭

ペヴスナーはアーツ&クラフツ運動と並んでアール・ヌーヴォーをモダニズムの出発点に位置づけている。『モダンデザインの展開』に彼はこう書いている。

「近代運動はひとつの根から生じたのではない。その本質的根元の一つは、ウィリアム・モリスとアーツ&クラフツであり、他のひとつはアール・ヌーヴォーである。そして一九世紀の工学技術者の業績は、他の二つの源泉と同様に、有力な現代様式の第三の源泉なのである。」

彼はアール・ヌーヴォーをアーツ&クラフツから英国的な倫理を抜き取った「芸術のための芸術」として捉えた。だからこそアール・ヌーヴォーはアーツ&クラフツよりも時代を先まで進み、自由な表現を導いた点においてモダンデザインの源泉となったのだと言う。この点については『建築の世紀末』とは微妙な温度差があるが、その理由はペヴスナーがアール・ヌーヴォーの表現面に焦点を当てたのに対し、『建築の世紀末』はその思想的な意味と社会的な背景に焦点を当てたからである。私見では、アール・ヌーヴォーは二つの点においてモダニズムの源泉になったと考えられる。ひとつは、アール・ヌーヴォーはその装飾において鉄の可塑性と展性を最大限に活用した点である。鋳鉄は鋳造によってどんな形態でも安価に作ることができた。したがってそれまで石や漆喰によって作られていたオーダーや装飾は、すべて鋳鉄に取って代わられた。ジョン・ナッシュが設計したリージェント・ストリートやカールトン・ハウス・テラスのジャイアント・オーダーが、鋳鉄によってつくられていることはあまり知られていない。鋳鉄から鍛鉄や錬鉄へ、さらに鋼鉄へと進化した鉄は、さまざまな使われ方を通して、伝統的な建築家の感性を変えていったのである。もうひとつはアール・ヌーヴォーにおいて多用された植物模様の装飾が、それまで建物の表面を覆っていた伝統的なオーダーやゴシックなど様式的装飾を完全に払拭したことである。リバイバリズムの変転を通じて、建物の表面を覆う装飾は次々と姿を変えたが、アール・ヌーヴォーは装飾の表面性を極限まで追求することによって、伝統的な様式のとどめを刺したのだと言ってよい。このような歴史的事情を『建築の世紀末』は思想の変化として捉え、次のように述べている。

「曲線をめざす精神は、動感、生命力を意図して出発したものだったが、そこに現出した平面性は、ルネサンスから古典主義の時代を通じて主導的な位置にあった、対象を立体として捉えようとする透視図的思考の崩壊を意味するものであった。アール・ヌーヴォーの近代芸術の出発点としての意義は、ここに認められるのがふつうである。」

鉄骨造の出現

鉄骨造はそれまでの石やレンガの組積造とはまったく異なる構造を可能にした。初めて鋳鉄が本格的に使用されたコールブルックデール橋（一七七九年、図9-8）では、木造をモデルにした構造システムが見られるが、一九世紀に入ると鉄の強度を活かした繊細な構造が実現されるようになった。鋳鉄構造を用いた最もエポックメイキン

図9-8　コールブルックデール橋

グな建物は、言うまでもなくクリスタル・パレスである。設計を担当したのは温室を専門とするエンジニアだったジョセフ・パクストンである。一九世紀初頭までに大英帝国の植民地は世界中に広がり、熱帯地域の植民地から送られてくる植物を育てるために、多くの温室が建設された。クリスタル・パレスの最大の特徴は建設方法にあった。鉄骨構造の歴史を研究しているイギリスの建築家クリス・ウィルキンソンは、『スーパーシェッズ——大空間のデザインと構法』（難波和彦・佐々木睦朗（監訳）、鹿島出版会、一九九五年）において、こう書いている。

「クリスタルパレスは、近代的なスーパーシェッズ（鉄骨構造による大空間）の基本的な特性をほとんどすべてそなえていた。モデュラー構法、標準化、大量生産、プレファブリケーション、機械化、軽量化、組織的な工程管理、迅速な現場組立、解体可能性といった点である。もちろんこれらすべての点が互いに独立していたわけではなく、大部分は厳密なプログラムによって管理されていた。建物全体はわずか六ヶ月で完成したが、それは部材の標準化と大量生産によってはじめて可能であった。この建物は二四フィート（七・二m）をモデュールとするプレファブ部材によって建てられた。一モデュールは三分割され、八フィート（二・四m）スパンのガラス枠がはめ込まれた。一枚のガラスの大きさは一〇×四九インチ（二五・四×一二五センチ）で、重さは一フィート当たり一六オンスであった。もっとも重い部材は長さ二フィート（六一センチ）の鋳鉄梁だったが、一tをこえる部品はなく、馬引式か手動式の滑車によって簡単に吊り上げることができた。」

要するに、クリスタル・パレスは、その後、モダニズム運動が追求することになる建築の工業生産化・部品化というテーマを、すべて成し遂げているのである。

非物質化

クリスタル・パレスに対する建築家や芸術家の反応は賛否両論で多様を極めた。今までに体験したことのない空間に直面して、多くの建築家たちが戸惑ったのである。クリスタル・パレスに「中世館」を出品したピュージンは「ガラスの怪物」と呼び、モリスは展示された製品を含めて否定的に捉えた。ラスキンは「胡瓜の温室」と呼んで「鉄では、より高い美は永久に不可能だということを、最後的に実証したものに過ぎない」とコメントしている。さらに当時ロンドンに亡命していたオーストリアの建築家、ゴットフリート・ゼンパーは「建築はもっと重厚でなくてはならない」と言っている。しかしながら、建築家や芸術家たちの当惑とは対照的に、クリスタル・パレスは大衆の人気を集め、万国博覧会は大成功を収めた。この建築が及ぼした影響は絶大であった。以後、鋳鉄構造とガラスを組み合わせた建築――市場、温室、アーケード――が、イギリスのみならずヨーロッパ全域で続々と建設され、各国が競って万国博覧会を開催するようになった。さらに鉄道路線の拡大に伴って、各地に巨大な鉄道駅が建設されていった。材料においても技術革新が進み、鋳鉄は錬鉄、鍛鉄をへて鋼鉄へと改良され、鉄道レールの生産のために鉄の圧延技術が急速に発展し、長大な部品が生産されるようになった。その最大の成果が一八七九年にフランス革命一〇〇周年を記念して開催されたパリ万国博覧会のエッフェル塔（ギュスターヴ・エッフェル設計、鋼鉄ではなく錬鉄が用いられた）と機械館（ヴィクトル・コンタマンとフェルディナン・デュテール設計、鋼鉄のトラスが用いられた）だったことは言うまでもないだろう。鉄とガラスによる建築の軽量化と透明化を、建築史家のユリウス・ポーゼナーは「非物質化」と呼ぶ。一九世紀以降の建築は、ひたすら非物質化に向かって進んでいる。

5　二つの世紀末と一九世紀の意味

『建築の世紀末』に描かれている一九世紀は、建築家にとって激動する社会の中で自らの根拠をひたすら追求し続け、思想的にはどん詰まりにまで進まざるを得ない時代だった。しかし同時に一九世紀は、技術と経済は歴史上かつてないほど急速な進歩を遂げた時代でもあった。二つの世界大戦で始まり、社会主義革命や冷戦に明け暮れた二〇世紀に比べれば、一九世紀は歴史上最も平和な時代だったと言っても過言ではない。近代建築史は一九世紀を二〇世紀初頭に勃興するモダニズム運動の準備期間として位置づけているが、少なくとも技術面では、モダニズムに適用される技術的ボキャブラリーのほとんどが一九世紀中に準備されている。要するに、建築家たちは一九世紀の急速な技術的・経済的な発展を後追いすることで精一杯だったのである。この点について、マルクスは『ルイ・ボナパルトのブリュメール一八日』（植村邦彦（訳）、太田出版、一九九六年）できわめて的確なコメントを残している。

「人間は自分自身の歴史をつくるが、しかし自発的に、自分で選んだ状況の下で歴史をつくるのではなく、すぐ目の前にある、与えられた、過去から受け渡された状況の中でそうする。すべての死せる世代の伝統が、悪夢のように生きているものの思考にのしかかっている。そして、生きている者たちは、自分自身と事態を根本的に変革し、いままでになかったものを創造する仕事に携わっているように見えるちょうどそのとき、まさにそのような革命的危機の時期に、不安そうに過去の亡霊を呼び出して自分たちの役に立てようとし、その名前、鬨の声、衣装を借用して、これらの由緒ある衣装に身を包み、借り物の言葉で、新しい世界史の場面を演じようとするのである。」

人びとは目の前に展開する技術の進展を理解するために「過去の亡霊」を持ち出す。しかし技術はそうした解釈をはね除け、ひたすら前へと進み続ける。二〇世紀初頭の第一次世界大戦のショックによって、人びとの精神はようやく覚醒し、一九世紀という時代の意味を理解するようになる。一九世紀に下部構造（技術と経済）の革命はすでに完了していた。モダニズム・デザイン運動は、その思想的、文化的な仕上げを行ったに過ぎないのではないだろうか。

二一世紀初頭にいる僕たちは、そこから何を学ぶことができるだろうか。二〇世紀にはさまざまな事件があった。二〇世紀初頭には二つの世界大戦が勃発し、その間に世界各地で社会主義革命が生じた。社会主義諸国は一国の政治、社会、経済をすべて計画・設計しようとしたが、一九九〇年代の社会主義諸国の崩壊は、それが不可能であることを証明した。その時点で、設計・計画の概念が大きく変容した。一九九〇年以降は、資本主義体制が世界中を覆い、新自由主義経済によるグローバリゼーションが急速に進行した。この動きに対抗するように、世界の至る所で宗教的原理主義が勃興し、地域紛争が絶えなくなった。同時に二〇世紀を通じて、技術はとどまることなく進展し、二〇世紀後半には、その影響は地球環境を左右するまでに拡大した。一方で、技術の進展はハードからソフトへと移行し、二〇世紀末にはＩＴ（情報技術）はグローバリゼーションをさらに加速させた。二一世紀に入って最初に起きた大きな事件は、九・一一テロと金融資本主義の崩壊である。このような歴史的潮流をみてくると、どことなく一九世紀末と二〇世紀末を重ね合わせて見たくなる。一九世紀のメカニカルな技術の進展を二〇世紀の情報技術の進展に重ね合わせれば、二〇世紀初頭のモダニズム・デザイン運動は、二一世紀初頭のサステイナブル・デザイン運動に重ね合わせることができる。ならば、クリスタル・パレスにおいて二〇世紀の工業化建築を先導したジョセフ・パクストンと、ジオデシック・ドームの開発と環境制御技術を先導したバックミンスター・フラーを重ね合わせてみるのも一興だろう。いずれにせよ、二〇世紀初頭に生きる建築家が取り組まねばならないテーマは、地球環境問題と大都市問題である。そして一九世紀の技術的発展とモダニズムの関係から想像的に導かれるのは、情報技術に支えられたサステイナブル・デザイン運動ではないだろうか。この問題については、機会を改めてじっくり考えてみたい。

第9回　技術

建築の骨格と循環器

鈴木博之

電子化時代の機械

近代は機械の時代であるという認識は、二〇世紀の常識だった。機械が近代を切り開き、機械のアナロジーが組織論から美学にいたるまで、時代の精神として広く用いられた。初期の機械は可動部分が目に見える、蒸気機関車のようなハードウェアむき出しの機械だった。

しかしながら二〇世紀後半になって、機械が電子化されてくると、古典的な機械の概念は急速に色あせていった。電子化された機械は可動部分がほとんど目に見えず、作動しているかどうかは結果を見て判断するといった状況になった。電子化した機械はハードウェア部分よりソフトウェアに重要性があるのだった。

機械は古典的な機能遂行のための構造体ではなく、多様な機能に対応できる可変的な機能をもつロボット化された存在になっていった。機械のアナロジーによって組織や美学を語ることは、現代ではほとんど意味をなさない。かつては建築も、機械のアナロジーによって語られてきた。「住宅は住むための機械」というフレーズは、近代建築の巨匠といわれたル・コルビュジエによって吐かれた聖句とまでみなされてきたが、いまでは「機械」とは何を指しているのだと問われてしまうだろう。

現代の建築にとっての機械とは、構造体を決定する要素であるよりは、建築の内外を制御する技術、古くさい言い方をすれば空調設備、現代風に言えば環境制御技術を意味するであろう。建築における環境工学は、いまや工事費の半分近くを占める重要な技術なのだ。暖冷房、空気清浄化、給排水、照明、音響など、建築のなかを駆け巡る血管やリンパ腺などに相当する部分が環境工学の守備範囲である。建築においては、いまや骨格よりも循環器や消化器、血液といったフローの要素が重要であると考えられている。

『環境としての建築』とは、イギリスの建築史家レイナー・バンハムが一九六九年に書いた著作であり、一九八一年には邦訳（堀江悟郎（訳）、鹿島出版会）も出版されている。この本は、建築が環境工学によってコントロールされる存在であることを縷々述べている。近代建築がマシン・イメージを重視し、機械化を理想としたことはよく知られているし、バンハム以外にも、多くの歴史家や理論家が機械化の歴史に取り組んだ。

しかしながら、バンハムの指摘する建築とは、構造体としての機械、すなわち骨格としての機械ではなく、要素、すなわち循環器や消化器、血液としての機械要素なのだ。それが「環境としての建築」という概念なのだ。そのことにはじめて気がついたのは、二〇〇七年にローマをうろついたときだった。一緒にいたのが建築家の難波和彦で、彼は建築をサステイナブルなものにすることに熱意を燃やしているから、バンハムの『環境としての建築』は彼の愛読書のひとつなのだ。

そこで、ローマにある百貨店のリナシエンテを見に連れていってくれた。この建物は、単純に言うなら、空調のダクトを建物の上から外壁に沿って下ろしてくるというものだ。外壁を見ると、ダクトの膨らみが外に見える。これは面白いと思って、なかに入ってみると、一九六一年に作られたこの建物の空調は更新されていて、もともとのダクト・スペースは使われなくなっている。技術が生み出す建築造形というのは、寿命が短いらしい。

現在、建築のダクトや機械施設は、あとからさまざまな機器が増設されるために、混乱の極みにあるように見える。建物の屋上は室外機が林立する単なる機械置き場になっているように見えるし、建物の裏側の外壁は、ダクトが這い登る金属製のジャングルになっている。こういう状態はまさに渾沌・乱雑で、およそ美的ではないと思われる。しかし、「機械の美学」という言葉もあった。モダニズムの中心概念のひとつが「マシン・イメージ」であり「マシン・

モデル」であった。そこでは機械というものの存在は、肯定されるべきものであったはずである。

一九六〇年代のアーキグラムやメタボリズムの造形は、機械の美学をポピュラー・カルチュアと合体させていた。あの熱気はいま何処に行ったのだろうかと、最近、妙に気にかかっている。

ダクトという血管

そんなとき、新宿と新大久保のあいだの、通称職安通りという辺りを歩いていて、久しぶりに「第3スカイビル」の前に出た。このビル（いまは「ニュースカイ・ビル」というらしい）は、われわれ世代には懐かしい。渡辺洋治設計のこのビルは、メタリック・シルバーに塗装された金属製のユニットを装着したマンションであり、完成は一九七〇年である。当時から軍艦ビルとか軍艦マンションと呼ばれていたとおり、金属製の部材が戦艦のブリッジのように煌めいていた。いま歩いてみると、懐かしい光景に変化はなく、メタリック・シルバーの輝きもそんなに色あせていない。周囲はいまでは東京有数のコリアン・タウンになっているけれど、そうした変化のなかにあっても、この建物は不沈戦艦のように建ちつづけている。ここには機械の美学、メカニカルなものへの憧れがある。

図　新宿のビルの表情

そこで気がついた。「第3スカイビル」の向かい側に建つ一種の雑居ビルが、全身を空調のダクトで覆い尽くしているのである（図）。ここには壁面をよじ登るダクト群があり、上部にはそれらのダクトがICチップのようなパターンで並ぶのであった。この造形は意識的なものなのか、それとも典型的なバナキュラーの造形なのか。このかたちが、向かい側に建つ「第3スカイビル」に触発されて、「第3スカイビル」に対する一種のオマージュとして生まれたのだったとしたら、これは楽しい。しかしながら考えてみると、露出型のダクト配置はメンテナンス上有利であるし、システムの変化にも対応しやすい。こうしたビルを見ることは、デザイン上の話題作を見るのとはまた異なった楽しみである。

こうして建築における環境機械設備の面白さに気づくと、興味深い事例には事欠かない。考えてみると、かつて「重厚長大」といわれた工業施設は、それぞれにメカニックな存在感に満ちていた。多くがどことなく錆の匂いに包まれるようになった現在でも、重工業施設には強烈な存在感がある。以前ある工業地帯を歩いている途中、錆びた浚渫用の機材らしいものが見えたことがあった。黄色く塗られた鉄材は、そこにもう何年か放置されているらしく、草が絡みついている。機能を離れた部品はなにやら巨大な玩具のようだ。こんな情景を唄った歌詞があったように思った。

遠くには生コンクリート製造のプラントらしき工場も見える。「工場萌え」などという陳腐な言葉は嫌いだが、工場設備は抽象彫刻のようで、魅力的だ。しかしながらこうした「重厚長大」な機械は、骨格としての機械であって、血管や循環器、消化器としての機械ではない。

機械のアナロジーの分裂と進化

芸術と技術、機能と形態、エンジニアリングとアート、などという二分法で建築や都市の構成要素を整理することは、どうやら不可能な時代になっているらしい。芸術は技術をまとうことではじめて成立しており、機能と形態の間の必然的関係はすでに失われているけれど、それでも分離不可能な関係ではありつづけている。エンジニアリングとアートの関係もまた、主人公とサポート役という主従の関係でもなければ、実体と飾りという関係でもない。なにやら渾然一体として、しかしある場合には無関係に背中合わせの関係で併存していたりする。

都会を移動していて、しばしばビルの屋上が見えるポイントに出ることがある。高架道路であったり、モノレールの窓からであったりするが、上から見るビルの屋上は、予想以上に機器で立て込んでいる。空調機器であったり、電気系統の機器であったりするが、そのヴォリュームはどんどん増大しているようである。

むかし、こんなことがあった。ある歴史的オフィスビルの記録をまとめる機会があって、航空写真を掲載しようということになった。ところが試みてみると、都心に建つ建物の航空写真は、屋上部分しか写らず、しかもその屋上は空調機器などがところ狭しと林立しているというありさまで、掲載しても意味がないということになった。屋上は東西南北の四面のファサードにつづく、第五のファサードだと指摘する建築家がいたが、第五のファサードを奇麗に保つのは難しい。

だが、奇麗だとか乱雑だとかを区別することは無意味なのではないかと思われてきた。機器が置かれるのは必然であり、そこに生じる光景には、現代の時代表現があるのだから。屋上緑化の機運が進めば、屋上のあり方もまた変わるであろう。屋上が緑で覆われるようになるとき、空調や電気の機器はどこにその場所を見出すのか。

こうして機器、設備などの観点から建築を見ると、いまの建築に求められるエンジニアリングのあり方が少し、これまでとは違ったものとして、目に映るようになった。

新しい大学の実験棟が、外付けの設備機器群の塊だと気づいたのも最近のことだ。大阪大学工学部の実験棟を見る機会があって、これは設備機器を鎧のように身にまとい、必要に応じて脱ぎ着する建築だと思った。着脱のスピードは日に日に速くなるので、結果、建物のかたちも、外側に一枚設備のためのスキンをまとったものになる。実験棟はそのなかで日進月歩の実験が繰り返される場だが、そのためには建物のすがたも実験的なものにならざるを得ないのだろう。これがもう少し、視覚的にもスリリングなものになれば、言うことはないのだが。

そんなことを考えると視点はどんどん広がっていって、建物の外皮というか、建物にまとわりつくスキンは設備のための外皮とは限らないことに気づいた。それは東京、四谷の赤坂離宮迎賓館の改修現場を訪れたときのことである。日本の古典主義建築の最大にして最高の作品と言われるこの建物が、改修のために全面的な足場で包まれているのを見たのだ。メタルな足場に包まれてしまうと、古典主義の建築もなにやらハイテクの巨大建築に見えるのだった。

建物が一時的に身にまとう必要から、スキン状の外装を施されれば、建物全体はその外装に支配される。いまの改修技術がハイテクなものである以上、改修中の歴史的建造物も、その間はハイテク建築になってしまうのである。芸術と技術、機能と形態、エンジニアリングとアート、などの関係をこれまでの二分法で整理することは、どうやら不可能な時代になっているらしいと、先に述べたけれど、歴史的建築も改修などで現代の技術と関わるとき、その表情を大きく変化させるのだ。建築の表情は、現代においては固定的なものではなくなっている。

伊東豊雄が仙台に設計した「せんだいメディアテーク」は、構造体が網状のコアに分解され、階高もそれぞれの階ごとに異なるといった、それまでにないカスタマイズされた構成をもっていたが、そこで示された構造体と設備のダクトや縦動線の組み合わせは、その他の建築にも、静かに浸透しつつあるように思われる。

何度も繰り返さざるを得ないのだが、建築における構造と設備、機能と構造、技術的要素と造型的要素などの関係は、明らかに新しい次元に入っているのだ。

耐震補強という骨格表現の古さ

しかしながら旧態依然としているのが、耐震補強などの建築の骨格に関する現代技術である。一般的な耐震補強工事は、それまであった建物の構成に、大きく×印のかたちをした補強の構造体を付けるものが多い。まるで「これではペケだ」と烙印を押すのを楽しみにしているように見える。

官庁、学校、病院、団地などでは、こうした×印がいたるところに現れる。民間のオフィスビルではあまり目立たない方法で補強を加えているように思うので、やはり公共建築は無神経なのだろうか。

大学の施設もまた、補強工事の見本市のような観を呈する。先にも述べたように、大学の実験棟は一種の実験工場だから、室外機器も多いし、改変工事も頻繁に起きる。そこに耐震補強工事が加わると、そのすがたをどう形容してよいのか、思い悩むほどである。一九六〇年代初頭にブルータリズムという建築の傾向があって、大胆に構造的要素を表現に持ち込んだものであるが、耐震補強表現主義は極めてブルータルであり、同時に表現の幅という観点から見ると、驚くほどに表現の幅が狭い。

地方都市に出かけても、事情は変わらない。官庁建築や公共性の強い建築ほど、耐震補強にも熱心だから、これらにも盛大に×印が付くことになる。この×印が最大の特徴であるとともに、表現の単調さを生む原因でもある。耐震補強は鉄骨による大型のブレース（斜材）の挿入が多い。それまで、水平と垂直の構成からできていた建物の立面に斜めの要素が入り込むと、どうしても目立つ。目立つというより、立面が乱れる。安全性の前には、建築の美意識や都市の景観は何も言えない。建築における機械の神話は、いまや渾沌としている。

最終講義　建築

未来への遺産

鈴木博之

私は一九四五年に生まれております。そして一九六八年に大学を卒業している。このことの意味は昔から意識してきましたし、特に今、東京大学を辞める時になって随分意識をしております。言うまでもなく、一九四五年というのは第二次世界大戦が終わった――というよりも負けた――年、そして戦前の体制がなくなり、戦後の体制が始まる年であります。「戦後何年イコール私の歳である」、ということを感じながら生きてきた、というところがございます。そして一九六八年というのはやはり、東大闘争のあった年でございます。そこで私はなにも捕まらずに学校を出ておりますけれども、やはり東大闘争以後ずうっと大学の中にいまして、他で就職をした経験もなしに今まで来た、ということは、その意味では大変に、こう、後ろめたい、というか、「お前は何でいるのだ」、という感じを時々もたざるを得ないものがございました。私にとって一番大きなテーマというのは「戦後」あるいはもう少し広くとると「近代」と言ってよろしいかと思います。

建築史というのは何をやるのかわからなかったので、闇雲にいろいろ、まず「建築史というのは字を書く分野だから字を書こう」ということで、卒業論文を始める時にちょうど論文を募集していた「音楽芸術」という雑誌にスクリャービンというロシアの作曲家のことを書いて、入賞いたしました。これは柴田南雄さんという作曲家の方と吉田秀和さんという音楽評論家の方が審査員で、大変嬉しかったのを覚えております。ちょうどしばらくしてから毎日新聞が一〇〇周年でやはり懸賞募集をする、というのがあって、それに「都市の未来と都市のなかの過去」というのを書いて応募しました。それでこれがうまい具合に当たったということがあります。ですから私は非常に不純でして、建築史もかなりハングリースポーツとして始めた、というか、コンペみたいな形で建築史を始めていったところがございます。

そしてもうひとつ、法政大学と東京理科大学の非常勤講師も務めさせていただきました。法政大学では大江宏先生が建築学科の中心におられ、学内で行われているいくつかの勉強会に声をかけていただきました。また、講師でおられた倉田康男先生が始めておられた「高山建築学校」という、廃校を舞台にしながら、夏の間建築のセミナーを行なう催しに参加させていただきました。

「高山建築学校」についてはいろいろな記録もまとめられていますのでご承知の方も多いとは思います。今日もいらっしゃって下さっています石山修武先生と、言葉は悪いですけれども「野良犬が二匹出くわす」みたいな感じで出くわした。両方警戒心が強い犬でしたけれども、咬み合うこともなく、逆に今度は二匹で周りを咬んで歩いたというような感じになりました。高山建築学校と石山さんがひとつの世界をつくらせてくれた、という記憶がございます。

その後私は、イギリス政府給費留学生になりまして、ロンドンに留学をすることになります。ちょっと話を飛ばしますと、そこから戻りまして、一九八四年から大阪大学で非常勤講師をするという話を得ることになりました。その話があったすぐ後くらいでしょうか、安藤忠雄さんにお目にかかって「これからどうも毎年大阪に行くことになるんだけれども……」と言いましたら、「大阪来るなら俺んとこ来いや」というようなことを言って下さって、それ以降去年までずっと、大阪に行くたびに安藤さんのところに顔を出してお世話になって過ごす、という非常にこれまた得がたい世界が広がってまいりました。今から考えてみると四半世紀に近いぐらい阪大に行っていたことになりますけれども、その間ずっと安藤先生にお目にかかるという得がたい贅沢をし続けることができるようになったわけです。このような形で学校を出てから十数年くらいの間に、徐々に私としては自分の世界が広がっていった、という感じがいたしております。

イギリスに政府給費留学生で参りましたのはロンドン大学のコートゥールド・インスティテュートという美術史研究所でした。私が留学していました時には校舎が旧ヒューム邸、ヒュームハウスというものでした。ロバート・アダムが設計した一八世紀の非常にいい住居で、アダム・スタイルの大変見事なインテリアで、食堂くらいの部屋が大きめの教室というようなかたちで、そこで授業が行われておりました。町中の屋敷のなかで皆さんがコチョコチョ勉強している、というようなところで大変印象的な時間を過ごせました。

この時にはイギリスの一九世紀の建築にいろいろ興味をもっていました。わが国に最初に西洋建築を教えにきた教授であるジョサイア・コンドルがソーン賞をとったときのカントリーハウスの設計図が残されていますが、実はコンドルの先生であるウィリアム・バージェスの図面の描き方、スタイルに非常によく似ていて、特にレタリングはバージェスとそっくりです。ですから審査員がこれを見たら絶対バージェスの弟子だな、というのが一目瞭然だったろうと思います。

これはコンドルの師であるバージェスがデザインしました飾り戸棚で、ビクトリア・アンド・アルバート・ミュージアムに収められています（図終-1）。ちなみに、これについては腰をぬかすほど驚いたことがあります。東京藝術大学で六角鬼丈さんが——芸大の定年は遅いので僕より先輩ですけれども——今年定年でお辞めになるというので、退任記念の展覧会があって、そのオープニングに伺いました。私たちの世代が皆覚えている作品に、六角さんの最初期のプロジェクトである「伝家の宝塔」というのがあります。これは六角さんが自分のお祖父さん（漆芸家・六角紫水）、フェノロサ、そしていろいろなものをちりばめたファミリー・キャビネットみたいなものをつく

図終-1　ウィリアム・バージェスの飾り戸棚（ビクトリア・アンド・アルバート・ミュージアム蔵）

ったプロジェクトです。それを展覧会で改めて見ましたら、実は彼はこのバージェスのキャビネットの中にコラージュをしていたことに気がつきまして、私はびっくりして、会場にいた六角さんに、「これものすごいですね、キャビネットがバージェスだから、バージェス、コンドル、工部大学校ときてその中に岡倉天心、フェノロサがいて東京美術学校……日本全体を押さえたわけですか」と言ったら、「へぇーそうか、俺全然知らなかった」ということを言ってらっしゃいました。ただ非常に喜んで下さいまして、「これは大変はまりがいいキャビネットだから利用しただけなんだ」と言っておられましたが、六角さんは自分の目がいかに素晴らしかったか、ということを一人で悦に入っておられました。

一九世紀の遺産は今のイギリスには随分あるような気がしております。ロンドンにセント・パンクラスという駅がありますが、その裏にあるガスタンクです（図終-2）。これを見ると、一層目がドリス式、二層目がイオニア式、三層目がコリント式になっているわけです。初めてガスタンクをつくった人は円筒形の構造体を考えた時に「これは小型のコロッセウムだ」と思ったのだろうと思います。

そしてもうひとつ、非常に有名なものですが、これは同じくロンドンのバタシーにあります火力発電所です（図終-3）。このもう少し下流にある次の発電所はテート・モダンといって、今美術館に使われていますけれども、それよりひとつだけ上流にある、もうちょっと大きい火力発電所です。一九世紀の大建築家にジョージ・ギルバート・スコットという建築家がいますけれども、その孫のジャイルズ・ギルバート・スコットという大建築家が設計したものです。この写真はもちろん私が撮ったのですが、いい写真でして、というのは手前に公衆電話がありますね。この公衆電話も実はジャイルズ・ギルバート・スコットが設計したものなのです。一時期のロンドンの町を性格づけていた電話ボックス、こういうものも設計する建築家がこの火力発電所を設計しているわけです。さて、火力発電所ですから煙突があるのですが、実はここで必要な煙突は二本でした。二本だとうまくサマにならない、というので使う煙突と使わない煙突とを合わせて四つつけている。ですから今では全然わからなくなりましたが、煙が出ているものと出ていないものと、稼働していたころは見るとわかったのです。こういうのも今の建築家は馬鹿にしきるかもしれませんけれども、やはり最初に何かを生み出す時というのは、人間ものすごく面白いことを考える。それを徒《あだ》や疎かにしてはいけないんじゃないか、という印象をもったわけです。

日本ではどういう近代的表現ができてくるのだろうか。近代建築は一般的には「非装飾性」がひとつの特徴だと言われます。それから建築というのは空間の構成であるという捉え方がされていた。建築における「装飾性」とは何だろうか、空間という概念に対して別の概念があり得ないだろうか――、「場所性」、あるいは「場所」というものの意味が考え直せるのではないだろうか、というようなことを考えた。卒業論文で「アール・ヌーヴォーの研究」、修士論文では「装飾観の変遷」をまとめました。修士論文は最初に書いた『建築の世紀末』(晶文社、一九七七年)にまとめたわけですけれども、そういう形で装飾的な問題を考える、それ

図終-2　セント・パンクラス駅裏のガスタンク

図終-3　バタシーの火力発電所

からもうひとつ、「場所」をいろいろ考えたいという気持ちが出て参りました。同時に西洋をつくりだした国と、非西欧における近代は少し違うのではないか、ということが次の疑問になってまいります。

一九八二年に報告書を書いた、「山縣有朋の旧邸、小田原の古稀庵の調査」というものがございました。これは法政大学でお世話になりました大江宏先生が「この場所に保険会社の研修施設をつくるのでここを再開発する。ここはもともと山縣有朋の屋敷地であり、山縣有朋の終焉の地である」ということをおっしゃいまして、法政大学の学生も参加してこれを調査しなさいということになりました。古稀庵の土地はそのままで、建物だけは和風のままたつくり直して使っておられたものが残っておりました。ですからどうやら庭は山縣有朋自身が、建物は森山松之助という建築家が設計したものであるということがわかっておりまして、これを調べるという機会に恵まれました。

山縣有朋は大変に庭が好きで、この庭を調べていく中で、日本の中で近代化を進めていった人々が自分のアイデンティティとしては和風の文化をつくっていく、という例が非常に多いということに思い至りました。無論、山縣有朋は陸軍の近代化（と硬直化）を進めた人物ですし、それ以外の多くの政治家、あるいは多くの実業家も近代化を進める人であればあるほど和風に凝ると言ってもいいぐらい、渋沢栄一にしても團琢磨にしても、岩崎彌之助、小彌太にしても、そうしたものへの興味をもつ。そうすると和風の建築はある意味では近代の表現なのだろう、という気がしてまいりました。

森山松之助はまた大変面白い人でして、今、聖心女子大学になっております旧久邇宮の御殿を設計しています。もともと台湾に非常に多くの作品が残っている建築家ですけれども、台湾では西洋風の建築を設計していて、久邇宮邸ではこういう和風の仕事をする。新宿御苑の中に台湾閣という中国風のパヴィリオンがありますけれども、これも森山松之助の仕事です。こういう日本人建築家の第二世代といいますか――私は「名人上手の世代」と言っているんですけれども――武田五一でありますとか岡田信一郎でありますとか、この森山松之助もそうですし、松室重光ですとか――の様式的な幅の広さとそこで模索される表現、こういうものが近代が成熟していく時期の表現なんだろうと思われてまいりました。

音羽の護国寺には非常に多くの茶室群がありまして、これは仰木魯堂という数寄屋大工の仕事として知られております。護国寺の中には大江新太郎が設計した安田家の墓所というのもあって、そこはお墓ですけれども腰掛待合がつくってあって、たいへん綺麗な仕事がしてある。大江新太郎は大江宏のお父さんで、名人上手の世代の一人だと思いますけれども、私はこういう時期の文化の幅の広さは全て、やはり近代の表現だろうという印象をもった次第でございます。

その名人上手の世代の少し後になってくるのが分離派以降の建築家の世代だろうと思いますが、彼らもやはり「近代における日本というのはどういうものなのか」ということを考えた人たちだろうと思います。これは東京文京区の西片町にあった住宅で、分離派の中心人物の一人であった堀口捨己の「小出邸」という建物です（図終-4）。一番興味があったのは玄関を入った靴脱ぎの部分でした。本格的なドアというのは内開きがいいと言われているん

図終-4　堀口捨己設計の小出邸玄関たたき

ですけれども、ここの玄関のドアは内開きになっているのです。見ると内側の靴脱ぎ部分が、何か色違いにタイルが貼ってあって、修理の跡だろうと思っていたんですが、よく見るとドアがこのタイルの通りに開くんですね。だからこの色違いのレンガタイルよりも外側に靴を脱いでおくと、ドアに蹴飛ばされるぞ、というような意味であることに気がつきました。僕も最初笑ったんですけれども、いや、これは凄いな、堀口捨己には「日本の建築というのは靴を脱ぐ、履き替える」、これが建築家としてある種重い課題だったのではないか、それでこういう表現になったんではないか、これはきわめて知的な建築表現だな、という感じがいたしました。

堀口捨己でもっと有名なのは「岡田邸」という住宅で、半分が和風、半分がコンクリートの鉄筋の住宅とドッキングしたようなのをつくっているわけです。

その後の世代では、やはり丹下健三さんのもっている凄さの特徴は、日本における近代の表現を実現したところなのではないか。代表作である広島平和記念公園、広島ピースセンターの計画は、広島にある厳島神社の読み替えではないかという解釈に辿り着く。無論これはミース・ファン・デル・ローエ的なデザインがル・コルビュジエのピロティの上に乗っているという解釈も可能な建築ですけれども、厳島神社のピロティと見て見えないこともないプロポーションの感覚ではないか。丹下さんは広島で学んでいた時期があるわけですから、この土地、それから厳島神社一帯は非常によく知っていた。丹下さんが日本的美意識と近代の表現を両立させようとしていたことは一目瞭然です。一番大事なのが中央の建物で、これはピロティになっていますが、このピロティの下を抜けていくとその先に慰霊碑がある。そして慰霊碑の先に原爆ドームがあるわけです。つまり建物があってその下を視線が抜けると、こう、モニュメントとしては異例なトンネルみたいなものがあって、その穴を通して原爆ドームが見える、という構図になる。これは明らかに厳島の構成を換骨奪胎——というと言葉が悪いですけれども——解釈し直した近代の表現ではないか。丹下健三という建築家が偉大なのは、それ以外の日本の近代建築家には超越性を表現した人がいないというところです。近代性と日本的超越性を両立させたところに、この建築家の非凡な才能が認められるような気がします。

その後彼は一九六〇年に東京計画をまとめますけれども、これは東京湾の上に巨大な軸を伸ばしていって建物を海上に展開していく——これもまさしく軸線をもっています。この場合は厳島的発想がさらに都市的スケールに展開したものであろう、という風に読めるわけです。しかも、海に向かっていく軸線は幅の広いループが連なっている軸になっています。何でこんな幅の広いループ状の軸が伸びているのかよく見てみると、実はこの軸はこの幅広の部分で皇居を内包している、ということがわかります。つまり皇居を内包する軸が伸びていくからこそ、これは単なる交通軸なり何なりではなくて、超越性をもった軸になる、という風に読めたわけです。これを思いついた時にはもはや丹下先生はおられなくて残念だったんですけれども、聞いたら絶対「そうだ」と言ってくれたはずだという感じがいたします。

皇居自体のもっている近代性というのも面白いなと思いました。宮内省にいらっしゃった浅羽英男さんのお仕事を手伝わせていただく、あるいは皇居のメンテナンスの委員会に参加する機会があって、いくつかの資料などを見る機会がございました。一番大事なのが宮中三殿という、賢所その他の神社が三棟並んでいる部分です。これを京都からもってくることによって江戸城は皇居になったのです。今も昔もこの辺に宮殿があるわけですけれども、西の丸で江戸城のひとつのリビング・クオーターを使っている、ここに心臓部がある、これによって読み替えと近代皇居というものが成立していく、ということがわかります。

ただその中には多くの江戸のレガシイと言いますか、江戸の遺産が残っています。皇居は全然写真を撮らせてくれないところで、大事なところは撮れないんですが、小食堂の反対側の庭に前々から日本で一番いい石ではないかと思っている、非常に見事な赤石がございます。佐渡のものなのではないかと思いますが、これはどうしたものなのだろうと思っておりましたら、やはり江戸城伝来の石が今の新宮殿をつくるときに利用されて、かなりモダンな刈込の庭の中にちょっとシンボリックに据えられている、という使われ方をしているのです。ですから明治宮殿と違う今の宮殿は現代の建築表現かもしれませんけれども、そこにはいろいろなレガシイが折り重なっている、近代化とか現代性というのはそれほど単純なものではなくて、無から有は生じなくて、いろいろな有が解釈され、変形し、重なり合ってつぎの遺産になって続いていく――それが総体としての建築の面白さではないか、という風に思い至っております。

赤坂離宮、今の迎賓館ですけれども、正面を入ると階段で二階に行く、それで二階が迎賓施設になります。東玄関が東宮の使う玄関で、東側半分が東宮の住まい。反対側が東宮妃の使う玄関で、西側が東宮妃の住まい。非常に不思議な住まいのつくり方をしている。

ご承知のとおり湾曲した正面の入口は、少し前にできたウィーンのノイエ・ホーフブルクに非常によく似ていて、設計者の片山東熊はこれももちろん視察しています。反対側の外からは普段見えないところは、柱をダブルにして下を石積みにする――ルーブル宮殿の構成を引用している、と言われる部分です。正面の中央部分はロンドンにありますロイヤル・オートモビル・クラブという二〇世紀初頭のクラブ建築とよく似ています。ロンドンの同時代のこういうクラブ建築みたいな豪勢な建物の真似なのかと思っていたのですが、調べてみると赤坂離宮のほうが先にできていまして、ですから赤坂離宮を真似てロイヤル・オートモビル・クラブがつくられたか――だったら面白いんですけれども、どうもそうはいかないようです。要するに赤坂離宮は非常に現代的な建築だった、ということであるわけです。「こういうのが流行っている」というのをいろいろ上手く取り入れてつくっている、そういう世界です。ですから、日本が近代化をしていく、西洋化をしていくというのとア・ラ・モードと言いますか、当世風になっていく、そういうものの組み合わせと重層を楽しみたい、という気がいたします。

背後の御苑の部分は今では迎賓館と切り離されておりまして、もとの大名邸のような風情が残っているところです。ここは園遊会が開かれるのに使われたりしております。軍楽隊……じゃない、宮内庁の楽団が西洋音楽をやっている、かと思うと雅楽を演奏している、大名邸と楽隊と雅楽というのは全然てんでんばらばらですが、それが恐らく今の日本文化のエッセンスになっていると思います。

そういうことを考えていて、近代の表現の「場所性」についてもいろいろ興味をもつようになりました。場所性というのは土地の因縁噺みたいなもので、わたくしは『東京の［地霊］』（文藝春秋、一九九〇年）というものも書いたのですが、ベーシックには、都市は土地を誰がどういう形で所有しているかで決まるのだろう、という意見をもつようになりました。二〇世紀初頭の東京の大地主のベスト一〇を調べたのですが、岩崎グループが非常に多くの土地をもっている。二番目は三井グループですね。三番目が峯島家、四番目が阿部家、これは東大の正門を出て向こうの、西片町のお殿様です。それから渡辺家というのがいて、これは日暮里に渡辺町というのがございましたが、渡辺治衛門という人、商人です。安田家、これは安田財閥。それから酒井家、もとのお大名、それから徳川家もお大名、浅野家もお大名、堀越さんというのは下町の商人。というようにいろいろなタイプがでてきました。土地のもち方が違うのです。岩崎家の土地のもち方と三井家のもち方というのは全然タイプが違うということがわかりました。単純に言うとどういうことかといえば、岩崎家は明治以降の新興財閥、今となってはれっきとした財閥かもしれませんが、明治以降の財閥ですので、明治以降の東京の中で、払い下げによって土地を手に入れます。ですから丸の内とか神田三崎町とか、もう少し後になると駒込の六義園の近くとか、そういうあたりを集中してもっていました。つまり集中型の大地主です。それに対して三井家は江戸以来の大店でして、一種の担保としてあちこちに土地をもっていくわけです。あっちに二〇〇坪、こっちに一五〇坪、こっちにまた五〇坪、こっちにまた一〇〇坪、という、比較的小さな土地が無量無数にある状態です。これは集中してもっているというより、集積してもっている、集積型の大地主です。

峯島家は金貸しから始まったお宅ですけれども、典型的な集積型。また旧お大名というのは大体集中型になります。渡辺家は江戸時代の乾物屋と太物屋（木綿や麻を扱う店）を兼ねていた明石屋という屋号をもっていて、渡辺治右衛門さん。後で銀行業を始めて渡辺銀行というのをつくるのですけれども、もう一つ明石屋の治右衛門が経営しているので赤治銀行というのをつくったんですね。銀行で「あかぢ銀行」というのはあまりよくないんですが、それは実際本当になってしまいまして、昭和の恐慌当時の大蔵大臣が、渡辺銀行もどうも危ないのではないかということを、口を滑らして漏らしたので取りつけ騒ぎになってきます。それで渡辺家は壊滅してしまいました。この渡辺家はまとまった土地をもっていましたので、日暮里渡辺町という町をつくったりする。こう見てみますと集中型の大地主、大土地所有者は町づくりとか住宅地開発を担っていく。まあ考えてみれば当たり前ですが。これに対して集積型の大土地所有者は地貸をする、地主さんになって地代を取る、という町の経営をする。

それよりもう少し小規模——小規模と言っても一〇〇〇坪とか二〇〇〇坪くらい——の土地をもっている人は家まで建てて家主さんをやる。ですから今でいえばマンション経営をする、というようなものです。地代を取るというよりは家賃をとったほうが利回りは明らかにいいわけです。ただ、ものすごく多く土地をもっている集積型の大土地所有者は、当時はコンピューター管理もできませんから、家まで建ててしまうと家賃を滞納して逃げられてしまったらパアになるわけです。ですから土地貸をしていた方が、貸地に自分で家を建てた後で逃げられても、その家を取ってしまえばいいわけですから、利回りは悪くても地貸のほうがいい、もう少し小規模で目が届くのであれば、家主になって家賃を取る、といったようにかなりきれいに階層分化をします。

都市はこのような形の階層がモザイク状になり、それぞれ変化のしやすさが違うわけです。いろいろな権利が錯綜している町というのはそう急激には変わらない。けれども権利が一点に集中していたら一晩のうちにバッと町を変えることができる、というような都市の変化のスピードとも関係します。ですから町の変わり方は法律制度や都市計画のビジョンで変わるというよりは、もう少し所有関係で規定されるのではないでしょうか。

その後、一九九三年にはハーヴァード大学で美術史を教える機会がございました。これは面白い経験をすることができました。ジェームス・スターリングが設計した美術史の建物に研究室をもらって授業をする、ということだったんですけれども、学部の授業も担当したので、その意味で非常に興味深い経験をすることができました。イギリスにはカレッジというものがありますがハーヴァードにはハウスというものがあって、寮のような建物の中に学生が住んでいます。中には教師のユニットもいくつかあってそれをあてがわれたので、そういう所に住みながら教えるという、面白い世界を垣間見ることができました。

近代化の中で琵琶湖疏水という京都の疏水に興味があってずっと追いかけていたんですけれども、それのひとつのヒントになっている動力用の運河というのがアメリカ東海岸には多いということを聞いていたので、それをいくつか見ることができました。ロウェルという今は産業考古学の町になっているところや、ホリオークという今は大学町になっているところがありますけれども、運河があり、水力の動力が仕込んである工場がある——ハーヴァードでの体験は、こういうものを見る機会にもなりました。

そうした多くのものを次の世代につなげなくてはいけない、というのでいろいろな保存問題にも携わざるを得ない局面がございます。これは一九七六年の東京駅のまわりの航空写真です（図終-5）。この時点でほぼ近代都市は完成しているわけですけれども、ちょうど三〇年後の航空写真でこれらを較べてみますとこのバツが全部消えている、三角はこれから消えるという建物です。一国の首都の中央駅の周囲でこれだけ三〇年で様変わりしてしまう都市というのはまずないのではないか。我々は当たり前のように考えていますけれども、これがいかに異様なことか、というのをやはり少し考えるべきなのではないか、という風に思います。

表（表終-1）に、星取り表みたいに私自身が保存に関わってうまく行ったのがマル、壊れてしまったのがバツ、まあどうかなあ、というのが三角、これからどうなりますやら、というのがクエスチョンマークという印を付けま

図終-5　1976 年の東京駅周辺

した。これをもってなかなかよい生存率だと考えるか、上手くないと考えるかですけれども、なかなか多くの問題があります。

少し違うものとしてカンボジアのアンコール遺跡に数年関わったということがございます。これは早稲田大学の中川武先生にお声をかけていただいて、アンコールワットではいろいろな国、いろいろなチームがいろいろな遺跡の修復をやっているんで、その方法論の修正とか調整、それから新しい修理に着手する際の調整、というような会議があります。それに参加するというチャンスをいただいた時期がございます。

最近は道がよくなりましたけれども、ちょっと奥へ行くと車が横を縫って行かないといけないような場所に行くことがあります。ここでは多くの遺跡を修復していて、日本チームは失われたピースを元に戻すけれども必要以上の新しい材料は加えない、というような方法をとっています。それ以外、ベン・メレアというアンコール遺跡群からは離れた場所に残る遺跡は、完全に崩壊を続けていて、ただしこれは手を加えない、ある意味ではこうした崩壊した遺跡として措置、経過をみていく——全部を修復してしまうのは善し悪しだ、というのはいろいろ意見のあるところですから。

それからプレア・ビヘアという遺跡がございますが、これはカンボジアとタイの国境地域にあります。タイから続く台地の突端にありまして、そこから急に標高が下がる。下がったところからカンボジアが始まるのですが、プレア・ビヘアというのはこう来た崖の上のはじっこにあるんですね。ですから明らかに地勢の上からはタイの土地なのです。崖の下がカンボジアですから。ところがカンボジアはフランスが植民地にしておりまして、一方でタイは独立を守っていました。植民地にしていた時代にフランスはせっせと地図をつくって、この崖の上までカンボジア領だという地図をつくっているわけです。するとこのプレア・ビヘアはカンボジアの遺跡だ、というテリトリーに入ってきます。これを今ユネスコが世界遺産にすることにしたわけです。ですが、ユネスコというのは明らかにフランスの影響下にありますから、フランスはそうした形でこれを固定化しようとしているとしか、わたくしには思えません。

それを見に行く機会がありました。カンボジア側からは道なき道なので、ヘリコプターで行くより仕様がない——普通に行くとタイの側からしかアプローチできないんです、崖を登るわけにいかないので。カンボジア空軍のソ連製の軍用ヘリに詰め込まれて見にまいりました。行くと要害の地ですから、カンボジアのポルポト時代、ポルポト派の最後の砦のひとつだったらしくて、大砲がまだ残っている。もともと地政学的に要害の地だったということがわかります。遺跡自体はよい状態で、ほとんど手つかずに残っている。で、これをどうするか、というような

表終-1　保存運動の結果

・日本工業倶楽部	△
・三井本館	○
・明治生命館	○
・交詢社	×
・新橋ステーション	△
・首相官邸（公邸）	○
・東京駅丸の内本屋	○
・迎賓館	○
・皇居宮殿	○
・渋沢資料館	○
・同潤会青山アパート	×
・国際文化会館	△
・三菱１号館	?
・三信ビル	×
・東京中央郵便局	×
・旧朝倉邸	○
・旧第十一師団偕行社	○
・銅御殿	?
・日土小学校	?
・旧日本相互銀行本店	×
・最高裁長官公邸	?

図終-6　プレア・ビヘア遺跡（カンボジア）に立つ地雷注意の標識

問題もあるわけです。

一般に保存や建築の活用というと、浮世離れした問題ですけれども、時々露骨に政治的な陣取り合戦みたいな問題にも関わることがあります。近代化がどういうものを生み出したか、ということもそうですけれども、わたくしは保存とはある意味で現代的な意味を常に孕んだ問題だと考えております。その中でわたくし自身には何ができるか——確かにあまり実用的な分野の仕事ではありませんけれども、ある種の現代性、あるいはある種の時代への発言というのをもち、得て、いる、なら、うれしい、な、と言う感じをもっております。

プレア・ビヘアというのは要害の地で、そこにカンボジアはこれ見よがしに国旗をたてて遺跡を死守している。その脇には最近ほとんど見なくなりましたが「地雷あり」というマークがあります(図終-6)。昔はアンコール遺跡近辺もこのドクロのマークがほうぼうにあったのですが、今ではほとんど見ません。ですが、この辺まで行くと時々こういうのがある——まあわたくし自身のこれまでの軌跡も、浮世離れしているけれども、ある種、地雷原を歩いて行くようなところがあるかなあ、という気もいたしまして。今後とも頑張りたいと思います。長い間ありがとうございました。

むすびに

難波和彦

建築学に限らず、工学系のジャンル全般の研究のあり方に関して、私はひとつの信念を持っている。そのジャンルの成熟のバロメーターは、歴史学のコースを備えているかどうかによって測ることができるという信念である。なぜそうなのか。歴史について考えることは、そのジャンルの成り立ちを辿り直すことである。そして自らを外部の視点から眺め、ジャンルのあり方を相対化することである。つまり、歴史学とは一種の「自己意識」なのである。通常、工学系の研究は、新しい領域を求めながら展開する。そこでは往々にして、時代の流行や先端部分だけが注目されがちである。新しいジャンルは、ひたすら先に突き進み、自らを顧みることがない。ジャンルが成熟した時に初めて、自らの辿った道を振り返り、自らの立場を相対化することができるようになる。そして、自らの正しさを確認し、誤りを修正し、未来へ進むべき方向を見定めるようになる。それが歴史学の役割である。

東京大学の工学系研究科の中でも、建築学専攻は、とりわけ歴史学コースが充実している。日本中の建築学専攻の中でも抜きん出たレベルにあると言ってよい。その中で、鈴木博之は長い間、中心的な役割を果たしてきた。鈴木は私の一年先輩であり、学生時代から今日に至るまで、約四〇年の間、私は彼の後塵を拝してきた。私の専門は建築デザインだが、鈴木から学んだ歴史的視点によって、自分の仕事を相対化し、歴史的にとらえることができるようになった。そして、歴史意識を持つことは、建築家として不可欠な条件であると確信するようになった。また、こうした私自身の経験を、何らかの形で、建築学科の学生たちや外部の建築関係の人たちにも、広く共有してもらいたいと考えた。それが鈴木博之教授退職記念連続講義「近代建築論」を企画した第一の理由である。

東京大学では、退職教授は最終講義を開催するのが恒例になっている。鈴木は東京大学において三五年以上もの間、建築史に関する研究と教育を展開し、広大な成果を残している。一回だけの最終講義では、とてもその全貌を窺い知ることはできない。そこで、何回かに分けて、鈴木の研究成果を紹介する連続講義を企画しようと考えた。鈴木が定年退職を迎える一年程前に、歴史学コースの助教である横手義洋と協力しながら、連続講義の骨子を固めた。鈴木が長年展開してきた西洋建築史と近代建築史に関するテーマを、主要な著作と組み合わせながら八つに絞り込み、それぞれに相応しい講師を選定した。連続講義のラインアップは、以下の通りである。

第一回『建築の世紀末』(一九七七年)　担当：難波和彦
第二回『建築は兵士ではない』(一九八〇年)　担当：五十嵐太郎
第三回『建築の七つの力』(一九八四年)　担当：横手義洋
第四回『東京の地霊』(一九九〇年)　担当：松山　巖
第五回『ヴィクトリアン・ゴシックの崩壊』(一九九六年)　担当：佐藤　彰
第六回『都市へ』(一九九九年)　担当：初田　亨
第七回『現代建築の保存論』(二〇〇一年)　担当：藤森照信
第八回『近代とは何か』(二〇〇五年)　担当：石山修武

全八回の連続講義は、毎回、多くの聴講者を集めた。この連続講義は、当初から一冊の本にまとめる予定だったが、講義録をそのまままとめたのでは、鈴木の広大な研究分野に対して「木を見て森を見ない」内容になる恐れがあった。そこで伊藤毅を中心にした編集委員会を立ち上げ、改めてテーマを整理し、鈴木と講演者との組み合わせによる書き下ろしのテキストにまとめることになった。

本書が、鈴木博之の建築史研究の可能性を探り出すとともに、建築に関係する多くの人びとが、幅広い歴史的な視点を持つきっかけになることを期待している。

基本文献リスト

五十嵐太郎（編）『Reading：1　建築の書物／都市の書物』ＩＮＡＸ出版、一九九九年。

磯崎新・篠山紀信『磯崎新＋篠山紀信建築行脚（全12巻）』六曜社、一九八〇－一九九二年。

磯田光一『思想としての東京――近代文学史論ノート』講談社、一九九〇年。

ロバート・ヴェンチューリ『建築の多様性と対立性』伊藤公文（訳）、鹿島出版会、一九八二年。

ジークフリート・ギーディオン『空間　時間　建築（新版（復刻版））』丸善、二〇〇九年。

レム・コールハース『錯乱のニューヨーク』鈴木圭介（訳）、筑摩書房、一九九五年（一九九九年文庫化）。

ジョン・サマーソン『天上の館』鈴木博之（訳）、鹿島研究所出版会、一九七二年。

チャールズ・ジェンクス『ポスト・モダニズムの建築言語』竹山実（訳）、エー・アンド・ユー、一九七八年。

デニス・シャープ『合理主義の建築家たち――モダニズムの理論とデザイン』（彦坂裕・菊池誠・丸山洋志（訳）、彰国社、一九八五年。

鈴木理生『江戸の都市計画』三省堂、一九八八年。

鈴木理生『大江戸の正体』三省堂、二〇〇四年。

鈴木博之『建築の七つの力』鹿島出版会、一九八四年。

鈴木博之『建築の世紀末』晶文社、一九七七年。

鈴木博之『建築は兵士ではない』鹿島出版会、一九八四年。

鈴木博之『東京の［地霊］』文藝春秋、一九九〇年（『東京の地霊』筑摩書房、二〇〇九年）。

鈴木博之『ヴィクトリアン・ゴシックの崩壊』中央公論美術出版、一九九六年。

鈴木博之『見える都市／見えない都市――まちづくり・建築・モニュメント』岩波書店、一九九六年。

鈴木博之『都市へ』中央公論新社、一九九九年。

鈴木博之『現代建築の見かた』王国社、一九九九年。

鈴木博之『日本の〈地霊〉』講談社、一九九九年。

鈴木博之『現代の建築保存論』王国社、二〇〇一年。

鈴木博之『都市のかなしみ——建築百年のかたち』中央公論新社、二〇〇三年。

鈴木博之『場所に聞く、世界の中の記憶』王国社、二〇〇五年。

鈴木博之『復元思想の社会史』建築資料研究社、二〇〇六年。

鈴木博之『建築の遺伝子』王国社、二〇〇七年。

鈴木博之（編著）『近代建築史』市ヶ谷出版社、二〇〇八年。

鈴木博之・石山修武・伊藤毅・山岸常人（編）〈シリーズ都市・建築・歴史〉『7　近代とは何か』『8　近代化の波及』『9　材料・生産の近代』『10　都市・建築の現在』東京大学出版会、二〇〇五—二〇〇六年。

鈴木博之・山口廣『新建築学大系　近代・現代建築史』彰国社、一九九三年。

土居義岳『言葉と建築——建築批評の史的地平と諸概念』建築技術、一九九七年。

中川理『偽装するニッポン——公共施設のディズニーランダゼイション』彰国社、一九九六年。

クリスチャン・ノルベルグ＝シュルツ『ゲニウス・ロキ——建築の現象学をめざして』加藤邦男・田崎祐生（訳）、住まいの図書館出版局、一九九四年。

初田亨『繁華街にみる都市の近代——東京』中央公論美術出版、二〇〇一年。

初田亨『職人たちの西洋建築』筑摩書房、二〇〇二年。

レイナー・バンハム『第一機械時代の理論とデザイン』石原達二・増成隆士（訳）、鹿島出版会、一九七六年。

ロバート・フィッシュマン『ブルジョワ・ユートピア——郊外住宅地の盛衰』小池和子（訳）、勁草書房、一九九〇年。

エイドリアン・フォーティー『言葉と建築——語彙体系としてのモダニズム』坂牛卓・邉見浩久（監訳）、鹿島出版会、二〇〇六年。

藤森照信『明治の東京計画』岩波書店、一九八二年（二〇〇四年文庫化）。

ジュリアン・ブラック『ひとつの町のかたち』永井敦子（訳）、書肆心水、二〇〇四年。

ケネス・フランプトン『テクトニック・カルチャー』松畑強・山本想太郎（訳）、TOTO出版、二〇〇二年。

ケネス・フランプトン『現代建築史』中村敏男（訳）、青土社、二〇〇三年。

ニコウラス・ペヴスナー『モダンデザインの展開――モリスからグロピウスまで』白石博三（訳）、みすず書房、一九五七年。

前田愛『都市空間のなかの文学』筑摩書房、一九九二年。

槇文彦ほか『見えがくれする都市――江戸から東京へ』鹿島出版会、一九八〇年。

松山巖『乱歩と東京――1920 都市の貌』PARCO出版局、一九八四年（双葉社、一九九九年）。

森田貴子『近代土地制度と不動産経営』塙書房、二〇〇七年。

ジョン・ラスキン『建築の七灯』高橋松川（訳）、岩波書店、一九三〇年。

ル・コルビュジエ『建築をめざして』吉阪隆正（訳）、鹿島出版会、一九六七年。

コーリン・ロウ『マニエリスムと近代建築――コーリン・ロウ建築論選集』伊東豊雄・松永安光（訳）、彰国社、一九八一年。

デイヴィッド・ワトキン『モラリティと建築』榎本弘之（訳）、鹿島出版会、一九八一年。

デイヴィッド・ワトキン『建築史学の興隆』桐敷真次郎（訳）、中央公論美術出版、一九九三年。

執筆者紹介（執筆順，編者以外）

五十嵐太郎（いがらし・たろう）　東北大学大学院工学研究科教授

横手義洋（よこて・よしひろ）　東京大学大学院工学系研究科助教

石山修武（いしやま・おさむ）　早稲田大学理工学術院教授

佐藤　彰（さとう・あきら）　建築史研究者（元愛知教育大学教育学部教授）

松山　巖（まつやま・いわお）　小説家・評論家

藤森照信（ふじもり・てるのぶ）　東京大学生研技術研究所教授、建築史家

初田　亨（はつだ・とおる）　建築史家（元工学院大学建築学科教授）

伊藤　毅（いとう・たけし）　東京大学大学院工学系研究科教授

難波和彦（なんば・かずひこ）　東京大学大学院工学系研究科教授

人名索引

な行

は行

ま行

や・ら・わ行

事項索引

あ行

か行

さ行

た行

は行

ま行

や・ら・わ行

編者紹介

鈴木博之（すずき・ひろゆき）　青山学院大学総合文化政策学部教授

1945年，東京都生まれ．1974年，東京大学工学系大学院博士課程修了．工学博士．ロンドン大学コートゥールド美術史研究所留学，東京大学工学部専任講師を経て，1990年より東京大学大学院工学系研究科教授．2009年4月より現職．

主著：『東京の［地霊］』（文藝春秋，1990年，サントリー学芸賞），『ヴィクトリアン・ゴシックの崩壊』（中央公論美術出版，1996年，日本建築学会賞），『都市へ』（中央公論新社，1999年，建築史学会賞），『都市のかなしみ』（中央公論新社，2003年），『建築の遺伝子』（王国社，2007年）ほか多数．

近代建築論講義

2009年10月22日　初　版

［検印廃止］

編　者　鈴木博之＋東京大学建築学科

発行所　財団法人　東京大学出版会

代 表 者　長谷川寿一

113-8654 東京都文京区本郷 7-3-1 東大構内
http://www.utp.or.jp/
電話 03-3811-8814　Fax 03-3812-6958
振替 00160-6-59964

印刷所　大日本法令印刷株式会社
製本所　牧製本印刷株式会社

ISBN 978-4-13-063808-1　Printed in Japan

シリーズ 都市・建築・歴史 全10巻 鈴木博之・石山修武・伊藤 毅・山岸常人[編]

A5判・平均約四〇〇頁・本体価格三八〇〇〜四六〇〇円

人びとの営み・思想・文化を如実に語る都市・建築から、歴史を読み直す——建築史の関連分野（建築学・都市設計学・土木工学および各国史・考古学・美術史・技術史）の第一人者が集結し、領域の広がりを個性的に活写していく。時代軸以外の魅力的な切り口がいくつも見つかる、空前のコラボレーション！

1 **記念的建造物の成立** 山岸常人／橋本義則／上原真人／妹尾達彦／伊藤重剛／渡邉晶／広瀬和雄

階級と国家の形成——国家や生産の体制との関わりから、古代の都城・宮殿・寺社・古墳に付加された意味を解明する。

2 **古代社会の崩壊** 山岸常人／藤田勝也／冨島義幸／川本重雄／矢口直道／中西章／村田健一

古代的要素の終焉と中世的要素の萌芽——制度や思想の定着と変容を反映し、形態を変化させ始める都市・建築を多面的に捉える。

3 **中世的空間と儀礼** 山岸常人／上島享／藤田盟児／黒田龍二／三浦徹／西田雅嗣／太記祐一

多元性の時代——儀礼の場が、社会的側面と密接に相互作用しつつ変容していくさまを、多様な建築類型・地域を対象に描き出す。

4 **中世の文化と場** 伊藤毅／後藤治／髙橋康夫／島尾新／五味文彦／陣内秀信／千田嘉博／佐藤達生

躍動の時代——人やモノが行き交う「場」が多彩に形成され、自由な「文化」が花開いた一四—一六世紀の都市のあり方を追う。

5 **近世都市の成立** 伊藤毅／宮本雅明／森田義之／谷直樹／金行信輔／伊藤裕久／杉森哲也／吉田光男／新宮学

都市の時代の到来——一六世紀後半—一七世紀、国家統合・新秩序形成に向かう変革期の、都市的要素の編成の共通項を探る。

6 **都市文化の成熟** 伊藤毅／岩淵令治／杉本俊多／光井渉／ヘンリー・スミス／知野泰明／羽生修二／松本裕／小野将

巨大都市、国民国家の成立——技術や経済の成長、民衆文化の隆盛にともなって移行期に生まれた、「近代」的諸相を析出する。

7 **近代とは何か** 鈴木博之／髙宮利行／清水重敦／鈴木杜幾子／伊東孝／吉田鋼市／内田青蔵／中嶋節子

アイデンティティの確認——所有・支配・変化の主体の複雑化の中で、過去との距離を意識しつつ、理念と即物的存在とを往来する。

8 **近代化の波及** 鈴木博之／伊藤大介／中谷礼仁／初田亨／熊倉功夫／天野知香／木下直之

世界的な西欧化の衝撃——急変しつつも固有性を失わない伝統文化のあり方から、普遍的な美意識や社会構造の存在を示唆する。

9 **材料・生産の近代** 鈴木博之／藤岡洋保／難波和彦／佐藤彰／越澤明／鈴木淳／田所辰之助／藤森照信

鉄・コンクリート・ガラス・アルミ——技術の本質を、工業化の中で登場した材料の変化を中心に据えて批判的に検討する。

10 **都市・建築の現在** 石山修武／松村秀一／清家剛／五十嵐太郎／ヨルク・グライター／中川理／森川嘉一郎／鈴木博之

都市・建築の未来へ——大量消費社会の中で生み出されてきた現代建築の方向性を読み解く鍵として、再び「歴史」に立ち返る。